논어 백책

논어 백책 論語百策

초판 1쇄 발행 : 2015년 5월 15일

지은이 윤재근
발행인 노미영

펴낸곳 산천재(공급처 : 마고북스)
등록 2012.4.19
주소 서울시 마포구 월드컵북로 5길 48-9(서교동)
전화 02-526-3123   팩스 02-523-3187
이메일 magobooks@naver.com

ISBN 978-89-90496-77-5 03100
ⓒ 윤재근, 2015

• 본문의 일부에 아모레퍼시픽의 아리따 글꼴이 사용되었음을 밝힙니다.

논어 백책
論語百策

윤재근 지음

산천재

[일러두기]

- 괄호 안 한자(漢字) 병기(倂記)는 처음 나오는 경우뿐만 아니라 내용 이해에 도움이 된다고 판단되는 경우에는 여러 번 되풀이하여 적용했습니다. 예를 들어 외자 한자와 음은 같지만 여러 뜻으로 쓰이는 한자, 읽는 면이 달라져서 같은 한자일지라도 다시 보여주는 것이 필요한 경우 등입니다. 기계적인 일관성보다는 한문 원전의 고전 읽기라는 책의 성격을 중심에 두고 편집했음을 밝혀둡니다.
- 인용 혹은 강조의 부호는 『논어』 혹은 관련 고전 내용은 꺾쇠괄호로, 그 외의 경우는 따옴표로 구분하여 표시했습니다.

머리말

사람이라 해서 다 사람 아니라는 말보다 더 무서운 말씀은 없습니다. 사람이 사람으로서 사람 되기는 참 어렵다는 말씀입니다. 그래서 길 중에서 걸음걸음 걸어가기가 가장 험하고 어려운 길이 인도(人道)라고 합니다. 사람이 가야 할 길은 여러 갈림길이어서 저마다 뜻대로 골라 가도 되려니 생각하기 쉽지만 실은 누구나 반드시 벗어나면 안 되는 한길로 나아간다는 것입니다. 이를 인생 사십 고개를 앞두거나 넘어서면 깨우치게 됩니다. 그래서 공자(孔子)님께서 마흔이면 불혹(不惑)의 나이라고 하셨구나! 절로 자신이 자신에게 아! 불혹(不惑)이라 속삭여보게 됩니다.

이럴까 저럴까 둘레둘레 말고 길까 아닐까 멀뚱멀뚱 말고 서슴없이 한길로 인생을 모셔 가라는 말씀이 불혹입니다. 인생 사십 고개면 이미 사느라 저마다 나름대로 산전수전(山戰水戰) 겪었을 터이니 남은 인생 함부로 저울질해 제멋대로 속셈하지 말라는 말씀도 됩니다. 인생이란 저울눈금은 제 맘대로 그을 수 없음을 일컬어 〈천명(天命)〉이라 함을 일찌감치 뼈저 릴수록 제 인생을 탈 없이 누릴 수 있음을 의심하지 말라 함이 또한 불혹 입니다. 그러니 꼭 사십에야 불혹하라는 것은 아닙니다. 서른에 불혹해도 좋고 스물에 불혹한다면 더더욱 좋습니다. 마흔 살에도 혹(惑)해서 인생을 흔들어대면 누구든지 말년에 초라해질 수밖에 없습니다. 그래서 삶의 길 을 함부로 헤집고 가서는 안 된다는 가르침이 『논어(論語)』에 절절히 담 겨 있습니다. 이런 연유로 『논어』를 일찍 만날수록 실농(失農)하지 않는 다고 합니다. 인생을 농사(農事)로 자주 비유합니다.

철을 놓치면 농사를 망치듯이 사람의 삶도 제철 놓치면 결코 돌이킬 수 없습니다. 사람의 철은 한 평생 단 한 번만 마주할 수 있기 때문입니다. 따지고 보면 일생에서 소년은 봄이고 청년은 여름, 장년은 가을, 노년은 겨울인 셈이 됩니다. 청년이 봄처럼 짓하면 철부지고 장년이 여름 짓을 하면 철부지고 노년이 가을 짓을 해야 한다면 늘그막에 고생하고 마는 것 입니다. 어린것만 철부지가 되는 것은 아닙니다. 제철 노릇을 못하고 인생 을 이지러지게 하는 자라면 나이 들었을지라도 철부지인 것입니다. 『논어』 에서는 철부지 인간이 소인(小人)으로 불리고 인생의 제철을 잃지 않고자 잠시도 쉼 없이 사람의 길로 자신을 삼가 이끌어 가는 사람을 군자(君子) 라고 합니다. 군자는 세상이 믿고 좋아하는 사람을 말합니다. 사람이 아무 리 제 분야에서 성공을 거두었다 한들 세상의 손가락질을 받게 된다면 단 한 번 누리는 인생을 망치는 것입니다. 이러한 인생의 실패를 막아줄 수 있는 최상의 지남(指南)들이 『논어』에 있습니다. 전파를 타고 떠돌고 있는 수억 조의 정보들은 사람을 경쟁력 있는 두뇌로 끌어줄 수는 있겠지만 사람이 사람으로서 사람 되게 하는 길잡이(指南)는 『논어』 한 권을 당할 수 없다고 생각해도 됩니다.

　『논어』에는 499개의 어록(語錄)이 있습니다. 그중에서 100개의 어록을 택하여 그 어록과 누구나 쉽게 친해볼 수 있는 자리를 마련해보고자 했습니다. 목동이 목말라 하는 소를 강가로 끌어다줄 수 있지만 목동이 소를 대신해 물까지 마셔줄 수 없는 것처럼 세상이 바라고 좋아할 사람이 되게 해주는 길로 이끌어줄 길잡이와 동행할 수 있으면 인생이란 가시밭길을 찔리지 않고 사뿐사뿐 스스로 걸어갈 수 있습니다. 이제 IT세상인지라 초(秒) 다툼으로 살기에 아차 하면 온갖 정보망(情報網) 속에 갇혀 허우적거리는 '로봇'처럼 살 수도 있습니다. 성공을 거두어 선망의 대상이 되었다 한들 정신없이 저를 잃은 채 꼭두각시로 살아서야 그런 인생은 속빈 강정입니다. 착하고 어진 인간이 된 다음에 성공한 인생이라야 비로소 세상이 받들어준다는 이치는 어느 세상이든 변하지 않습니다. 그 이치를 살펴 새기고 헤아려 깨우치게 하여 인생을 멋지게 해주는 지남(指南)이 『논어』에 있습니다. 그 길잡이를 자주자주 만나 뵐수록 새 삶이 샘솟는 길로 하염없이 이끌어줍니다.

2015년 5월
윤 재 근

차례

3장　참말만 하기는 어렵다

5장 단단하고 무거워라

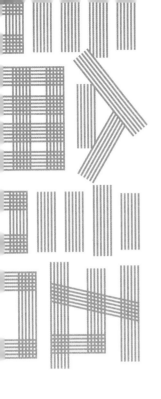

1장 사람을 몰라볼까 걱정하라

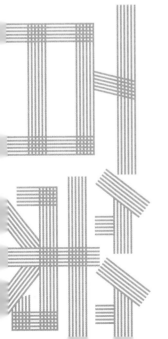

배우고 쉼 없이 익히면

학이시습 學而時習

　요새 들어 부쩍 『논어(論語)』 읽자는 바람이 분다. 이런 바람이 걱정되기도 한다. 한번 불다가 말 바람이 될까 싶어서다. 무엇이든 바람 타는 것은 힐끗하고 마는 경우가 허다하다. 간만에 부는 『논어』 바람이 우리를 숨 쉬게 하는 공기 같기를 바라고 싶다. 『논어』란 한 번 읽고 말아도 되는 책이 아닌 까닭이다. 곁에 두고 수만 번 읽어도 『논어』는 새로 다시 말해 준다. 그래서 『논어』 읽기 바람이 한때 불다 사라지는 유행이 아니기를 바랄 뿐이다.

　『논어』를 열면 맨 처음 〈배우고(學而) 늘(時) 배운 것을(之) 익히니(習) 즐겁지 않느냐(不說乎)?〉고 우리를 향해 반문(反問)한다. 그냥 살지 말고 늘 배우고 익히면서 살라는 말씀이다. 그냥 남 따라 흉내 짓 하지 말고 배운 것을 늘 익히면서 새롭게 살라 함이다. 날마다 배우고 익히라 함은 날마다 새롭게 생각하면서 살라는 말씀이다.

　배운 것을 늘 익히는 것 하고 배운 것을 외워두기만 하는 것 하고는 아주 다르다. 배운 것을 암기만 한다면 한 발자국도 나가지 못하고 그만 녹음기나 앵무새 꼴이 되고 만다. 그러나 배운 것을 늘 익힌다(習)면 하나의 열매가 영글어 가듯이 변화가 일어난다. 하나를 배워 그 하나만 알고 만다면 열매를 맺지 못하고 시들어 떨어지는 꽃처럼 되고 만다. 배운 것을 스스로 익혀야 나름대로 새김질할 수 있다. 거친 먹을거리도 꼭꼭 씹어 새김질하면 우리 몸속으로 들어가 기운이 된다. 배운 것을 익혀 새기면 마음에서 새로운 생각들이 돋아난다. 마음속에서 새것이 움트는 것보다 더한 즐거움(說)이란 없다.

열(說)이란 〈새것(神)이 밝아와(明) 즐겁다(樂)〉는 뜻이다. 이런 즐거움(說)을 누리자면 배운 것을 꼭 익혀가야 한다. 암기(暗記)한 것은 남의 것을 빌린 꼴이지만 익힌다면 배운 것에서 스스로 새것(神)을 얻어낼 수 있다. 신(神)이란 변화(變化)의 짓을 말한다. 그래서 명신(明神)은 늘 〈일신(日新)의 신(新)〉으로 이어진다. 날마다(日) 새롭다(新)고 함은 온갖 사물(事物)을 생각함이 깊고 넓어져 헤아려 가늠함이 남달라진다는 말씀이다. 생각하는 바가 남달라지지 않고서는 누구도 IT세상에서 상수(上手)가 될 수 없다.

IT세상이란 배워서 익혀 새것을 찾아내야 하는 세상이다. 그래서 '탭(tab)-펀(fun)'만 좋아하면 하수(下手)가 되고 오로지 '딥(deep)'해야 상수가 된다고 말하게 된 것이다. '딥(deep)'은 'deep thinking'을 줄인 낱말이라니 이는 심려(深慮) 즉 깊이(深) 생각하라(慮)는 것일 게다. 깊이 생각하려면 오로지 학이시습(學而時習)해야 한다. 달리 지름길이란 없다. 배운 것(學)을 스스로 익혀가야(習) 남이 못 보는 것을 보고 남이 못 듣는 것을 듣고 남이 생각지 못하는 것을 생각해낼 수 있다. 학이시습으로부터 비롯된 깊고 넓은 생각에서 창의력이 비로소 샘솟는 것이다. 요새 여기서 창의력 저기서 창의력 하지만 학이시습의 심려(心慮)를 떠나서는 샘솟지 못하는 것이 창의력이다. 그래서 『논어』에 〈배우고 늘 배운 것을 익히니 즐겁지 않느냐〉고 반문해둔 것이다. 특히 익힐 습(習) 한 글자에 숨은 뜻이 깊다. 익힘이란 외움이 아니다. 외움은 앵무새 노릇하라 함이지만 익힘은 배워 알게 된 것을 새로 다시 터득해보라 함이다. 터득한다는 것은 비유해 말하자면 쌀과 누룩을 배웠다면 그것들과 물을 합쳐 술을 한번 빚어보라는 셈이다. 쌀로 밥을 지어 먹기와 쌀로 술을 빚어 마시기는 매우 다르다. 이처럼 하나를 배우면 둘-셋-넷 여럿을 스스로 알아채 날마다 새롭게 마음속을 넓히고 채워가라 함이 〈습〉 한 글자에 숨어 있음을 깨달을수록 생각하는 바가 새로워진다.

[논어 읽기]

學而時習之　不亦說乎
학이시습지　　　　　　　불역열호

배우면서(學而) 늘(時) 배운 그것을(之) 익히니(習)
또한(亦) 즐겁지 아니한가(不說乎)?

－「학이(學而)」1

002

기쁨에 새것을 놓치면

열이불역 說而不繹

〈즐기면서도 새 뜻을 찾아내 풀지 않는다면 나도 어찌할 수 없는 것뿐이다〉라고 공자(孔子)께서 탄식하는 내용이 『논어』에 나온다. 이 말씀도 배우기만 하고 익히지 않음을 안타까워하는 말씀이다.

배운 대로 졸졸 외우기만 하면 꼭두각시가 될 수밖에 없다. 배운 것을 암기해 저장해두는 곳간쯤으로 머릿속을 생각한다면 그런 사람의 머릿속은 이제 잡동사니를 모아두는 창고밖에 될 수 없다. 하기야 컴퓨터가 없었던 시절에는 백과사전 노릇 하는 머리가 찬사를 받기도 했다. 그러나 이제는 컴퓨터의 자료저장 장치(Data storage)가 그런 일을 모조리 다 해준다. 온갖 것들을 거기다 저장해두고 필요할 때면 언제든지 끄집어내 쓰기만 하면 된다. 어디 그뿐인가? 인터넷을 열면 온 세상 온갖 것들을 마음대로 불러와 필요에 따라 얼마든지 쓸 수 있다. 이제는 온갖 자료들 중에서 남달리 선택하여 새 뜻을 찾아내 변화의 낌새를 풀이해낼 수 있느냐가 문제이다. IT세상은 변화의 낌새를 남보다 먼저 알아채고 거기서 새 뜻을 찾아내는 사람을 주목하고 환영한다.

남달리 새 뜻을 찾아내 풀어내기를 한 마디로 〈역(繹)〉이라고 한다.

〈역(繹)〉하자면 무엇보다 먼저 사물을 남달리 살피기를 즐겨야 한다. 이를 〈즐길 열(說)〉이라고 한다. 사물을 남달리 즐기는 마음이 앞서야 〈역(繹)〉할 수 있는 것이다. 열이역(說而繹)이란 말씀을 헤아릴 때면 한 꼬마가 그린 토끼가 생각난다. 그 토끼는 발을 일곱 개나 달고 있었다. 그 꼬마에게 토끼의 발은 몇 개지? 네 개. 그런데 왜 발이 일곱 개야? 서 있는 토끼가 아니고 달리는 토끼야! 그 꼬마의 간명한 대답이 절로 〈열이역〉이란 말씀을 튀어나오게 했었다.

서 있는 토끼의 발은 네 개지만 달리는 토끼의 발은 일곱 개라. 이렇게 답해 준 꼬마의 말이 바로 〈열이역〉이구나! 하나 더하기 하나면 둘이라. 이는 배워 외운 것이다. 그러나 하나를 알았다면 셋 넷을 알아라. 이는 배운 것을 익히고(習) 즐겨(說) 새 뜻을 찾아내 풀어내라(繹) 함이다. 이처럼 새 뜻을 풀어내야(繹) 미래를 만들어낸다. 남들이 좋다니까 나도 좋고 남들이 싫다니까 나도 싫다며 유행 따라 흉내 짓 해서는 뜻대로 살아가는 것이 아니다. 일곱 개의 다리로 달리는 토끼를 그린 그 꼬마가 밝은 눈을 지니고 제 뜻대로 살고 있는 것이다. 그 꼬마는 명안(明眼)을 지닌 것이다.

밝은(明) 눈(眼)이란 얼굴에 있는 두 눈이 아니라 마음속에 있는 눈이다. 이런 밝은 눈이 있어야 남달리 사물을 보고 즐기면서 새 뜻을 살펴 풀어내 변화를 찾아낸다. 미래는 기다려지는 것이 아니라 만들어지는 것이다. 발 일곱 개의 토끼는 그 꼬마가 그림으로 만들어낸 그 꼬마의 미래이다. 변화를 찾아내 미래를 만들 수 있는 사람은 누구일까? 오로지 〈열이역〉하는 사람이 바로 미래를 만들어낼 주인이다. 그래서 『논어』에 〈즐기면서도 새 뜻을 찾아내지 않는다면 나도 어찌할 수 없을 뿐이다〉라고 성인(聖人)께서 밝혀둔 것이다.

[논어 읽기]

說而不繹 從而不改
열이불역　　　　　종이불개

吾未如之何也已矣
오미여지하야이의

즐기면서도(說而) 새 뜻을 찾아내 풀지 않고(不繹)
따라하면서(從而) 고쳐보지 않는다면(不改)
나도(吾) 어찌할 수 없는 것(未如之何) 뿐이다(也已矣)

-「자한(子罕)」 23

따라만 하고 고칠 줄 모르면

종이불개 從而不改

〈따라하면서도 고쳐가지 않는다면 나도 어찌할 수 없는 것뿐이다〉라고 공자께서 탄식하는 내용이 『논어』에 나온다. 이 말씀도 배운 것을 그냥 그대로 외어 졸졸 따라 하기만 하고 스스로 익혀 고쳐 새 뜻을 펴보지 않음을 안타까워하는 말씀이다.

남들이 하는 대로 졸졸 따라만 하면 흉내쟁이가 될 수밖에 없다. 유행 따라 산다는 사람들은 주인 몸짓대로 따라만 하는 그림자에 불과하다. 서울 종로구 중학동에 있는 동십자각(東十字閣)에서 이화동 사이에 있는 율곡로(栗谷路)를 지나갈 때마다 '빨간 헝겊'이 생각나곤 한다. 요새만 개그(gag) 꾼들이 있는 것은 아니다. 사람 사는 세상에는 웃게 하는 사람들이 있게 마련이다. 율곡 선생께서 우스개꾼들의 입에 올라 유명세를 냈던 일화(逸話)가 있다. 율곡선생의 마나님을 우스개로 삼아 꾸며낸 이야기라고 한다.

율곡선생의 마나님께서 요새말로 치자면 지능지수가 좀 모자랐단다. 마나님께서 남편의 도포자락을 손질하다 왼쪽 가슴팍 부근에 불똥이 떨어져 난 불구멍을 보았던 모양이다. 불이 구멍을 냈구나. 불은 빨갛지. 빨간 놈이 구멍을 냈으니 빨간 헝겊으로 구멍을 막아야지. 이렇게 마나님께서 생각하시고 남편의 도포에 난 불구멍을 빨간 헝겊을 대어서 기워 막았단다. 하얀 도포 왼쪽 가슴팍에 빨간 헝겊 딱지가 붙었기로서니 구멍을 기웠으면 되었지 웬 빨간 헝겊이냐고 티 잡아 이렁구렁 하실 분이 아닌지라 율곡선생은 그냥 그대로 입고 관훈동 댁을 나와 서울 거리로 나가셨던 모양이다.

그런 다음날 빨간 헝겊 딱지가 서울 거리를 누비는 한량들의 도포자락 가슴팍마다 붙어 있었다는 얘기다. 다섯 번에 걸쳐 연이어 장원급제를 하신 율곡선생께서 왼쪽 가슴팍에 빨간딱지를 붙였으니 반드시 무슨 좋은 부적(符籍)일 터라 믿고 너도나도 따라서 그렇게 했다고 한다. 하여튼 율곡선생께서는 느닷없이 하룻밤 사이에 인형극 줄잡이가 되고 만 셈이었다. 율곡로를 지나갈 때마다 이런 우스개 이야기를 떠올리게 되고 사람 사는 세상 예나 지금이나 달라진 게 없다는 생각이 앞선다. 줄잡이의 손가락 놀림대로 움직이는 인형 같은 따라쟁이(從者)가 많아 패션산업이 이글대기도 한다. 왜 율곡선생을 빌어 이런 우스개가 생겼을까? 따라 하기 좋아하는 사람들(從者)을 꼬집어주고자 율곡선생을 빌어 우스개를 지어냈을 게다. 세상에는 늘 종자(從者)들이 많다. 종자들은 늘 남의 종노릇만 하고 만다. 언제나 자신을 향상시키려는 쪽보다 유행 따라 살아가는 쪽이 압도하는 세상에서 비켜나 자신을 살펴 생각을 깊이 하는 사람이 늘 세상을 보다 좋게 변화시킨다.

패션에 뒤지면 뒤떨어진다고 믿는 사람은 삶을 제 뜻대로 새롭게 펼치기 어렵다. 따라 산다는 것은 그냥 뜻 없이 묻어 살리라 그것이다. 그러나 굼벵이도 구를 재주가 있다. 이는 저마다 나름대로 재주 하나씩은 있어야 한다는 것이다. 여기서 재주란 전보다 좋게 삶을 개선코자 생각하고 실행한다는 말이다. 물론 고쳐보겠다고 가위눌릴 것은 없다. 깊은 생각 없이 무언가를 고쳐보겠다고 덤비면 긁어 부스럼 내기 십상이고 개악(改惡)하면 탈이 난다. 그러니 반드시 깊이 생각하여 개선(改善)하는 쪽이 되어야 한다.

삶을 제 나름대로 바람직하게 고치자면 오로지 〈종이개(從而改)〉 즉 따라하면서도(從而) 고쳐가야(改) 제 자신을 개선하여 향상해가는 주인이 된다. 그래서 『논어』에 〈따르면서도 고쳐가지 않는다면 나도 어찌할 수 없을 뿐이다〉라고 성인께서 밝혀둔 것이다. 요즈음 날마다 혁신(革新)하자고 부르짖는데 그 혁신은 부르짖는다고 나오는 것이 아니다. 굼벵이도 구를 재주가 있다고 한다. 그러니 어느 사람한테나 혁신하는 재주가 없을 리 없다. 혁신하자면 지식이 많아야 되는 것은 결코 아니다. 스스로 보고 듣고 스스로 생각하고 헤아려 스스로 가늠하는 사람이라야 제 나름껏 새로운 힘을 낸다.

[논어 읽기]

從而不改
종이불개

吾未如之何也已矣
오미여지하야이의

따라하면서(從而) 고쳐보지 않는다면(不改)
나도(吾) 어찌할 수 없는 것(未如之何) 뿐이다(也已矣).

-「자한(子罕)」 23

사람이 사람의 길을 넓힌다

인능홍도 人能弘道

〈사람이 도(道)를 넓힐 수 있지 도가 사람을 넓히는 것은 아니다.〉 이렇게 공자께서 밝혀둔 말씀이 『논어』에 나온다. 온갖 것(萬物) 중에서 우리 사람을 으뜸자리(本位)에 두는 까닭을 밝힌 가장 분명한 말씀이 바로 〈인능홍도(人能弘道)〉이다.

사람(人)이 도(道)를 넓힐(弘) 수 있다(能). 그 〈도(道)〉란 무슨 길(道)일까? 물론 그 도는 여러 가지로 말할 수 있다. 하지만 여기서 맨 먼저 떠올려야 할 도란 바로 인도(人道)일 것이다. 사람답게 하는 도를 인도(人道)라고 한다. 천도(天道)니 인도(仁道)니 할 때의 〈도〉란 여러 가지 뜻을 낸다. 사람이 되는 이치(理)로서 인도(人道)라 하기도 하고, 사람이 되는 가르침(敎)으로서 인도(人道)라 하며, 사람이 되게 이끌어감(導)도 인도(人道)라고 하고, 사람이 되게 하는 방편(方)도 인도(人道)라 하며, 사람이 되게 하는 말씀(言)도 인도(人道)라고 한다. 하늘(天)의 도(道)니 사람(人)의 도(道)니 할 때 그 도(道)라는 것은 주로 이치 이(理)-가르칠 교(敎)-이끌 도(導)-방편 방(方)-말씀 언(言) 등 다섯 갈래로 뜻을 낸다. 그러니 〈인도(人道)〉라고 하면 대개는 다섯 갈래 뜻 중에 어느 하나를 주목해 말하는 경우가 된다.

인도(人道)는 사람이 가야 할 가장 큰 길이다. 그 길을 세 갈래로 부르기도 한다. 앎(知)의 길이라 부르기도 하고 어짊(仁)의 길이라 부르기도 하고 굳셈(勇)의 길이라고 부르기도 한다. 그래서 인도를 일컬어 수기(修己)의 길이라고 한다. 인도란 내가 나(己)를 닦는(修) 길(道)이다. 그래서 인능홍도(人能弘道)라고 잘라 말씀한 것이다.

나(己)를 닦는(修) 길을 넓히기 위하여 맨 먼저 호학(好學)하라고 한다. 배우기(學)를 좋아하라(好)는 것이다. 그러면 앎(知)에 가깝다고 한다. 여기서 앎이란 바깥 사물(事物)에 관한 지식(知識)을 말하는 것은 아니다. 내가 나 자신을 스스로 잘 살펴 밝히고자 배우기(學)를 좋아할(好) 줄 앎(知)이 그 지(知)다. 그래서 이런 앎의 길을 걷기 위해서 호학하라고 권하는 것이다.

호학(好學) 즉 배움을 좋아하라. 이 배움은 요새 학교나 학원에서 요구하는 배움과는 아주 다르다. 요새 모든 교육은 내 밖에 있는 것만 가르친다. 내가 나를 알아보게 하는 가르침을 등한히 하는 탓으로 명지(明知)의 앎(知)이 있는 줄도 모른다. 내가 나를 살펴 밝혀 내가 나를 알아봄을 일러 〈명지(明知)〉라고 한다. 내가 나를 닦게 하는 배움은 이런 명지를 주로 가르치려고 한다. 등잔 밑이 어둡다 함이 바로 명지가 부족하다는 속담이다. 이러한 명지는 오로지 내 스스로 넓힐 수밖에 없다.

요새 우리는 이런 명지를 팽개쳐버렸기 때문에 자신을 전혀 모르면서 바깥 것만 붙들고 알려고 덤비는 겉똑똑이로 떨어지고 있는 중이다. 손에 스마트폰 들고 손가락 끝으로 콕콕 쳐서 펀(fun)하며 아는 척 말라. 그런 앎이란 너도 알고 나도 알아 온 세상에 널브러진 잡동사니에 불과하다. 제 마음속을 밝고 맑게 하여 스스로 자신을 업그레이드할 줄 모르면서 스마트폰 최신 버전 손에 들었다고 좋아할 것 없다. 그럴수록 점점 더 명지(明知)가 없어져 자신이 스스로 넓혀가야 할 길이 좁아져 하수(下手)가 되고 만다. 내가 나를 밝히는 명지의 길을 넓힐 수 있어야 IT세상에서도 상수(上手)가 되어 꼭두각시 노릇 안 하고 살 수 있다. 그래서 〈인능홍도(人能弘道)〉하라고 성인께서 밝혀둔 것이다. 길(道)을 넓혀라(弘). 그런데 남이 하는 대로 따라 넓히지 말아야 한다. 죽이 되든 밥이 되든 자기 스스로 뜻을 세워 자신의 길을 넓혀가야 한다는 것 외에는 없다. 그래서 뱁새가 황새걸음 부러워 따라가면 가랑이가 찢어진다는 것이다. 어떤 이라도 제 가랑이가 찢어지면 다리근육 발바닥 따위가 무슨 소용이 있겠는가? 저한테 딱 맞게 걸어가야 함이다.

[논어 읽기]

人能弘道 非道弘人

인능홍도   비도홍인

사람이(人) 도를(道) 넓힐(弘) 수 있지(能)
도가(道) 사람을(人) 넓히는 것은(弘) 아니다(非).

- 「위령공(衛靈公)」 28

멋대로 마음 쓰지 말라

무의 毋意

〈절사(絶四)〉니 〈삼거(三去)〉니 하는 말씀이 있다. 요새는 들어보기 어려운 말씀이다. 공자께서는 네 가지를 끊었다는 말씀이 절사(絶四)이고 성인(聖人)은 세 가지를 버린다는 말씀이 삼거(三去)이다. 물론 절사는 〈자절사(子絶四)〉라 하여 『논어』에 있다. 자절사 중에 첫 번째 것이 무의(毋意)이다. 무의는 〈의(意)가 없다(毋)〉는 말이다. 무(毋)는 〈없앨 무(無)〉와 같다. 의(意)를 끊어서(絶) 없앴다(毋)는 말씀이 곧 자절사의 〈무의〉이다.

〈의(意)〉란 본래 마음속에 담아둔 소리(音)라는 것이다. 그래서 심음(心音)이란 낱말이 생겼다. 심음을 한 글자로 한 것이 곧 〈의(意)〉이다. 심음은 오로지 자기만 알고 남은 알지 못하는 속내이다. 그래서 의(意)를 속셈의 뜻으로 새김한다. 무의를 그냥 새기면 속내가 없다는 말이 된다. 속내가 없다면 생각이 없다는 말이 된다. 그런데 어찌 공자께서 그런 의를 끊어 없앴다고 밝히는 걸까? 생각이 더없이 깊고 넓고 맑고 밝은 분이 곧 공자이다. 공자께서 끊어 없앴다는 의(意)는 바로 다름 아닌 자의(恣意)라는 것이다. 그러므로 자절사(子絶四)의 무의(毋意)를 무자의(毋恣意)로 새겨 〈자의를 끊어 없앴다〉는 말씀으로 헤아려 가늠해 들어야 된다.

자의(恣意)는 세상을 얕보고 제멋대로 생각해 제 마음 내키는 대로 말을 뻗는 짓이다. 자의보다 시퍼렇게 날선 칼은 없다. 자의란 상대방이 누구이든 제 맘대로 안 되면 사정없이 난도질하려 드는 심술(心術)의 칼날 같다는 것이다. 왜 말로 천 냥 빚을 갚고 가는 말이 고와야 오는 말도 곱다는 속담들이 생겼겠나? 바로 이 자의라는 행패 때문에 그런 속담들이 일궈졌다고 본다.

세 치 혀가 탈낸다고 한다. 자의를 서슴없이 짓는 속내를 바로 그 세치 혀로 빗댄 것이다. 세상을 제 것인 양 여기고 제 뜻대로 안 되면 그냥 세상이 틀렸다고 삿대질하려 덤비는 속내보다 더 막무가내는 없다. 이것저것 곁눈질하면서 제 성미대로 안 차면 모든 것을 삐딱하게 보고 틀려먹었다고 몰아버리는 자의보다 더한 행패는 없는 것이다. 세상은 내 것이 아니라고 믿는 사람은 무슨 일이 있어도 자의로써 남을 상처나게 하지 않는다. 요새는 에스엔에스(SNS)란 것이 생겨나 말발이 광속(光速)으로 온 세상을 눈 깜짝할 새도 없이 덮어버리는지라 자의보다 더 무서운 말짓은 없는 편이다.

'아니면 말고'가 요새 시쳇말로 자주 입에 오르내린다. 이를 우스갯소리로 넘길 수 없다는 생각이 앞선다. '아니면 말고'가 바로 자의란 속셈이다. 말로써 치고 빠지면 그만이라는 시류(時流)가 넘쳐나면 살맛이 없어지게 마련이다. 참으로 자의란 박덕(薄德)해서 세상을 휘저어놓고 만다. 저만 알고 남을 업신여기는 마음이 기승을 부린다면 정말로 살맛나지 않는 세상이 되고 만다. 살맛나는 세상이란 서로 통하는 세상이다. 흥정은 붙이고 싸움은 말리자고 한다. 허공이 있어야 바람이 오고가듯이 마음속에서 자의를 몰아낼수록 그만큼 마음에 세상을 끌어안는 통이 생겨나 넓고 깊어진다. 이를 회덕(懷德)이라 한다. 덕(德)을 품어야(懷) 못된 자의(恣意)를 쫓아낸다.

子絕四　毋意　毋必
자절사　　　　　무의　　　　무필

毋固　毋我
무고　　　　무아

공자께서는(子) 네 가지를(四) 끊었다(絕).
자의가(意) 없고(毋) 기필이(必) 없고(毋)
고집이(固) 없고(毋) 유아가(我) 없다(毋).

－「자한(子罕)」4

006

옳음만을 따르라

의지여비 義之與比

온 세상 사람을 꼼짝 못하게 하는 한 마디가 있다면 아마도 〈의지여비(義之與比)〉가 바로 그 한 마디가 될 터이다. 털어 먼지 안 나올 사람 없다고 한다. 물이 너무 맑으면 물고기가 못 산다고 한다. 이는 세상살이를 하자면 적당히 어물쩍거릴 줄 알아야 한다는 게다. 알아도 모른 척 몰라도 아는 척 구렁이 담 넘듯이 누이 좋고 매부 좋고 그래야 세상이 돌아가지 않느냐는 것이다. 이런 두루뭉수리로 넘어가자는 것은 무슨 수를 쓰든 칼자루를 잡아야지 칼날을 잡아선 안 된다는 나름대로의 노림수 때문일 터이다. 이런 노림수를 단박에 박살내고 마는 말씀이 곧 공자께서 딱 잘라 밝힌 〈의지여비〉다.

오로지 의(義)만을 좇아 따른다고 함이 의지여비다. 물론 이 말씀을 지금 세상은 깔아뭉개려고 한다. 이러다 보니 〈의(義)〉가 낡아빠진 헌신짝인 양 내치기를 겁내지 않는다. 그러면서도 정의(正義)라는 말만은 치켜지기도 한다. 요새 앞세워지는 정의의 〈의(義)〉는 의지여비의 〈의(義)〉와는 다른 것이다. 요새 정의란 'Justice'를 옮긴 일식 조어(日式造語)에 불과하다. 그리고 그 정의의 〈의(義)〉란 남의 이익(利益)을 침범하지 않고 동시에 내 이익을 내주지 않겠음을 뜻하는 말이니 정의의 〈의(義)〉란 이익의 확보를 주장하려고만 한다.

그러나 의지여비의 〈의(義)〉는 무치(無恥) 즉 한 점 부끄러움(恥)이 없음(無)을 뜻한다. 윤동주의 서시(序詩)에 나오는 절절한 가락 "죽는 날까지 하늘을 우러러 한 점 부끄럼이 없기를 잎새에 이는 바람에도 나는 괴로워했다"를 알 것이다. 바로 이런 절절한 사랑으로 어우러짐이 곧 의지여비의 〈의(義)〉라는 것이다. 그러니 윤동주의 서시는 의지여비를 바탕에 깔고 있기에 우리의 가슴을 치는 울림이 눈물짓게 하는 것이다. 사랑(仁)을 저버림을 부끄러워함이 곧 의지여비의 〈의(義)〉임을 윤동주 시인은 절절이 사무쳤던 것이다. 그러니 옳다고 된다는 것(適)이 따로 있고 글렀다고 안 되는 것(莫)이 따로 있다는 것이 아니다. 사랑하는 마음(仁)이 있느냐 없느냐가 문제이다. 인(仁)을 떠나서는 의(義)도 없음을 믿고 믿어야 의지여비를 절절하게 새길 수 있다는 말이다. 의는 인을 좇아 따라야(比) 하는 까닭에 인의(仁義)라 하고 그런 의를 좇아(比) 마주함을 일러 크고(大) 밝다(明) 한다.

대명(大明)이란 감출 것도 없고 숨길 것도 없다는 말씀이다. 왜 사람이 쩨쩨해지고 옹색해지며 초라해질까? 감출 것도 많고 숨길 것도 많아 제 마음 제가 열지 못하는 까닭이다. 그 까닭을 일러 부끄럼(恥)이라고 한다. 그래서 지치(知恥)를 일러 의지여비의 〈의(義)〉라고 하는 것이다. 부끄럼(恥)을 아는(知) 사람은 언제 어디서나 콩 심은 데 콩 나고 팥 심은 데 팥 난다는 속담을 의지여비의 〈의(義)〉로 받아들일 줄 알고, 누울 자리 앉을 자리 가려 자리잡을 줄 알기에 구김살 없이 산다. 그래서 아무리 요새 세상이 의지여비의 〈의(義)〉를 눙친다고 해도 그 〈의(義)〉가 사라질 리 없다는 것은 아무리 돌밭이라도 봄이 오면 풀이 돋아나 풀꽃이 피고 아무리 세상이 거칠어도 바람이 불어 숨을 쉬게 하기 때문이다. 왜 바람이나 풀꽃을 〈의(義)〉라고 하는지 아는가? 그것들에는 부끄럼이 없기 때문이다.

[논어 읽기]

君子之於天下也　無適也
군자지어천하야　　　　　　　　무적야

無莫也　義之與比
무막야　　　의지여비

군자가(君子之) 온 세상을(天下) 마주함(於)이란(也)
어느 하나를 옳다 하여 고집하지도(適) 않는 것(無)이고(也)
(반면에) 무엇이든 안 된다고 부정하지도(莫) 않는 것(無)이며(也)
오로지 올바름(義)만을(與之) 좇아 따른다(比).

-「이인(里仁)」10

007

예로 돌아가라

극기복례 克己復禮

공자께서 가장 아끼는 제자가 안연(顏淵)이다. 그 안연이 공자께 어짊(仁)을 물었다. 이를 〈안연문인(顏淵問仁)〉이라고 한다. 그러자 공자께서 〈극기(克己)하여 복례(復禮)함〉이라 답해주셨다. 자기를(己) 눌러(克) 예로(禮) 돌아가야(復) 어짊이(仁) 된다(爲)는 것이다. 누구나 제일 싫어함이 극기고 복례이다. 나를 억눌러 남에게 져주라는 말씀이 극기인 까닭이고 나를 낮추고 남을 높여주라는 말씀이 복례인 까닭이다. 내놓고 말하지 않을 뿐이지 속으로는 남에게 언제나 이기고 싶고 지고 싶어 하지 않음이 사실이고 남을 낮추고 나를 높이고 싶은 속셈 또한 날카롭다. 그런데 마음속까지 나를 눌러 남을 높여야 어진 사람이 된다는 것이다. 그러니 위인(爲仁) 즉 어질기가 얼마나 어려운 일인지 단박에 알 수 있겠다.

내가 남을 이기려고 들면 들수록 져버리는 경우가 따라오고 져주어 버린다면 오히려 이기는 경우가 뒤따라오는 경우가 참으로 많다는 것이다. 내가 옳고 네가 틀렸다고 쏘아버리고 싶을 때가 많다. 그럴 때 꾹꾹 참아버리면 그것이 극기다. 살다 보면 더러 제 자랑 좀 하고 싶을 때가 많다. 그럴 때 입을 꼭꼭 다물어버리면 그 또한 극기다. 살다 보면 때로는 자존심을 앞세워 과시하고 싶을 때도 있다. 그럴 때 영근 이삭일수록 고개 숙인다는 속담을 떠올릴 수 있다면 그 역시 극기다. 이처럼 내 성질머리를 눌러 부드럽게 하라 함이 극기다. 그래서 공자께서 밝힌 극기를 노자(老子)의 말씀으로 바꾸어본다면 수유(守柔)가 되는 것이다. 나(己)를 눌러라(克). 부드러움(柔)을 지켜라(守). 이 두 말씀은 한길로 이어진다. 그 한길을 공자께서는 복례(復禮)라고 풀이했고 노자께서는 일강(日强) 즉 날마다 강해진다(日强)고 풀이한 것뿐이다.

복례란 자비(自卑)를 되풀이하라(復)는 말씀이다. 〈자신(自)을 낮추라(卑). 그러면 남이 너를 높여줄 터이다.〉 이렇게 오고 감이 곧 〈예(禮)〉라는 것이다. 그래서 〈예(禮)〉를 〈자비존인(自卑尊人)〉이라고 한다. 나를 낮추고(自卑) 남을 높임(尊人)이 예(禮)이다. 그러면 남이 저절로 나를 높여주게 된다는 것이다. 자존심이란 호랑이 앞에 하룻강아지 같다. 세상이란 자존심을 들먹이면 곧잘 뭉개버리고 만다. 그러나 진심으로 자신을 낮추게 되면 세상이 고개를 숙이고 다가오고 만다. 여전히 결례(缺禮)하거나 무례(無禮)하면 세상의 손가락질 받고 '놈'이란 욕을 먹게 된다. 그러니 〈예(禮)〉를 낡았다고 생각해서는 안 된다. 여전히 〈예(禮)〉가 나를 귀하게 해준다. 나를 천하게 함이 〈예(禮)〉를 저버림이고 따라서 불인(不仁)을 범하는 짓이다. 그런 까닭으로 나를 귀하게 해주는 어짊(仁)도 나로부터 비롯되고 나를 낮출수록 내가 높아지는 〈예(禮)〉도 나로부터 비롯된다는 말씀이 두렵게 울림하는 것이다.

이런 울림을 줄여 〈유기(由己)〉라고 한다. 어짊과 예가 나로부터 비롯한다(由己)는 이 말씀을 마음속에 담아두고 사는 사람은 세상이 아무리 살벌하다 할지라도 찡그리지 않고 환하게 살아가는 길을 남몰래 찾아낸다.

세상이 가시밭길 같다 해서 누구나 다 살아가는 발걸음이 가시에 찔릴 수밖에 없다는 것은 아니다. 이를 밝혀주는 말씀이 곧 〈극기복례〉이다.

[논어 읽기]

顔淵問仁　子曰　克己復禮爲仁
안연문인　　　　자왈　　　극기복례위인

一日克己復禮　天下歸仁焉
일일극기복례　　　　천하귀인언

爲仁由己　而由人乎哉
위인유기　　이유인호재

안연이(顔淵) 어짊을(仁) 물었다(問). 공자께서(子) 말했다(曰).
자기를(己) 눌러(克) 예로(禮) 돌아감이(復) 어짊이(仁) 된다(爲).
하루라도(一日) 자기를(己) 눌러(克) 예로(禮) 돌아간다면(復)
온 세상이(天下) 어짊으로(仁) 돌아갈 것(歸)이다(焉).
어짊이(仁) 됨은(爲) 나(己)로부터 비롯되지(由)
그러니(而) 남(人)한테서 비롯될 것(由)이겠나(乎哉)!

- 「안연(顔淵)」 1

008

남을 멋지게 해주면

성인지미 成人之美

『논어』를 마주하다 보면 움찔하게 마련이다. 공자께서 들려주는 말씀들이 정수리를 콕콕 찔러 뉘우치게 하여 부끄럽게 하기 때문이다. 특히 군자(君子)와 소인(小人)을 맞견주어 공자께서 서슴없이 밝힐 때는 몸 둘 바를 찾기가 어렵기도 하다. 아마도 그래서 『논어』를 가까이 하기 싫은 경우가 빚어질 수도 있겠다 싶기도 하다.

군자는 마음이 크고 깊은 사람을 말하고 소인은 마음이 작고 얕은 사람을 말한다. 크고 깊은 마음이란 남이 잘될수록 기뻐하는 마음을 말한다. 작고 얕은 마음이란 남들이 잘됨을 반기지 않는 마음을 말한다. 사촌이 논을 사면 배 아파하고 남의 밥에 있는 콩이 커 보이는 심술은 늘 작고 얕은 마음에서 나온다. 이런 탓으로 공자께서 군자를 열렬히 받들어 앞세우는 말씀들이 『논어』에 78회에 걸쳐 나온다. 군자를 낡은 인간형이라고 말하면 못쓴다. 남들이 잘될수록 기뻐하고 즐거워하는 마음을 간직한 군자가 어찌 낡은 인간의 모습이 될 수 있겠는가?

〈성인지미(成人之美)하고 불성인지악(不成人之惡)하는〉 사람이 곧 온 세상 온 사람의 거울이고 맑음이고 밝음이 되는 군자이다. 남의(人之) 아름다움을(美) 이루게 해주고(成) 남의(人之) 추접함을(惡) 짓지 않게 하는 (不成) 사람을 일러 군자라고 한다. 본래 군자는 아름다운 사람 즉 미인 (美人)이다. 요새는 오로지 몸매를 따져 미인의 기준을 삼는 꼴이다. 본래 아름다운 몸매를 두고서는 요색(妖色)이니 여희(麗姬)니 했지 미인(美人) 이라 하지는 않았다. 미(美)는 〈선(善)을 크게 한다(大)〉는 말이다. 미인은 곧 선인(善人)을 말하는 것이다. 그래서 〈군자-미인-선인〉은 하나의 같 은 말씀이 된다. 남을 좋게 해주면 그것이 곧 선이다. 그래서 〈좋을 선- 착할 선〉이라 한다. 남을 나쁘게 해주면 그것이 곧 악이다. 그래서 〈몹쓸 악-추접할 악〉이라 한다. 선하면 누구나 군자가 되고 악하면 누구나 곧 소인이 되고 마는 것이다.

세상에 군자가 없다고 말하기도 한다. 하지만 이런 말은 틀린 생각으로 여김이 좋겠다. 사람이란 선할 때도 있고 악할 때도 있으니 말이다. 내가 한순간 선하다면 그 순간만은 나도 곧 군자가 되는 셈이고 내가 한순간 악하다면 나는 곧 그 순간 소인이 되고 마는 것이다. 군자 따로 태어나고 소인 따로 태어나는 법은 없다는 것이다. 누구나 군자도 되고 소인도 될 수 있는 것이 인간이란 목숨이다. 늘 군자인 사람이 있고 늘 소인인 사람 이 따로 없는 법이다. 그래서 세상은 살맛이 나는 것이다.

군자로서 살고 소인으로서 살지 않기를 가장 간절하게 빌고 빈 성인(聖 人)이 곧 공자이다. 누구나 군자가 될 수도 있고 소인이 될 수도 있기 때 문이다. 이러한 도리(道理) 앞에 마주서기를 서슴지 않는다면 우리 모두에 게 군자가 될 수 있는 확률이 훨씬 더 높아질 것이다. 선인이 되고 싶지 악인이 되고자 할 사람은 이 세상에 없을 터이다. 너 소인배야 하면 성내 지 않을 사람 없다. 이는 다 선인이 되고 싶어 한다는 증거이다. 그러니 세상에 군자가 없다고 말할 것은 없다. 다만 누구나 군자도 될 수 있고 소인도 될 수 있으니 군자로 살아가기를 길고 오래게 하고 소인으로 살아가기를 줄이고 줄여 짧게 하려고 마음만 먹는다면 〈성인지미(成人之美)-불성인지악(不成人之惡)〉이란 말씀이 우리를 사무치게 할 수 있을 것이다.

[논어 읽기]

君子成人之美
군자성인지미

不成人之惡　小人反是
불성인지악　　　　　　소인반시

군자는(君子) 남들의(人之) 아름다움을(美) 이루게 하고(成)
남들의(人之) 못됨을(惡) 이루지 않게 한다(不成).
소인은(小人) 이를(是) 어깃장 낸다(反).

-「안연(顏淵)」16

009

나만 못한 이를 벗하면

무우불여기자 無友不如己者

친구 따라 강남 간다고 한다. 하지만 섣불리 그렇게 해서는 안 된다. 친구를 사귀는 일이 쉽지 않아서이다. 나를 좋게 하는 친구도 있고 나를 나쁘게 하는 친구도 있을 수 있다. 노름꾼 친구와 놀아나면 나도 그만 노름꾼이 되고 만다. 그러나 벗(友)은 언제나 늘 나를 좋게 해줄 뿐이다. 벗과 친구는 달라 친구가 곧 벗이 되지는 못한다. 친구란 마음이 맞아 친하다가도 서로 틀리면 멀어지기도 하는 사이다. 물론 친구가 동료보다는 훨씬 친하고 가깝다. 동료란 본래 이해(利害) 따라 한때 함께하는 사이인지라 직장동료라고 한다. 그러나 친구나 동료와는 달리 내 벗은 나와 한마음이라 한평생 함께한다.

친구도 많을 수 있고 동료도 많을 수 있다. 그러나 벗은 많을 수가 없다. 사람 마음은 백인백색(百人百色)인지라 사람과 사람이 마음을 하나로 하기는 참 어렵다. 하지만 사람과 사람이 벗이 되려면 네 마음 내 마음이 둘이 아니라 하나가 되어야 한다. 이 때문에 나에게 벗이 하나만 있어도 엄청난 행운이다. 그렇다고 벗을 사귀는 일을 게을리 해서는 안 된다. 내 벗은 나에게 곧 선(善)이 되는 까닭이다. 내가 벗을 찾아야지 남이 저절로 내 벗이 되어주지 않는다. 그래도 벗을 찾을 수 없다면 자연에서라도 찾아 벗 삼아야 삶이 때때로 종다리가 치솟는 해맑은 아침햇살 같아질 수 있다.

　고산(孤山) 윤선도(尹善道)의 오우가(五友歌)를 알 것이다. "내 벗이 몇
이냐 하니 수석(水石)과 송죽(松竹)이라 동산에 달 오르니 그 더욱 반갑고
야 두어라 이 다섯밖에 또 더하여 무엇 하리." 고산께서 왜 사람이 아니라
물과 돌과 솔과 대 그리고 달을 벗으로 삼았을까? 그것들이 고산을 한없
이 선(善)하게 해주었기에 벗으로 삼았을 터이다. 고산이 수석을 만나면
그만 수석이 되고 송죽을 만나면 그만 송죽이 되고 달을 만나면 그만 달이
되어 인생이 겪는 온갖 시름을 잊어버리고 그저 그냥 하염없이 홀가분하
게 고산의 마음이 노닐게 되었을 것이다. 이처럼 벗을 만나면 마음이 낙락
하고 넉넉해 마음이 열리고 훤해져 온갖 것이 다 즐거워 반갑다. 그러니
고산께서는 오우(五友) 덕으로 선심(善心)으로 돌아가 마냥 즐거웠을 터이
다. 벗이 곧 선(善)인 것은 벗이 늘 삶을 즐겁게 해주는 까닭이다. 그래서
공자께서 〈나만 못한 이를 벗으로 삼지 말라〉 한 것이다.

　공자의 이 말씀은 나보다 재물이나 지위나 명성이 나은 사람과 벗으로
사귀라는 것은 아니다. 나보다 선한 마음이 깊고 넓은 분을 벗으로 삼아
사귀라는 말씀이다. 달콤한 말만 좋아하고 듣기에 쓴 말을 싫어하는 사람
은 벗을 얻어 사귈 수 없다. 벗이란 좋은 일을 하면 아낌없이 환호하면서
도 내가 허물을 지으면 사정없이 꼬집어내 나를 부끄럽게(恥) 하여 뉘우치
게(悔) 해서 새사람으로 거듭나게 한다. 진실로 회린(悔吝)할수록 누구나
선한 사람이 되어 향상된다. 벗은 언제나 나를 요샛말로 선하게 업그레이
드시켜 준다. 그러자면 나보다 못한 자를 벗으로 삼아 사귀어서는 안 되는
것이다. 나보다 못한 자란 나보다 마음의 도량(度量)이 작음을 말한다. 작
고 좁아 얕은 마음과 사귀면 내 마음도 따라 좁아져 선하기보다 불선(不

善)하기 쉽다. 그래서 공자께서는, 〈나만 못한 자를 벗으로 삼아 사귀지 말라〉는 말씀을 하고 바로 불이과(不貳過) 즉 〈잘못했다면 꺼리지 말고 고치라〉고 이었다. 내 친구나 내 동료는 내 잘못을 알아도 모른 척하고 넘겨 치는 경우가 허다하지만 내 벗은 내 잘못을 자신의 것으로 여기기 때문에 덮어두지 않고 나로 하여금 고치게 하여 슬기롭게 해준다. 진실로 나를 선하여 슬기롭게 해주는 분이 있다면 바로 그분이 나보다 나은 분이니 벗으로 삼아 사귀려고 내가 애써야 한다.

[논어 읽기]

無友不如己者
무우불여기자

過而勿憚改
과이물탄개

나만(己) 못한(不如) 이를(者) 벗으로 삼지(友) 마라(無).
잘못했다면(過而) 꺼리지(憚) 말고(勿) (그 잘못을) 고쳐라(改).

−「학이(學而)」 8

010

남에게 화풀이 말라

불천노 不遷怒

세상에 허물없는 사람은 하나도 없다. 털어 먼지 안 날 사람 없고, 혹 떼려다 혹 하나 더 붙이고, 세 살 버릇 여든까지 간다고들 하면서 슬쩍 제 허물 감추고 숨기기도 한다. 오죽하면 마음잡기 사흘 못 간다고 할까? 어디 그뿐인가. 내가 하면 로맨스이고 남이 하면 스캔들이란 시치미가 나온 지도 꽤나 오래됐다. 제 허물을 감추고 숨기는 어리석은 짓 말고 줄일수록 그만큼 스스로를 현명한 사람이 되게 한다는 말은 거짓말이 아니다.

『논어』에서 〈호학(好學)〉을 공자께서 세 번이나 밝힌다. 세 번 다 현명한 사람 되는 법을 밝힌다. 요새는 이런 〈호학〉이 팽개쳐진 꼴인지라 지금은 남과 겨루어 이기는 '스마트파워(Smart-power)'가 센 사람의 세상이라고 야단법석이다. 이런 탓으로 스마트파워를 지능(知能) 쪽으로만 치우쳐 갈고 닦기에 급급하지 지혜(知慧) 쪽으로는 마음 두지 않는 세태이다. 능력만 좋으면 되지 슬기 따져 뭐하겠냐는 것이다. 하지만 'Soft-power + Hard-power = Smart-power'란 등식을 온갖 기기에 주입할 줄 알면서도 '지능 + 지혜 = 현명(賢明)'이란 등식의 진실을 인간에게 적용하기를 왜 외면하는지 딱하기만 하다. 지능과 지혜가 아울러 어울려야 밝고 밝은(賢明)

사람이 된다는 것은 언제나 변함없다. IT세상일수록 지능이 인간의 하드 파워이고 지혜가 인간의 소프트파워라고 깊이 생각해보면 인간의 스마트 파워가 곧 현명함이라고 곰곰이 살펴 새기고 헤아려 가늠해낼 수는 있을 터이다.

본래 미인은 얼굴과 몸매 멋진 이를 일컬음이 아니고 마음씨 고와 밝은 사람을 말했다. 요새 말하는 미인이란 전에는 미색(美色)이라 했다. 미인(美人)-선인(善人)-현인(賢人)은 한길로 통하는 인간상이다. 현명한 사람이 곧 미인도 되고 선인도 되었다. 공자께서 호학(好學)하라 함은 현명한 사람이 되는 법을 배우기 좋아하라는 말씀이다. 이는 곧 지능과 지혜를 두루 갖추어 선해서(善) 아름답고(美) 밝아(賢) 든든한 사람이 되는 길을 찾아 나서라는 것이다. 세상은 언제나 든든해 반듯한 사람을 좋아하고 가벼워 너절한 사람을 싫어한다. IT세상도 여전히 그렇다. 아무리 지능이 뛰어나도 반듯한 사람이 못 되면 세상이 손가락질한다. 지능만 갖춘 스마트파워가 아무리 세다 한들 지혜를 갖춘 스마트파워를 멀리한다면 꽃피워 열매를 맺어주는 행복을 누리기 어렵다.

여전히 행복이란 현명한 사람의 것이다. 돈 주고 살 수 없는 것이 행복이다. 힘으로 뺏을 수 없는 것이 행복이고 지위-인기 따위로 따낼 수 없는 것이 행복이다. 오로지 현명해야 행복을 얻을 수 있다. 행복한 인간이 되고 싶다면 『논어』의 호학(好學)을 귀담아들어둘 일이다. 그중에서도 〈불천노(不遷怒)〉란 이 말씀을 꼭꼭 씹어 새김질한다면 누구나 저마다 스스로를 스마트하게 업그레이드할 수 있다.

불천노, 이는 노여움(怒)을 남에게 옮기지 않음(不遷)이다. 어떤 일이 내 뜻대로 안 되거나 나를 업신여기고 나에게 해코지를 한다거나 나를 속여 등친다면 울화가 터져 속이 끓어오르게 된다. 그러면 마음도 화산처럼 용암을 쏟아낸다. 분한 마음이 쏟아내는 용암이 곧 〈노(怒)〉이다. 노여움은 화풀이-분풀이-살풀이로 이어지게 된다. 그러면 너도 나도 다쳐 이 마음 저 마음이 싸잡아 상처를 입는다. 노여움이 내는 상처는 작아도 마음을 아프게 하고 크면 병들게 한다. 그래서 노여움이 잘못을 범하는 제일 무서운 화근(禍根)이 된다. 불천노(不遷怒), 이는 마음속 노여움을 스스로 삭혀 뽑아버리는 길을 터서 현명한 사람으로 거듭 태어나게 한다.

[논어 읽기]

有顔回者好學　不遷怒
유안회자호학　　　　　불천노

不貳過　不幸短命死矣
불이과　　　불행단명사의

안회라는(顔回) 자가(者) 있어(有) 배우기를(學) 좋아했다(好).
분노를(怒) 옮기지 않았고(不遷) 잘못을(過) 두 번 거듭하지 않았다(不貳).
불행히도(不幸) 명이 짧아(短命) 죽고 없다(死矣).

-「옹야(雍也)」2

011

덕을 좋아하는 사람

호덕자 好德者

〈호덕(好德)〉은 덕(德)을 좋아하기다. 덕이란 마음으로 드러난다. 그래서 호덕은 호심(好心)으로 통한다. 덕은 오로지 마음으로 드러난다. 덕을 좋아한다면 절로 마음을 좋아하게 된다. 헌데 요새는 호덕이란 말을 듣기 어렵다. 하지만 호색(好色)이란 말은 언제 어디서나 흔하게 들을 수 있다. 물론 호색이라 하지 않고 '섹시하다'고 한다. '섹시'와 호색은 같은 말이다. 말이란 유행을 타고 소리 달리하기를 좋아한다.

지금은 스스럼없이 섹시함을 뽐내고 드러내는 세상이다. 아슬아슬하게 치장하고 '나 섹시하지' 자랑하며 길거리를 누벼도 이제는 흉거리가 아니라 볼거리가 된 편이다. '저 몸매 좀 봐. 어쩌면 저렇게 섹시하지.' 오히려 이렇듯 샘내고 부러워한다. 마음속은 적당히 속일 수 있어도 몸매는 못 속인다면서 몸매만 다듬고 보자는 세상 탓이다. 참으로 지금은 보기 좋은 떡이 먹기도 좋다는 판이다. 이러고 보니 수기(修己)란 말씀은 이제 폐기 처분된 꼴이다.

나(己)를 닦아라(修). 이런 말을 했더니 한 학생이 가로되 성형하라는 말이라고 대꾸했단다. 그렇게 답한 학생이 오히려 정직하다는 생각이 들어 못 들은 척했다면 교사로서 직무유기라고 할 수 있을까. 수기(修己)란 마음 닦기를 뜻한다고 아는 척하면 수면제 노릇만 하게 될 터이니 문제 풀기만 계속하고 말았다던 분이 생각난다. 학생들이 짊어지고 다니는 등짐 속에 책만 있는 것이 아니라 화장품도 들어 있음을 잊어서는 안 된다. 지하철 좌석에 앉아 보란 듯이 화장하는 꼴을 얼마든지 본다. 이렇듯 호색에 열중하는 세상에서 몸매 닦기를 말해야지 마음 닦기 운운해선 관심을 끌지 못한다.

미모가 뛰어나다고 해서는 호감을 얻지 못한다. 참 섹시하다고 해야 상대가 스스럼없이 반색한다. 10년 전만 해도 망측해하던 것이 찬사로 둔갑한 낱말이 '섹시' 이것이다. 그러니 호색하기를 마다 않는 시류(時流)가 홍청망청 너울 치는 세파(世波)에서 호덕(好德)이란 말씀을 내세운다면 아마도 '호떡'이란 말로 둔갑해 들을까 두려움이 앞서기도 한다. 섹시해야 남의 시선을 잡아 관심을 살 수 있다는 몸매 단장의 세태에서 〈덕(德)을 좋아하라(好)〉는 이 말씀은 가장 낡고 듣기 싫은 잠꼬대로 처버릴 것이다. 하지만 사람이 마음 편히 살자면 언제 어느 세상이든 호색의 '색사'가 아니라 호덕의 마음이라는 것은 돌이킬 수 없다.

덕을 좋아하자면 먼저 마음을 닦아야 한다. 마음 닦기는 참으로 어렵다. 왜냐하면 맨 먼저 내 욕망을 줄이고 또 줄여야 하는 까닭이다. 내 욕심(欲)이 줄어들수록 내 마음은 덕으로 변화해간다. 욕(欲)은 한사코 숨겨야 하고 덕(德)은 절로 드러나고야 만다. 욕(欲)은 캄캄해져야 하고 덕(德)은 밝고 밝아진다. 그래서 호덕하면 할수록 마음이 밝아진다. 밝아지는 마음을 비었다고 한다. 그래서 덕을 허심(虛心)이라고 부른다. 마음이 비었음은 그만큼 욕(欲)을 비웠다는 말이 된다. 그래서 〈덕(德)을 좋아하라〉는 이 말씀은 결국 〈내 욕심을 내가 스스로 비우기를 좋아하라〉는 말씀이 된다.

이러니 어찌 이 세상에서 어느 누가 호덕(好德)하기를 좋아하겠는가? 인생을 경기장으로 여기고 사는 세상에서 제 욕심 버리면 지고 마는데 호덕하라니. 그렇다면 나는 져주고 상대가 이기게 샅바를 내주라는 것이냐고 할 것이다. 삶이란 경기장도 아니고 욕심 겨루기 투전판도 아니다. 푸근하고 편안하고 낙낙한 삶이 행복이다. 그러자면 맨 먼저 호덕해야만 한다. 이렇기 때문에 공자께서 〈호덕하라〉고 말해둔 것이다.

[논어 읽기]

已矣乎　吾未見好德
이의호　　　　오미견호덕

如好色者也
여호색자야

참 딱하게도(已矣乎) 미색을(色) 좋아(好) 하듯이(如) 덕을(德) 좋아하는(好) 사람을(者) 내(吾) 아직 못 본 것(未見)이다(也).

－「위령공(衛靈公)」 12

012

사람을 몰라볼까 걱정하라

환부지인 患不知人

열 길 물속은 알아도 한 길 사람 속은 모른다고 한다. 사람이 사람을 알아보기가 제일 어렵다는 말이다. 이래서 나도 나를 모른다고 한다. 하지만 아무리 어려워도 세상에서 제일 소중한 일이 사람을 아는 일이다. 사람은 온갖 것을 상대적으로 바라본다. 그러다 보니 사람들은 선하다-악하다, 옳다-그르다, 둘로 갈라놓고 겨루기를 마다하지 않는다. 이런 연유로 사람을 알아보는 일이 가장 어렵다는 것이다.

온갖 것을 하나로 보고 늘 선(善)하여 한결같은 분을 일러 성인(聖人)이라 한다. 그런 성인은 천 년에 하나 나올까 말까이다. 거의 모든 사람이 선하면서도 때로는 악해지기도 한다고 여기면 편하다. 그래서 사람을 아는 일이 참 까다롭고 미묘하다. 왜 달면 삼키고 쓰면 뱉는다거나 변덕이 죽 끓듯 한다고 푸념하는 경우가 허다할까? 사람의 심사(心事)가 변덕스럽고 옹색하기 짝이 없는 까닭이다.

실지렁이째로 옹달샘 물을 마신 노인이 있었다. 배 속으로 들어간 실지렁이가 새끼를 쳐 그놈들이 자신을 파먹게 되리란 걱정으로 그는 줄곧 뼈쩍 말라갔다. 결국 아들이 약을 지으러 갔다. 그간의 사정을 들은 의원이

약을 지어놓을 터이니 내일 저녁쯤 오라고 했다. 환약(丸藥) 한 봉지를 건네면서 통째로 먹고 이틀간 땅바닥에다 변을 보고 그 변을 직접 살펴보게 하라고 타일러 보냈다. 며칠 뒤 그 노인의 배 속에서 실지렁이들이 다 나와 살이 붙기 시작했다는 소식을 들은 의원이 그냥 빙그레 웃으면서 중얼거렸다. "복령(茯笭) 가루에 닥나무 속껍질을 실오라기처럼 찢어 넣은 알약을 먹고 똥으로 하얗게 나온 닥껍질 실오라기를 실지렁이로 여기고 몽땅 나왔다고 믿었으니 병이 다 나은 거야." 의원이 그 노인의 마음속을 꿰뚫고 위약(僞藥)을 지어 병을 고쳤던 것이다. 이처럼 상대의 속내를 알게 되면 어려운 일일지라도 풀려 통하게 되어 결과적으로 인인(仁人)하게 된다. 이런 까닭으로 공자께서 〈환부지인(患不知人)〉이라고 말씀해둔 것이다.

남들을(人) 몰라볼까(不知) 걱정하라(患). 이는 자신을 먼저 생각하지 말고 남을 먼저 생각하라는 말씀이다. 늘 남을 배려하고 높이라는 것이다. 하지만 사람들은 대접하기보다도 대접받기를 더 좋아하는 편이다. 이런 까닭으로 남들이(人之) 나를(己) 몰라준다고(不知) 걱정하지 말라고(不患) 공자께서 말씀해두었다. 요샛말로 하자면 '인기스타'가 되기를 탐하지 말라는 것이다. 남들이 자기를 알아주기 전에 먼저 내가 남들을 알아보는 심안(心眼)을 갖추라는 말씀이다. 남의 마음속을 살펴 헤아리는 마음씨를 〈마음의 눈(心眼)〉이라고 한다. 눈이 얼굴에만 있는 것은 아니다. 마음속에도 눈이 있다.

마음의 눈이 밝아야 남을 알아보고 배려하는 마음이 생긴다. 남을 생각하는 마음이 일면 절로 마음이 넓어지고 깊어져 아끼는 마음(愛)이 생긴다. 마음이 좁고 얕은 이는 존경받기를 바라지만 마음이 깊고 넓은 이는

남을 높이고 아낀다. 아낄 줄 아는 마음이 앞서야 사랑하는 마음이 뒤따라
온다. 아끼는 마음 없이는 사랑하지 못한다. 그래서 애인(愛人)해야 인인
(仁人)한다고 한다. 애인은 사람을 아낀다는 말씀이고 인인은 사람을 사랑
한다는 말씀이다. 요새는 〈사랑할 애(愛)〉만 앞세우고 〈아낄 애(愛)〉는
잊어버린 셈이며 따라서 〈사랑할 인(仁)〉도 잊어버린 꼴이다. 진실로 마
음 깊이 아낄 수 있어야 사랑할 수 있다는 것이다. 배려하고 아낄 줄 모르
면서 사랑한다는 것은 거짓이다. 내가 남을 배려할 수 없는지 그리고 내가
남을 아낄 수 없는지, 이어서 내가 남을 사랑할 수 없는지 걱정하라는 말
씀이 곧 공자께서 밝힌 〈환부지인(患不知人)〉이다.

[논어 읽기]

不患人之不己知
불환인지불기지

患不知人也
환부지인야

남들이(人之) 나를(己) 몰라준다고(不知) 걱정할 것이 아니고(不患)
(내가) 남들을(人) 몰라볼까(不知) 걱정할 것(患)이다(也).

－「학이(學而)」 16

013

집안에선 효도라

입즉효 入則孝

초·중·고 학교에서 힘센 학생이 약한 학생을 괴롭히고 때리는 일들이 없어지지 않는다고 여기저기서 야단이다. 학교 안 폭력을 두고 교사와 학생들만 꾸짖을 일이 아니다. 오히려 부모들이 범해온 잘못에 대해 먼저 매를 맞고 뼈저려야 할 것이다. 요즈음 학교는 사람 되게 하는 곳이 아니다. 이제 초·중·고는 오로지 지식을 겨루어야 하는 터로 탈바꿈한 꼴이다. 세상이 아무리 변해도 15세 전까지만은 지식만을 겨루는 터로 내몰아서는 안 된다는 이치를 부모들이 잊어버린 지 참 오래되었다.

15세에 학문에 뜻을 두었다는 공자의 말씀을 요즈음 부모들은 비웃을 것이다. 유치원부터 닦달해도 경쟁에서 살아남기 어려운 세상인데 웬 뚱딴지같은 헛소리냐고 비웃을 것이다. 하지만 아무리 경쟁하는 세상이기로서니 자식을 어려서부터 경쟁자로만 키우게 되면 부모는 어버이라기보다는 격투기 조련사로 둔갑하고 만다. 하기야 그런 조련사가 되어야 부모 노릇 제대로 한다고 착각하는 부모들이 많은 모양이니 불쌍한 것은 토끼몰이 하듯 내몰리기만 하는 학생들이다. 때리는 놈도 불쌍하고 얻어맞는 약자도 불쌍할 뿐이다. 때리는 놈은 힘만 아니 불쌍하고 약자는 힘없어 얻어맞는다 여기고 힘을 길러야겠다고만 벼르니 불쌍한 것이다.

사람의 세상은 밀림이 아니다. 짐승이 사는 밀림에서는 센 놈이 살아남지만 사람의 세상에서는 언제 어디서든 센(力) 놈은 부려져 망하고 강한(强) 자가 돋아난다. 슬기로운 어버이는 제 자식을 물같이 키우지 무쇠같이 키우지 않는다. 부드러울 줄 모르고 세기만 한 무쇠는 부러지고 만다. 강(强)은 스스로 겨루어 자신을 향상시키는 힘이고 역(力)은 남과 겨루어 남을 이겨내는 힘이다. 그러니 자식을 강자(强者)로 길러야 세상에 나아가 사람대접 받게 된다. 자식을 역자(力者)로 키우면 세상에 나아가 결국 남들과 겨루는 싸움꾼 노릇하다 무너져 망하고 만다는 세상살이를 현명한 부모는 안다.

젊은이를 강하게 길러주는 길을 〈효(孝)〉와 〈제(悌)〉라고 한다. 효는 집안에서 〈섬기는 삶〉을 말한다. 이를 〈입즉효(入則孝)〉라고 한다. 제(悌)는 집 밖에서 〈받드는 삶〉을 말한다. 이를 〈출즉제(出則悌)〉라고 한다. 물론 효가 먼저이고 제는 효를 반듯하게 뒤따라야 드러나게 된다. 효 없는 제란 없다. 무엇보다 먼저 제 부모를 섬길 줄(孝) 알아야 남을 받들 줄(悌) 알게 된다는 것이다. 이러한 〈효-제〉가 세상을 이끌어가는 강자로 사람을 길러내는 것이다. 그래서 현명한 부모는 제 자식을 〈효-제〉의 길로 이끌어주려고 무척 애를 쓴다.

15세 전에 〈효-제〉의 길을 걷게 단도리했다면 어찌 학교에서 폭력사태가 벌어지겠는가? 옛날에는 사람 되는 길은 부모가 맡아 터주고 닦아주고 서당(書堂) 훈장은 학문의 길을 닦아줄 뿐이라고 믿었다. 부모들이 어릴 때 효제(孝弟)의 길로 인도해주지 않고 겨루기 선수로 키우자고 고집하는 한 학교폭력은 빈번할 수밖에 없음을 세상이 깨우쳤으면 한다. 때린 놈은 옹그려 자고 맞은 놈은 발 뻗고 잔다는 속담이 왜 생겼을까. 센 놈을 세상이 결코 용서치 않기 때문이다. 자식을 세상에서 망할 놈이 되지 않게 키우고 싶다면 집안에서 부모가 먼저 〈효-제〉의 길을 닦아주어야 함을 사무쳤으면 한다. 자녀를 세상이 요구하는 인재로 키우고 싶다면 맨 먼저 부모가 〈효-제〉를 가르치는 선생이 되어야 한다.

[논어 읽기]

弟子入則孝 出則悌
제자입즉효   출즉제

謹而信 汎愛衆 而親仁
근이신   범애중   이친인

젊은이들은(弟子) 집안에서는(入則) 어버이를 섬기고(孝)
집 밖에서는(出則) 남들을 모시고(悌) 스스로 삼가면서(謹而)
믿음을 얻고(信) 뭇사람을(衆) 널리(汎) 사랑하고(愛)
어진 이를(仁) 가까이 하라(親).

-「학이(學而)」6

014

함부로 말하면

고자언지불출 古者言之不出

고자(古者)는 그냥 옛사람을 말함이 아니고 옛 현자(賢者)를 뜻한다. 예부터 밝은(賢) 사람은 무엇보다 말하기를 두려워했다. 말만 번지르르하게 잘하는 사람은 슬기롭기 어렵다고 한다. 그래서 교언(巧言)을 멀리하고 눌언(訥言)을 가까이하라고 한 것이다. 말솜씨를 뽐내며 세 치 혀를 함부로 놀리다간(巧言) 덫에 걸려 탈나기 십상이다. 그래서 〈다언삭궁(多言數窮)〉이란 말이 생겼다. 말이 많으면(多言) 곧장(數) 막히고(窮) 만다는 것이다. 말하고 막힌다는 말씀은 언행(言行)이 함께하지 못해 결국 거짓말쟁이가 되어버리고 만다는 것이다. 도둑놈-사기꾼-거짓말쟁이 등이 제일 못난 인간이다.

세상 사람들의 눈치 따라 종종거리는 TV 화면에서 이런저런 토크쇼라는 볼거리(프로)들이 판치는 꼴을 보면 요사이 세태는 교언도 겁내지 않고 다언도 서슴지 않음을 살펴볼 수 있다. 말을 많이 하면 그럴수록 생각이 얕아진다. 그래서 얕은 물은 시끄럽게 흐르고 깊은 물은 소리 없이 흐른다고 한다. 말이 많으면 따라서 생각이 얕아지고 생각이 얕아지면 저절로 호들갑이 앞선다. 그래서 생각이 깊은 사람은 말을 아낀다. 함부로 섣불리 입 밖으로 말을 뱉지 말고 미소 지으면 발 없는 말이 천 리나 가서 탈낼 리 없다고 한다.

참으로 말을 아낌은 제 속내를 숨기고 감추기 위함이 아니다. 사람들로부터 믿음을 잃을까 봐 두려움이 앞서서 말을 함부로 내지 않는 것뿐이다. 입이 가벼운 사람은 손가락질 받기 쉽고 입이 무거운 사람은 믿음을 산다. 일상에서 믿음이란 언행(言行)이 둘이 아니라 하나가 될 때 얻어지는 아름다움이라고 한다. 요즈음은 신(信)과 미(美)가 다르다고 여기는 셈이다. 그러나 우리는 본래부터 선(善)이 곧 믿음(信)이고 신(信)이 곧 아름다움(美)이라 여겼다. 그래서 선(善)-신(信)-미(美)는 셋이 아니라 하나이고 드러나지 않는 덕(德)이었다. 요즈음은 그 덕이 산산조각 나버렸다는 생각이 앞설 때가 참 많다. 말이 입 밖으로 나오면 나올수록 그만큼 선(善)-신(信)-미(美)가 엷어든다는 이치를 옛 현자(賢者)는 사무쳤기에 말을 재미삼지 않았던 것이다.

한겨울 앙상한 수풀 속 바람소리는 쌩쌩해 사납기만 하다. 그 바람소리는 말 함부로 내뱉는 사나운 입소리 같아 보인다. 한여름 무성한 수풀 속 바람소리를 들어본 적이 있는가? 바람을 마주하는 잎새 소리는 소곤소곤 과묵한 입소리 같다. 〈언지불출(言之不出)〉이란 입 다물고 말하지 않음이 아니라 이 생각 저 생각을 새기고 삭힌 다음 어렵사리 입을 열어 꼭 해야 할 말만 한다는 뜻이다. 이는 말이 얼마나 소중한지 깨달은 다음에야 가능한 일이다.

엎질러진 물을 쓸어 담을 수 없듯이 입 밖으로 나온 말을 끌어넣을 수 없다. 말이란 일로 이어지게 마련이다. 그래서 말만 앞세우는 사람을 일러 허풍쟁이라고 하는 것이다. 언행이 어긋나면 누구나 허풍쟁이가 되고 만다. 할 수 있는 일을 따라서만 살펴 말함이 〈언지불출(言之不出)〉이다. 물론 할 수 없는 일이면 말하지 않음 또한 〈언지불출〉이다. 이는 모두 빈말이 될까 봐 두려워서이다. 빈말은 결국 거짓말로 돌아오고 만다. 헛말은 거짓말이 되고 거짓말은 스스로 자신을 더럽히고 만다. 이런 탓으로 〈치궁지불태(恥躬之不逮)〉란 말씀을 귀담아두어야 하는 것이다. 한 말이 빈말이 될까 봐 말하기를 부끄러워하고 두려워하는 사람은 자신을 늘 떳떳하게 한다. 그래서 말한 대로 행동을 이어대지 못할까 봐 듬직한 사람은 입이 무겁다. 허풍쟁이나 거짓말쟁이는 스스로 자신을 더럽히고 만다.

[논어 읽기]

古者言之不出
고자언지불출

恥躬之不逮也
치궁지불태야

옛사람이(古者) 말하기를(言之) 섣불리 않음은(不出) 자신이(躬之)
(말을 실행으로) 따라 좇지 못할까 봐(不逮) 두려워한 것(恥)이다(也).

-「이인(里仁)」 22

015

도道를 곧게 하면

직도이사인 直道而事人

유하혜(柳下惠)란 분이 있었다. 그분이 현인인 줄 당시 사람들은 몰랐다. 먼 훗날에야 세상은 그분이 밝고 슬기로운 분(賢人)임을 알게 된 것이다.

그분이 사사(士師)를 맡았다가 쫓겨났다. 사사는 요즈음으로 치면 검찰총장 자리다. 유하혜는 그 전에도 두 번이나 쫓겨났었으니 세 번째로 퇴출당한 셈이다. 어떤 사람이 그분에게 왜 이 나라를 떠나지 않느냐고 물었다. 그때 도(道)를 바르게 하고자(直) 사람(人)을 다스린다(事)면 어디 간들 세 번 쫓겨나지 않겠느냐고 응해준 말씀이 유명한 〈직도이사인(直道而事人)〉이다. 그리고 이어 유하혜가 그 사람에게 도(道)를 굽혀서(枉) 사람(人)을 다스린다(事)면 어찌 어버이의 나라를 떠날 필요가 있겠느냐고 했던 말이 유명한 〈왕도이사인(枉道而事人)〉이다.

직도(直道)와 왕도(枉道)는 서로 반대말이다. 〈곧을 직(直)-굽을 왕(枉)〉이다. 직도를 법도(法道)로 새겨도 되고 왕도를 위도(違道)로 여겨도 된다. 도(道)를 본받기(法) 함이 직도이고 도를 어김이(違) 왕도이다. 도란 선(善)을 취함이 직도이고 위선(僞善)이 곧 왕도이다. 선하면 그것이 곧 곧음(直)이고 선하지 않으면 그것이 곧 굽음(枉)이다. 천명(天命) 즉 하늘(天)의 뜻(命)을 계승함 다시 말해 좇아 따름을 선(善)이라고 한다. 선을 취함은 천명을 따름이고 악은 천명을 저버림이다. 물론 요즈음은 천명이란 말을 업신여기는 편이다. 그러나 천명이란 무사(無私)하고 오로지 공평(公平)하라는 명령이고 가르침이며 방편이니 곧 선하라는 말씀이다. 그래서 직도(直道)란 공평한 다스림이고 왕도(枉道)란 힘을 따라 강하면 편들고 약하면 저버리는 짓이다.

요즈음은 유전무죄(有錢無罪) 무전유죄(無錢有罪)란 말이 심심찮게 입에 오르내린다. 돈이 있으면 있는 죄도 없어질 수 있고 돈이 없으면 죄 없는데도 죄받을 수 있다는 말이다. 지금은 돈(錢)보다 센 놈은 없다. 돈보다 더 강한 패자(覇者)는 없는 셈이다. 언제나 패자는 힘(力) 바로 그것이다. 돈이 세상을 왕도로 몰아가는 소용돌이 가운데에서 용솟음치는 통에 직도는 모난 돌인 양 밀려나는 경우가 언제 어디서나 허다한 편이다. 모난 돌이 정 맞고, 구렁이 담 넘는 듯 누이 좋고 매부 좋게 두루뭉수리로 살지 않으면 '트러블메이커'로 미운털만 박힌다고 쑤군대는 경우가 허다한 것이다. 그러다 보니 정직하고 청렴했던 유하혜가 관직에서 세 번씩이나 쫓겨났던 게다. 사람 사는 세상은 직도는 뒤로 밀리고 왕도가 늘 앞서서 세찬 편이다.

물이 맑기만 하면 고기가 살지 못한다고 하지만 그 속을 헤엄쳐 먹이가 있는 곳으로 옮겨갈 수는 있다. 그러나 물속에 독이 있으면 그 속을 건너갈 수도 없는 셈이다. 유하혜란 현자는 세상을 해독(解毒)해서 모든 사람들에게 편안한 보금자리를 만들어주고 싶어 했다. 벼슬자리에서 쫓겨났지만 그분은 여전히 산들바람에 흔들거리며 오고가는 사람들에게 향기를 품어주는 풀꽃 같아 그리운 사람으로 살아남아 숨을 쉰다.

柳下惠爲士師　三黜　人曰
유하혜위사사　　　　삼출　　인왈

子未可以去乎 曰 直道而事人
자미가이거호　　　왈　직도이사인

焉往而不三黜　枉道而事人
언왕이불삼출　　　왕도이사인

何必去父母之邦
하필거부모지방

유하혜가(柳下惠) 사사로(士師) 있다가(爲) 세 번째(三) 쫓겨났다(黜).
어떤 이가(人) 이르되(曰) 자네는(子) 그런데도(以) 노[魯]나라를
떠나지(去) 못한다는 것(未可)인가(乎)? (유하혜가) 가로되(曰) 도를(道)
곧게 해서(直而) 사람을(人) 다스린다면(事) 어디로(焉) 간들(往而)
세 번씩(三) 쫓겨나지 않겠는가(不黜)? 도를(道) 굽혀서(枉而) 사람을(人)
다스린다면(事) 어찌(何) 어버이의(父母之) 나라를(邦) 떠나야 할(去)
필요가 있을 것인가(必)?

－「미자(微子)」2

016

겉과 속이 어우러져야

문질빈빈 文質彬彬

봄 꽃동산이라면 복숭아꽃 살구꽃 아기진달래가 등장하게 마련이다. 세 꽃은 봄꽃들 중에서 으뜸이다. 그런 꽃동산에 서당(書堂) 하나가 있었고 서당 뒤쪽 언덕에 오래된 참살구나무가 한 그루 있었다. 봄마다 서동(書童)들은 그 살구나무가 잎새 사이로 보일 듯 말 듯 향기로운 살구꽃을 피우면 살구 따 먹을 생각에 조바심을 냈다. 드디어 살구가 익으면 서동이 올라가 딴 살구 몇 개를 훈장(訓長)님께 올렸다. 훈장님이 살구 맛을 보시고 감탄해 하시는 말씀이 〈문질빈빈(文質彬彬)〉 바로 그것이었다.

살구는 은은한 황금빛깔로 부드러우면서 수수하되 씨는 작아 살이 깊고 즙은 많아 새콤달콤 맛이 그만이다. 그런 살구를 두고 문질빈빈이라 예찬하신 것은 살구가 겉보기도 좋고 속맛도 좋기 때문임을 나이가 제법 들어서야 알게 되었다. 그리고 빛 좋은 개살구 같다는 말은 겉과 속이 서로 다르고 어긋나 아름답지 못함을 꼬집는 말씀임을 알게 된 것도 철들고 나서이다. 개살구 그것은 겉만 번지르르하고 씨는 커 속살이 없으며 시고 써서 새들도 쪼지 않지만 겉보기로는 참살구보다 멋지게 보인다. 이런 개살구를 두고 어려운 말씀으로 〈문승질즉사(文勝質則史)〉라 한다.

겉이 속보다 두드러짐을 문승질(文勝質)이라 하고 그냥 한마디로는 〈사

(史)〉라 한다. 속빈 강정 같아 겉만 눈부심을 일러 〈다듬고 꾸미면서 야하다(史)〉고 한다. 아름답지 못하면서 아름다운 척하는 거짓이 〈사〉이다. 〈사〉는 눈길을 잡아보려고 꾸미고 다듬는 꼼수이다. 얼굴이 아무리 고와도 마음이 곱지 않으면 결코 미인이 되지 못했던 때가 있었다. 그러나 요즈음 세상은 몸매만 보고 아름다움을 따지려 드니 겉만 다듬고 속은 썩어 문드러져도 모른 척하고 만다. 겉만 다듬는 세상은 가벼울 수밖에 없어 얇은 물처럼 시끄럽기 쉽다. 겉만 눈부시면 개살구 같아 허망해지고 만다.

속이 겉보다 두드러짐을 질승문(質勝文)이라 하고 그냥 한마디로는 〈야(野)〉라 한다. 알토란같다는 말 들어보셨는지? 밭에서 막 캐낸 토란 뿌리를 알토란이라고 한다. 흙도 묻어 있고 겉이 투덜투덜한 데다 실뿌리도 여기저기 붙어 있는 그냥 그대로의 토란은 투박하다. 그러니 알토란같다 함은 꾸밈없이 그냥 그대로라는 말이다. 생긴 대로 그냥 그대로가 곧 〈야〉이다. 속이 꽉 차고 단단하게 영근 열매는 좀처럼 물러 터지지 않아 오래 간다. 그래서 곶감 할 감은 좀 일찍 따도 되지만 홍시로 할 감은 서리 맞은 뒤에야 따는 것은 겉보다 속이 더 튼실해지기를 바라서이다. 겉만 앞세워 다듬어 꾸민 〈사〉보다는 있는 그대로 수수털털한 〈야〉를 앞세웠던 세상은 이제 사라진 셈이다.

속은 버려두고 겉만 다듬어 광내기에 치우치는 세상은 결코 바람직스럽게 피어나지 못한다. 쭉정이를 아시는지? 익은 이삭은 고개를 숙이는 법이다. 나 잘났어 하고 고개를 빳빳이 쳐드는 이삭을 보면 슬기로운 농부는 아예 뿌리째 뽑아버리고 잘 영글어가는 이삭만 고마워한다. 이렇게 고마워하는 마음을 어려운 말씀으로 〈문질빈빈〉이라 한다. 이 말씀은 겉(文)과 속(質)이 하나로 무르녹았음을 뜻한다. 겉속(文質)이 무르녹음(彬彬)을 일러 〈지선(至善)-지미(至美)〉라고 하는 것이다. 사람의 속(質)을 마음(心)이라 하고 사람의 겉(文)을 몸(身)이라고 한다. 사람의 심신(心身)이 하나로 무르녹아 마음이 착하여(善) 아름답고(美) 따라서 몸가짐도 착하고(善) 멋져(美) 선미(善美)가 하나로 무르녹은 사람이야말로 선인(善人)이고 미인(美人)이다. 이를 일러 문질빈빈이라 했다. 그런 사람은 참살구를 맺고자 꽃을 피울 뿐 꾸미고 다듬어 개살구를 맺지 않아야 함을 다져간다.

[논어 읽기]

質勝文則野　文勝質則史
질승문즉야　　　　　　문승질즉사

文質彬彬然後　君子
문질빈빈연후　　　　　군자

속이(質) 겉보다(文) 두드러지면(勝) 바로(則) 수수하고(野)
겉이(文) 속보다(質) 두드러지면(勝) 바로(則) 번지르르하다(史).
겉과(文) 속이(質) 무르녹아 어우러진(彬彬) 뒤라야(然後) 군자로다(君子).

-「옹야(雍也)」16

017

자신을 하루 세 번 살펴라

오일삼성오신 吾日三省吾身

　자신을 돌이켜보는 사람은 밝다고 한다. 내가 나를 살피고자 비춤을 〈명(明)〉이라 하고 내가 남을 살피고자 비춤을 〈광(光)〉이라 한다. 광내는 사람은 자동차 헤드라이트 같아 남을 눈부시게 하면서 저 자신을 비추지는 않는다. 그러나 날마다 자신을 밝히고자 자신을 돌이켜보는 사람이 있다. 반성(反省)하는 사람이 많을수록 세상은 밝아지고 광내는 사람이 많을수록 세상은 캄캄해진다고 한다.

　왜 반성(反省)할까? 그것은 당연히 선(善)하고자 그러한다. 악(惡)하고자 반성하는 사람은 없다. 한 번이라도 선하지 않았는지 자신을 돌이켜보면 그 순간 절로 착한 사람이 된다고 한다. 그래서 착한 사람은 늘 〈자문(自問)하는 버릇이 몸에 배어 있다고 한다. 선하고자 자문하는 짓을 〈불충호(不忠乎)-불신호(不信乎)〉라고 한다. 곧지 않았는지 자문함이 불충호이고 미덥지 않았는지 자문함이 불신호이다. 물론 불충호나 불신호나 다 같이 마음속에 거짓이 있었는지 자문하는 것이다. 충과 신은 다 정성껏 선하겠다는 다짐이니 말만 다를 뿐 뜻은 다 같다. 충신(忠信)이면 세상에 부끄러울 것이 없어지고 그러면 뉘우칠 것도 없으니 참으로 편안한 삶을 누릴 수 있는 것이다. 편안한 삶이란 선함이 물려주는 가장 귀한 선물이다. 선해서 편안하고자 반성하는 것이다.

　잘못을 저질러버린 다음에 반성하는 경우가 훨씬 더 많은 것이 사실이다. 미리미리 반성하는 사람은 후회할 짓을 범하지 않는 법이다. 그러나 대개는 잘못을 저질러버린 다음에 후회하는 경우가 많다. 이 또한 반성이다. 잘못을 잘못인 줄 모르고 있다면 이는 착함과 착하지 못함을 분간하지 못하고 산다는 말이 될 것이다. 선(善)-불선(不善)을 분간하지 않고 나날을 보내는 삶이 제일 무서움을 가르쳐주는 분을 성인(聖人)이라고 한다. 성인이 전해준 말씀(言)은 모두 〈무사(無邪)하라〉는 언(言)이다. 무사란 〈삿됨(邪)을 없애라(無)〉는 말씀이다. 사란 제 욕심에서 나온다. 무사하면 누구나 선하다. 충(忠)-신(信)도 정성껏 무사하겠다는 다짐이다.

　그래서 밝은(明) 사람은 무사하고자 늘 자신의 마음속을 들여다보고 사욕(私欲) 즉 제 욕심이 지나치면 줄이려고 노력하는 것이다. 누구나 다 제 욕심을 없애기는 어려운 일이다. 선이란 사람들 사이를 막힘없이 통하게 하는 것이다. 사람과 사람 사이를 막히게 하는 것이란 따지고 보면 거의 모두 사욕(私欲) 때문이다. 내 욕심만 부리면 네 욕심만 부리는 상대를 만나게 된다. 그러면 그 두 사람 사이에는 넘지 못할 벽이 생기고 만다. 그런 벽이 곧 불선 즉 악이란 것이다. 왜 과욕(寡欲)하면 선하고 과욕(過欲)하면 악하다고 할까? 제 욕심을 줄여 적게 함이 과욕(寡欲)이고 제 욕심을 넘쳐 많게 함이 과욕(過欲)이다. 충(忠)-신(信)은 곧 제 욕심을 내지 말라는 말씀이다.

　고깃덩이 물고 외나무다리를 건너다 물속의 개가 물고 있는 고깃덩이가 욕심이 나서 짖다가 입에 물었던 고기마저 물속으로 빠뜨렸다는 이야기를 알 것이다. 둘을 다 먹으려다 하나도 못 먹게 된 개는 제 욕심 탓으로 벌을 받은 것이다. 그런 벌 받지 말라고 누누이 성인들께서 전해준 말씀(言)

들이 많다. 날마다 그 말씀들을 익힌다면 저절로 충-신을 잃지 않게 하는 선함을 누릴 수 있다. 그래서 날마다 수시로 자신을 돌이켜 보고 〈불충호-불신호〉인지 자문해보는 사람은 결국 남들이 부러워하는 선한 사람이 되는 것이다. 가장 강력한 사람이 곧 선한 분이다. 그런 선인이 되라고 날마다 삼성(三省)하자는 것이다.

[논어 읽기]

吾日三省吾身
오일삼성오신

爲人謀而不忠乎
위인모이불충호

與朋友交而不信乎
여붕우교이불신호

傳不習乎
전불습호

나는(吾) 날마다(日) 나를(吾身) 여러 번(三) 돌이켜 본다(省).
남을(人) 위해(爲) 꾀하되(謀而) 곧지 않았는지(不忠乎)?
벗(朋友)과(與) 사귀되(交而) 미덥지 않았는지(不信乎)?
물려받은 바를(傳) 익히지 않았는지(不習乎)?

-「학이(學而)」 4

018

두루 하되 겨루지 말라

주이불비 周而不比

군자(君子)를 낡은 사람의 꼴로 여기지는 않는지? 그렇다면 당신은 잘 못 생각하는 것이다. 아무리 세상이 바뀐다 해도 공평(公平)한 길을 쫓는 사람은 귀한 분이다. 공평하여 제 몫을 늘 뒤로 돌리고 자신을 낮추어 남을 높이면서 크고 넓고 깊은 마음속을 감추고 사는 분을 일러 군자라고 한다. 이런 군자를 두고 낡았다고 한다면 그 세상은 〈비(比)의 겨루기 세상〉이지 〈주(周)의 도와주기 세상〉은 아닌 것이다.

〈주(周)〉란 한 점 거짓도 없고 숨김도 없어 사리(私利)가 끼어들지 못해 걸림 없이 통함을 말한다. 그러나 〈비(比)〉란 제 욕심(私利)에 따라 일시적으로 힘을 모아 겨루기를 하며 제 욕심을 크고 많이 채우고자 패거리 짓는 것을 말한다. 그래서 〈주(周)〉는 모두를 이롭게 하지만 〈비(比)〉는 한 패거리 쪽만 좋게 하고 다른 패거리는 해롭게 하고 만다. 〈주(周)〉는 공평하고 무사하여 골고루 한결같아 승패(勝敗)란 것이 없지만 〈비(比)〉는 늘 승패로 갈라져 아웅다웅 다투어 뺏고 빼앗긴다. 〈주(周)하면〉 마음이 넉넉해 콩 한 쪽도 나누어 먹게 되지만 〈비(比)하면〉 남의 밥그릇이 커 보여 빼앗을 잔꾀만 부린다. 군자는 〈주(周)하여〉 삶을 낙낙하게 트고 소인은 〈비(比)하여〉 삶을 꽁하게 막는다.

주(周)의 길을 넓히고자 늘 애쓰는 분이 곧 군자이다. 한 마을에 군자가 한 사람만 있어도 그 마을은 밝고 맑아 설령 서로 가난할지라도 오순도순 살기 좋은 고장으로 가꾸어갈 수 있다. 50년 전만 해도 서로 손잡고 이웃을 이루고 함께 사는 마을들이 골짝마다 있었다. 골짝마을마다 군자를 받들고 본받는 어른들이 한두 분쯤은 있어서 이웃사촌의 생활을 민초(民草)들도 〈주이불비(周而不比)〉로 살 수 있었다. 하지만 도시화가 되면서 〈주(周)의 길〉은 사라져 버리고 〈비(比)의 길〉만 얽히고설켜 마치 소인들이 주름잡는 난장 같다는 생각이 앞설 때가 많아졌다. 그런 탓으로 도시의 골목은 〈비이부주(比而不周)의 깃발〉을 펄럭이며 서로 샅바 싸움하는 씨름판 꼴이어서 숨이 턱턱 막히는 아수라장 같은 악몽에 시달릴 때가 허다하다.

그래서인지 옛날 골짝마을 노인네의 손에 들린 논물 대던 괭이 생각이 난다. 그 괭이 하나 덕으로 골짝마을이 물싸움 없이 벼농사를 지었다. 평야의 논은 수리시설이 잘 되어 논에 물 대는 사람이 따로 없어도 될 것이다. 그러나 산골짝 논배미들은 냇물을 보막이로 모아서 물길을 이용해 끌어오다 보니 보에서 가까운 논과 멀리 떨어진 논이 생기기 마련이다. 그래서 어느 논배미든 봇물을 마음대로 끌어들이지 못하게 물이 흘러들게 하는 물꼬가 마련돼 있었다. 그 물꼬에는 한 뼘 길이의 길쭉한 물돌이 하나씩 놓였다. 보에서 가까울수록 물돌의 길이는 길었고 멀수록 짧았다. 보에서 가까운 논배미의 물꼬는 물돌로 가로막아 물이 느릿느릿 들게 하고 멀리 떨어진 논배미의 물꼬는 물돌을 세로로 터 물이 쏙쏙 들게 논물을 조절해주던 노인은 군자처럼 공평하게 물꼬의 물돌을 다스렸다.

그 노인 덕으로 큰 가뭄에도 물싸움 나는 일이 없었다. 이제는 괭이 들고 논물 대는 어르신이란 말을 알아듣는 사람은 거의 없어진 꼴이다. 논물을 대던 어르신 덕으로 산골 논배미들이 물 걱정 안 했던 것은 그 노인의 손에 들려 물돌을 조종하던 괭이가 〈주이불비(周而不比)〉의 물 대기를 해 주었기 때문이다. 논배미 물 대기는 군자의 괭이로 해야지 소인의 괭이로 한다면 물싸움 탓으로 한 해 농사 망친다고 했다. 하지만 이제는 논배미 물 대기 이야기는 아무런 효험이 없는 줄 안다. 이제 군자를 본받자는 말은 얼빠진 소리처럼 들린다. 하지만 아옹다옹 겨루면서 싸움질하듯 〈비이부주(比而不周)〉의 소인으로 사느니보다 오순도순 끌고 밀어주며 주이불비의 군자로 살아가는 세상을 꿈꾸는 것까지 탓하지는 않겠지.

[논어 읽기]

君子周而不比
군자주이불비

小人比而不周
소인비이부주

군자는(君子) 두루두루 통하되(周而) 패지어 견주지 않고(不比)
소인은(小人) 패지어 견주되(比而) 두루 두루 통하지 않는다(不周).

– 「위정(爲政)」 14

019

알면 안다고 해라

지지위지지 知之爲知之

　사람은 지식(知識)에 목말라 좇기를 한사코 마다하지 않는다. 오죽하면 사람을 지식의 동물이라 할까? 서양에도 '나는 안다. 그래서 나는 있다'고 밝힌 철인(哲人)이 있었다. 하여튼 사람에게 앎(知)이란 부나비를 홀리는 불꽃 같은 것이다. 그래서 모르면 약이고 알면 탈이라 선무당이 사람 잡는다고들 한다. 무엇 좀 안다고 떠벌릴수록 칼자루 쥐는 편보다 칼날 잡은 꼴로 드러나기 쉬우니 무엇이든 좀 안다고 설쳐댈 것은 없겠다. 그래서 공자께서 겁 없이 설쳐대는 자로(子路)에게 앎을 가르쳐주겠다며 말을 건넸다. 〈안다면 안다 하고 모르면 모른다 한다. 이것이 아는 것이다.〉

　앎(知)을 이보다 더 말끔하고 무섭게 가르쳐주는 말씀은 아마도 없을 것이다. 사람은 참으로 영리해서 빠져나갈 구멍 찾기를 아주 잘하는 편이다. 그래서 모르면서 안다고 두루뭉수리로 넘어가기도 하고 알면서 모른다고 시치미를 떼기도 한다. 이처럼 안다는 것을 필요에 따라 엎어치고 메어치는 동물은 아마도 사람밖에 없을 것이다. 나에게 이롭다면 모르면서 아는 척 북 치고, 나에게 불리하다면 알면서도 모른다고 장구 치는 꾀쟁이는 사람밖에 없을 것이다. 이런 탓으로 신중(愼重)하라는 말씀이 때때로 우리를 철렁하게 하는 것이다.

그러니 공자께서 밝힌 〈알고(知之)-모르고(不知)〉는 시험 치는 데 필요한 지식 같은 것은 아니다. 하나 더하기 하나는 둘이란 그런 앎(知)이 아니란 말이다. 한 가지를 알면 두 가지를 알고 나아가 세 가지를 알게 되는 그런 지(知)를 말하는 것이다. 산에 가서 따온 버섯을 먹고 죽은 이들이 있다는 뉴스를 들은 적이 있을 것이다. 그렇게 죽은 사람들은 버섯이 몸에 좋다는 것만 알았지 독이 될 수도 있는 줄은 몰라서 덤벙대다 변을 당하는 것이다. 버섯을 아는가? 안다고 떵떵거리는 쪽보다 먹어도 되는 버섯이 있고 안 되는 버섯이 있는 줄 알아야 총명한 쪽이다.

공자께서 유(由)에게 〈알고-모르고〉를 가르쳐주겠다고 한 말씀에는 깊은 뜻이 숨어 있다. 유(由)는 공자의 제자 자로(子路)의 이름이다. 지나치게 성급하고 용감해서 불뚝하는 성질머리가 늘 앞섰다는 자로이다. 그래서 공자께서 자로의 엄벙덤벙을 여러 번 나무랐었다. 왜 돌다리도 두들겨보고 건너라는지 그 까닭을 자로에게 가르쳐주고 싶었던 것이다. 너에게 〈지지(知之)〉를 가르쳐주마(誨). 이 말씀에는 제자 사랑이 듬뿍하다. 〈가르칠 회(誨)〉는 〈가르칠 교(敎)〉와는 그 속뜻이 조금 다르다. 〈교(敎)〉는 여러 명을 모아 놓고 한 줄기로 가르치는 것이다. 그래서 〈교(敎)〉는 교실(敎室)을 갖춰야 하지만 〈회(誨)〉는 어머니 품안 같기를 바란다.

요사이는 갓난애를 전깃불 밑에서 키우지만 옛날엔 촛불 곁에서 키웠다. 갓난애의 눈이 이레만 지나면 이것저것을 보기 시작한다. 그 눈에 가장 먼저 촛불이 들어와 밝은 빛이 갓난애를 홀릴 것이다. 밝은 것만 너무 오래 보면 눈이 상하기 쉽다. 그래서 갓난애 할멈은 품에 꼭 안고서는 갓난애의 조막손을 펴서 촛불 가까이까지 가져간다. 촛불은 밝기도 하지만 뜨겁기도 하다. 점점 가까워질수록 조막손이 뜨거워진다. 갓난것이 아이

뜨거워 조막손으로 할멈 손아귀를 뿌리치려 한다. 그때야 할멈은 조막손을 놓아주고 다시 두어 번 반복해서 밝은 촛불이 뜨겁다는 것을 되풀이해준다. 그리하여 갓난것은 촛불을 가까이 말아야 함을 스스로 깨우치고 덥석거리는 짓을 범하지 않게 된다. 그래서 갓난애 곁에 촛불을 켜두어도 촛대가 넘어져 불나는 법은 없었다. 이런 가르침이 곧 〈교(敎)〉가 아니라 〈회(誨)〉이다. 공자께서 자로를 〈회〉하듯 이 할멈도 갓난애한테 촛불의 뜨거움을 가르친(誨) 것이다.

[논어 읽기]

由　誨女知之乎
유　회녀지지호

知之爲知之　不知爲不知
지지위지지　부지위부지

是知也
시지야

유야(由) 너에게(女) 안다는 것을(知之) 가르쳐줄까(誨乎).
아는 것을(知之) 안다(知之) 말하고(爲) 모르는 것을(不知)
모른다고(不知) 말한다(위). 이것이(是) 아는 것(知)이다(也).

－「위정(爲政)」17

020

자신을 알면 분명하다

지자불혹 知者不惑

　식자(識者)는 흔해도 지자(知者)는 드물다고 한다. 여기서 지자는 〈겉〉을 아는 사람이 아니라 〈속〉을 아는 사람을 뜻한다. 식자는 〈속〉을 알고자 하는 사람이 아니라 〈겉〉을 쉴 없이 알고자 하는 사람이다. 내 밖에 있는 모든 것들은 〈겉〉이고 내 마음 안에 있는 모든 것들을 〈속〉이라고 여기고 새기면 될 것이다. 외물(外物)이란 낱말을 아는지? 그 외물이란 내 바깥에 있는 모든 것들을 말한다. 그 모든 것들을 만물(萬物)이니 만사(萬事)니 하는 것이다. 따라서 나 이외의 모든 것들은 모두 다 〈겉(外物)〉이다.

　천지(天地)에 온갖 것들이 있듯이 내 마음속에도 온갖 것들이 있다. 천지에 있는 온갖 것들인 〈겉〉은 누구나 다 볼 수도 있고 들을 수도 있고 만질 수도 있다. 하지만 내 마음인 〈속〉은 오로지 나만 들여다볼 수 있고 들을 수 있고 만져볼 수 있다. 몸뚱이에만 눈이 있고 귀가 있는 것이 아니다. 마음속에도 눈이 있고 귀가 있다. 그래서 심안(心眼)이란 말도 있고 심이(心耳)란 낱말도 있는 것이다. 내가 나를 바라보고 살피는 눈이 〈속눈(心眼)〉이고 내가 나를 듣고 살피는 귀가 〈속귀(心耳)〉이다. 지자란 속눈이 밝고(明) 속귀가 밝아(聰) 슬기로운(聰明) 사람이다.

지자(知者)를 자지자(自知者)라 일컫기도 하고 식자(識者)를 지인자(知人者)로 부르기도 한다. 저 자신(自)을 알고자 하는(知) 사람(者)과 남(人)을 알고자 하는(知) 사람(者)은 눈길과 귀동냥이 서로 다르다. 지자의 눈과 귀는 늘 〈속〉을 살피고자 하고 식자의 눈과 귀는 늘 〈밖〉을 살피려 매섭다. 그래서 지자는 스스로 자신을 담금질하고 식자는 남들과 겨루어 이기고자 한다. 왜 지금을 경쟁의 세상이라고 하는가? 남과 겨루어 이겨야 명성도 얻고 출세도 하고 부(富)도 챙길 수 있다고 믿어 의심치 않는 식자의 세상이기 때문이다.

왜 나를 누구누구 탤런트처럼 낳아주지 않고 이런 꼴로 낳았느냐? 타고난 얼굴을 모조리 고치겠다면서 억지 부리는 자녀들이 많다고 한다. 남과 겨루어 이길 수 없는 용모이니 성형하라고 떠미는 부모도 많다는 소문이다. 코도 고치고 눈매도 고치고 볼이며 턱까지 고쳐 본래 제 얼굴을 싹 밀어내고 생판 다른 얼굴로 둔갑시킨다고 한다. 경쟁의 시대가 날로 심해지다 보니 가짜가 진짜를 팽개치는 꼴로 세상이 출렁거리는 꼴이다. 이런들 저런들 어떠랴 남들과 겨루어 이기면 다 된다는 것이다. 허세를 부리고 허풍을 떨면서 스스로를 돌아보려고 않는 세상임을 극적으로 나타내는 낌새가 성형하는 세태로 드러난 것이다. 남들과 겨루기를 일삼는 세상에서 지자는 밀려나고 식자가 주름잡는다.

물론 지자도 겨루기를 한다. 그러나 지자는 자신과 겨루지 남과 겨루지 않는다. 세상이 험할수록 어진 사람이 되어야지 다짐하고 지자는 자신과 겨룬다. 세상이 살벌할수록 올바른 사람이 되어야지 다짐하고 지자는 자신과 겨룬다. 지자는 인자(仁者)가 되어야 함에 불혹(不惑)하고 용자(勇者)가 되어야 함에 헷갈리지(不惑) 않는다. 그래서 〈지자불혹(知者不惑)〉이라고 한 것이다. 지자(知者)는 자신을 의심치 않기에 불혹하다는 것이다. 지자는 떳떳하고 당당하게 하고자 자신에게 엄격하여 어떠한 경우라도 자신을 성형(成形)하지 않는다. 이런 연유로 지자가 곧 인자(仁者)이고 용자(勇者)가 되는 것이다. 물론 어느 세상에서나 〈속〉을 가다듬는 지자는 맥을 못 추고 〈겉〉을 번지르르하게 다듬어 이리저리 넘나드는 재주꾼(識者)이 판을 친다. 하지만 지자와 식자가 달리 세상을 바라본다는 사실만이라도 알아주는 세상이 된다면 한결 살기 멋있고 재미나는 살판이 될 것이다.

[논어 읽기]

知者不惑 仁者不憂
지자불혹   인자불우

勇者不懼
용자불구

지혜로운(知) 사람은(者) 헷갈리지 않고(不惑),
어진(仁) 사람은(者) 근심하지 않고(不憂)
용감한(勇) 사람은(者) 두려워하지 않는다(不懼).

－「자한(子罕)」 28

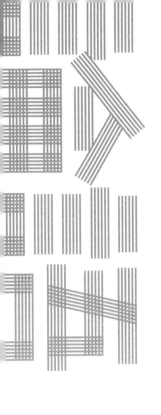

2장　곧음으로 원한을 갚다

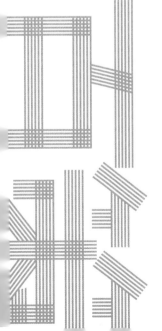

021

이로운 것이 셋이라

익자삼요 益者三樂

기업의 손익계산만 소중한 것은 아니다. 인생의 손익계산은 그보다 더 소중하다. 사람마다 제 목숨보다 더 소중한 것은 없고 그 목숨을 소중하게 해줄 수 있는 인생보다 더 소중한 것은 없다. 자신의 인생을 스스로 이롭게 하면 따라서 자기의 목숨도 이롭게 되고 덩달아 세상이 자기의 목숨을 존중해준다. 자신의 인생을 스스로 해롭게 하면 따라서 자기의 목숨도 해롭게 되고 덩달아 세상으로부터 멸시받는다. 그러니 인생에서 남의 탓으로 돌릴 것은 하나도 없다. 인생이란 오로지 저마다 스스로 책임져야 하는 운명(運命)이다. 운명이란 생사(生死)의 사이를 말한다.

따지고 보면 인생(人生)이란 말씀은 〈인지생사(人之生死)〉를 줄인 말씀이다. 살고 죽음이란 무엇인가? 들어간 숨이 나오면 삶(生)이고 들어간 숨이 나오지 않으면 죽음(死)이다. 이렇게 여래(如來)께서 불멸의 명답을 남기셨고, 공자께서는 생사의 사이 즉 인생을 아름답게 할 수도 있고 추하게 할 수도 있음을 〈익자삼요(益者三樂)-손자삼요(損者三樂)〉라 하여 역시 불멸의 명답을 남겨주셨다.

제 인생을 이롭게 함도 제 자신이 하는 것이고 제 인생을 해롭게 함 또한 제 자신이 하는 것이다. 그렇다고 남들하고 아무런 상관이 없다는 것은 아니다. 인생을 이롭게 하면 옆 사람들이 따라서 모두 이롭고 인생을 해롭게 하면 역시 옆 사람들이 모두 해롭다. 선한 인생을 보고 미소 짓지 않을 사람 없고 악한 인생을 보고 찡그리지 않을 사람 세상에 없다. 익자삼요(益者三樂)는 인생을 아름답게 하여 선하게 하고 손자삼요(損者三樂)는 인생을 추하게 하여 악하게 한다.

그래서 공자께서 밝힌 삼요의 익자 즉 세 가지 이로운 것이란 선(善)을 좋아하고 즐기는 인생이고 삼요의 손자 즉 세 가지 해로운 것이란 악(惡)을 좋아해 즐기다가 인생을 망쳐주는 덫이다. 그 삼요의 익자는 절예악(節禮樂)과 도인지선(道人之善) 그리고 다현우(多賢友)이고 삼요의 손자는 교락(驕樂)과 일유(佚遊) 그리고 연락(宴樂)이다. 예악(禮樂)을 따라 지킴(節)을 좋아하고(樂) 남의 착함(人之善)을 널리 말해주길(道) 요(樂)하고 현명한 벗(賢友)이 많기(多)를 요(樂)하는 인생은 반드시 행복을 누리게 된다. 그러나 방정떨며(驕) 쾌락(樂)을 좋아하고(樂) 빈둥거리며(佚) 놀아나기(遊)를 좋아하고(樂) 주색(宴)의 쾌락(樂)을 좋아하는(樂) 인생은 반드시 망쳐지고 만다.

인생을 행복하게 누리고 싶다면 〈절예악〉이란 이 말씀을 늘 새기면서 살기 바란다. 물론 예악이 헌신짝처럼 팽개쳐진 줄 안다. 지금 우리가 예악을 잊어버린 것이지 예악이 낡아서가 아니다. 예는 땅을 본받아 살고 악은 하늘을 본받아 살라고 성인께서 마련해준 지팡이다. 무사(無私)하여 무욕(無欲)하고자 쉼 없이 정성껏 노력하라는 성인의 간절한 가르침이 곧 예악이다. 어르신 말씀 따라 들으면 자다가도 떡 얻어먹는다고 한다. 하물며 성인의 말씀이야 무조건 믿고 따라도 된다. 성인은 온 세상 모든 사람의 할아버지 같은 어른이다. 손자한테 거짓말하는 할아버지는 세상에 없다. 그러니 공자께서 가르쳐주신 〈익자삼요-손자삼요〉를 귀담고 살펴 새기고 살수록 후회 없는 인생을 누릴 수 있다.

[논어 읽기]

益者三樂　損者三樂
익자삼요　　　　　손자삼요

樂節禮樂　樂道人之善
요절예악　　　　　요도인지선

樂多賢友　益矣　樂驕樂
요다현우　　　익의　　　요교락

樂佚遊　樂宴樂　損矣
요일유　　　요연락　　　손의

이로운 것으로(益者) 세 가지 좋아함이 있고(三樂) 해로운 것으로(損者) 세 가지 좋아함이 있다(三樂). 예악의(禮樂) 지킴을(節) 좋아하고(樂) 남의(人之) 착함을(善) 널리 말하기를(道) 좋아하며(樂) 현명한(賢) 벗이(友) 많기를(多) 좋아하면(樂) 이로운 것(益)이다(矣). 교만한(驕) 쾌락을(樂) 좋아하고(樂) 게을러(佚) 놀아나기를(遊) 좋아하며(樂) 주색의(宴) 쾌락을(樂) 좋아하면(樂) 해로운 것(損)이다(矣).

－「계씨(季氏)」 5

022

현명한 이를 만나라

견현사제언 見賢思齊焉

공자께서는 늘 자신을 먼저 되돌아보게 한다. 자신을 되돌아보라 함은 제 맘속을 스스로 들여다보라는 말씀이다. 이를 〈내자성(內自省)〉이라고 한다. 요사이는 이 말씀을 소중히 여기지 않는 셈이다. 아마도 지금은 된 사람보다 난사람이 되고자 하는 세태 탓이지 싶기도 하다. 된 사람은 속이 밝기를 바라고 난사람은 겉만 빛나기를 바란다. 그래서 된 사람은 맘속을 다듬고 난사람은 겉모습을 꾸민다. 마음속 다듬기를 하면 저절로 현명한 분을 그리워하게 된다. 그러나 겉만 빛나기를 바라다 보면 저절로 눈부셔서 빛만 쫓다 불길인 줄 모르고 치닫는 부나비 꼴이 되고 만다.

현(賢)은 어질다는 말이다. 어질다고 함은 선(善)한 밝음(明)을 좋아한 다는 말이다. 젖먹이를 안고 눈 맞추며 빙그레하는 애기의 엄마를 떠올려 보라. 바로 그런 미소가 어질고 착해서 밝은 마음(賢)이다. 그래서 현은 늘 명과 함께 현명(賢明)이란 낱말로 붙어 있다. 광명(光明)이란 낱말을 알 것이다. 광(光)은 겉을 빛나게 하고 명(明)은 속을 환하게 한다. 그래서 현명이라 하지 결코 현광(賢光)이라 하지 않는다. 현명한 분은 무엇보다 그 마음속이 환하여 고요한 물속 그림자를 보듯이 제 마음속을 바라볼 수 있다. 제 마음속을 물끄러미 바라보고 잘한 일 못한 일을 스스로 살펴본다. 잘했다면 덮어두고 잘못했다면 부끄러워한다. 왜 현명하면 늘 마땅해서 낙낙하고 넉넉할까? 스스로 부끄러워할 줄 알기 때문이다. 그러면 뉘우칠 수 있어서 같은 잘못을 두 번 다시 범할 리가 없다는 것이다. 그러니 절절히 사무치게 하는 말씀이 〈견현사제언(見賢思齊焉)〉이다.

물론 마음속은 오로지 딱 한 사람만 들여다볼 수 있다. 그 한 사람이 바로 〈나〉라는 자신이다. 내 마음속은 오로지 나만 들여다볼 수 있다. 아무도 그 속을 들여다볼 수 없다. 그 속사정을 누구나 다 들여다볼 수 있다면 이 세상에서 거짓부렁 따위는 없을 것이다. 세상살이에서 참이냐 거짓이냐 아옹다옹 하는 것도 다 제 맘속은 오로지 저밖에는 들여다볼 수 없다는 데서 비롯되는 셈이다. 현명하다는 것은 제 맘속을 늘 들여다보기를 게을리 하지 않음에서 시작된다. 현명을 달리 자명(自明)이니 명심(明心)이니 일컫기도 한다. 제 마음속을 스스로(自) 밝힘(明)이 곧 현명함이고 따라서 밝은(明) 마음(心)은 늘 그윽하고 깊으면서도 맑고 밝아 따뜻하고 마땅하게 삶을 마주한다.

깊고 밝은 마음은 늘 밖에서 안으로 비추어 생각하기를 좋아한다. 꽃만 보고 아름답다면서 그냥 스쳐가는 마음은 생각이 얕고 엷은 탓이다. 현명한 마음은 꽃을 피우려고 애쓰는 그 꽃나무를 잊지 않고 생각한다. 그러면 햇살을 열심히 받는 잎새들이 고맙고 땅속에서 온갖 것을 빨아올려 꽃을 피우고자 애쓰는 줄기며 가지며 등걸이며 뿌리 등등을 고마워하면서 꽃이 아름다운 까닭을 새김질하고 한 송이 꽃 속에도 천지(天地)가 도사리고 있음을 깨우치게 된다. 이처럼 현명한 마음은 무엇 하나 소홀하게 넘겨버리는 일이 없기 때문에 늘 온갖 사물에서 새것을 찾아내 새삼 놀라운 즐거움을 누릴 줄 안다.

현명한 사람을 만나서 그를 본받아 스스로 현명해지고자 한다면 행운이 뒤따라온다. 현명치 못한 사람을 만나서 그자처럼 되지 말아야지 스스로 다짐한다면 그 또한 행운이 뒤따라온다. 세상이란 어두운 가시밭길 같을 때가 참 많다. 그럴 때마다 현명한 분을 뒤따라간다는 생각을 간직할수록 세상은 그만큼 밝아진다. 현명한 분이 내 마음속에다 밝은 등불을 늘상 켜주기 때문이다. 그래서 공자께서 현명한 이를 뵈면 부러워하면서 본받기를 서둘러 하고 현명치 않은 이를 만나면 그런 자가 될까 봐 스스로 채찍질하라고 아래와 같이 엄하게 말씀해두셨다.

[논어 읽기]

見賢思齊焉
견현사제언

見不賢而內自省也
견불현이내자성야

현명한 이를(賢) 뵈면(見) (나도) 그분과 같은지(齊)
생각할 것(思)이고(焉) 현명치 못한 분을(不賢) 만나면(見而)
맘속으로(內) (나도 그런지) 자신을(自) 살펴야 하는 것(省)이다(也)

- 「이인(里仁)」 17

023

삶이란 곧아야

인지생야직 人之生也直

공자께서는 늘 살아가는 일을 말씀해주신다. 누구의 삶이든 밝을 때도 있고 어두울 때도 있다. 이는 저 하기에 따라 삶의 명암(明暗)이 갈릴 수 있다는 말이다. 늘 밝은 삶을 누리고 싶다면 곧게 살면 된다는 것이다. 한 점 부끄럼 없이 사는 분이 있다면 그분이야말로 곧게 사는 사람이다. 하지만 그런 사람이 실로 있기란 참 어렵다. 곧은 삶이란 무엇보다 먼저 욕심이 없어져야 되는 까닭이다. 본래 욕심 탓으로 곧은 삶이 굽어지는 것이다. 제 욕심 없는 사람은 없다는 것이 사실이다.

그러나 사람은 본래 욕심 없이 태어난다고 한다. 갓난애를 적자(赤子)라고 한다. 발가숭이 목숨이란 것이다. 이것저것 차지하려는 욕심이 조금도 없음을 일러 발가숭이라고 한다. 적나라(赤裸裸)란 말을 떠올리면 된다. 갓난애의 목숨은 실오라기 하나 걸치지 않아 숨기거나 감출 게 하나도 없다는 것이다. 그래서 갓난애를 하늘이 준 목숨이라 한다. 어려운 말씀으로 갓난애를 〈성(性)〉 바로 그것이라고 한다. 여기서 성(性)이란 천명(天命)을 뜻한다. 그러니 'Sex' 따위를 연상하면 천벌 받는다. 하늘이 바라는 대로 살라는 것이 성(性)이다. 그 성(性)을 풀이하여 무욕(無欲)이라 한다. 욕(欲)이 없다(無)면 절로 곧아진다(直). 그래서 갓난애 삶(生)은 그냥 온

통 곧다.

〈인지생야직(人之生也直)〉이라. 이는 인간은 본래 정직(正直)하다는 말씀이다. 정직한 사람과 정직하지 않거나 못한 사람이 따로 태어나지 않는다는 말씀이다. 누구나 모두 다를 바 없이 정직한 삶을 누릴 수 있는 바탕(性)을 타고난다는 것이다. 모두 다 발가숭이로 태어나는 까닭이다. 그러나 사람이 바깥 것들을 만나게 되면 드러나지 않던 욕심이 새록새록 드러나 갖고 싶은 것과 갖고 싶지 않은 것이 마음을 틀어잡아 욕심이 생겨난다. 그래서 타고난 곧음이 점점 굽음 쪽으로 기울게 된다. 본래 꼿꼿했던 가지도 열매를 많이 달면 달수록 휘어지듯이 마음속도 욕심 따라 구부러져 똬리를 틀고 겨루기를 마다 않는다.

왜 사람 사는 세상이 밀고 당기며 아웅다웅하는 씨름판 투전판 같겠는가. 모두 마음 씀씀이가 곧다면 서로 겨룰 일이 생길 리 없다. 그렇질 못한 탓으로 남의 밥에 있는 콩이 더 커 보여 온 세상이 오목거울에 비쳐진 꼴로 우그러져 보인다. 이런 탓으로 세상을 가시밭 같다고 한다. 하지만 세상이 그런 것이 아니라 사람들이 가시나무로 변한 것이다. 그래서 공자께서는 사람들이 세상을 욕심 탓으로 구기는 짓들을 보고 안타까워하시고 인생직(人生直)이라고 서슴없이 밝혀둔 것이다.

로또복권 사듯이 사는 인생을 두고 어려운 말씀으로 〈망지생(罔之生)〉이라고 한다. 망지생은 정직하지 않은 인생을 뜻한다. 수십억 원을 차지할 수 있는 대박을 거머쥐자고 단돈 얼마를 걸고 쥔 로또복권을 행운의 징표로 삼아서는 안 될 것이다. 설령 로또복권에서 일등 당선이 된다 한들 그것은 한 번의 요행(僥倖)일 뿐이지 결코 행운일 수 없다. 요행이란 꼼수로 복(福)을 훔치는 짓이고 행운은 오로지 정직한 사람한테만 허락되는 복이다. 정직하게 성실하였으므로 받는 복을 행운이라고 한다.

요행을 감추고 숨겨 화(禍)를 면할 수도 있겠지만 두 다리 쭉 펴고 편히 잠들 수 없게 하는 것이 바로 요행의 삶이다. 아슬아슬 외나무다리 건너듯 살아서야 황금보료에 앉아 있다 한들 결코 잘사는 것이 아니다. 잘산다는 것은 삶을 편안히 즐겁게 누림이지 돈이 남보다 많거나 명성이 남보다 높아야 되는 것은 아니다. 편안하고 즐거운 삶을 누리자면 맨 먼저 마음부터 직(直)해야 함을 공자께서 〈직(直)〉한 글자로 밝혀두신 것이라고 믿어도 된다.

[논어 읽기]

人之生也直
인지생야직

罔之生也幸而免
망지생야행이면

사람의(人之) 삶(生)이란(也) 곧다(直). (곧음[直]이) 없는(罔之) 삶(生)이란(也) 요행으로(幸而) (환난[患難]을) 면함이다(免).

-「옹야(雍也)」 17

024

부귀라도 옳지 못하다면

불의이부차귀 不義而富且貴

공자께서는 무슨 일이 있어도 불의(不義)를 범하지 말라고 하신다. 부귀(富貴)를 바라지 않는 사람은 없다. 물론 빈천(貧賤)을 바라는 사람도 없다. 누구나 다 부유하고 귀하기를 바라고 좋아한다. 따라서 가난하고 천하기를 다 싫어한다. 그러다 보니 부귀를 탐하느라 몸 둘 바를 몰라 하기 쉽다. 그런 탓으로 나날을 마음 졸이고 애태우며 밤잠 설치기를 마다 않는 경우가 허다하다. 이러니 절로 삶이 무겁고 고달파지게 마련이다. 참 살기 힘들다고 자신을 욱조일수록 숨 막히고 답답해진다. 그럴 때 쓰러지려는 자신을 일으켜 세워주는 힘이 〈곡굉이침지(曲肱而枕之)〉라는 말씀에 숨어 있다.

〈팔뚝(肱)을 굽혀(曲) 베개 삼아 잠잔다(枕之)〉이니 가난에 절어 쪼들린다는 말씀이다. 가난하니 먹을거리도 거칠고 보잘 것 없음을 〈반소사(飯疏食)〉라고 밝혀두었다. 소사(疏食)는 거친 잡곡밥을 말한다. 맛있는 반찬을 곁들인 흰쌀밥을 정사(精食)라고 한다. 소사(疏食)를 먹고(飯) 팔뚝 베고 잠잘지라도 마음이 편하다면 사는 즐거움이 바로 그 가운데에 있다고 공자께서 단언하셨다. 비록 가난타 할지라도 마음만 편하다면 그것이 곧 즐거움이란 것이다.

쾌락(快樂) 중에서 어느 쪽을 좋아하는지? 둘 다 좋아한다고 한다면 그 것은 좀 곤란하다. 기쁨이란 쾌(快)는 마음 밖에서 오고 즐거움이란 낙 (樂)은 마음 안에서 우러나는 까닭이다. 스포츠를 한번 생각해보라. 어느 경기든 기쁘게는 하지만 즐겁게는 못 한다. 이기면 통쾌하고 지면 불쾌하 다. 이처럼 기쁨이란 신나게도 하고 화나게도 한다. 이런 기쁨(快)이란 모 두 마음 밖에서 오는 것들이 마음을 흔든다. 그러나 즐거움(樂)이란 마음 속에서 생겨나 마음을 잡아준다. 그래서 낙(樂)은 청명(淸明)한 마음이 피 워내는 꽃향기 같다고 하는 것이다.

맑고(淸) 밝은(明) 마음의 즐거움은 곧 의(義)이기 때문이다. 의(義)란 내(我)가 곧 양(羊)이란 뜻이다. 여기서 양(羊)은 동물을 말함이 아니고 〈선(善)-미(美)〉를 하나로 묶어 말하는 양(羊)이다. 착해서(善) 아름다운 (美) 내 마음이 곧 의(義)라는 것이다. 그래서 의(義)를 거짓 없는 마음이 라고도 한다. 도둑이 제 발소리에 놀란다고 한다. 이는 불의(不義)를 범한 까닭이다. 착하지 않는 것은 모조리 다 불의이다. 불의를 어렵게 생각할 것 없다. 불의란 곧 거짓이라고 판결하면 된다. 올바름(義)이란 거짓이 없 음이다. 착하지 않음을 감추고 숨기는 짓이 곧 거짓이다. 그래서 어려운 말씀으로 수오지심(羞惡之心)을 의(義)라 한다.

내가 착하지 않음(羞)을 싫어하는(惡) 마음이 바로 의(義)이다. 요사이 는 없어진 편이지만 의아(義我)란 말씀이 있다. 의(義)는 바로 나(我)라는 것이다. 의를 남에게 강요하지 말라는 것이다. 나부터 의로우면 된다는 것 이다. 헌데 세상에는 똥 묻은 개가 겨 묻은 개를 흉보는 짓들이 허다하다. 남의 불의를 탓하기 전에 먼저 내 불의를 먼저 살펴 내 자신이 착하지 않 은지 따져보자는 것이다. 허나 황금에 눈이 어두워 불의를 물마시듯 서슴없이 범하는 경우가 허다하다.

　불의를 범하면서 부귀를 누림은 천하에 가장 부끄러운 짓이라고 공자께서 외쳐둔 셈이지만 소귀에 경 읽는 꼴이다. 가난한들 마음 편한 인생보다 들킬세라 잡힐세라 오마조마 마음속이 타들어간들 훔칠 수만 있다면 부귀를 거머쥐겠다고 발버둥 치는 세상이다. 그렇더라도 부귀란 뜬구름 같다는 말씀을 헛소리로 여기지는 말 일이다.

[논어 읽기]

飯疏食 飮水
반소사　　음수

曲肱而枕之 樂亦在其中矣
곡굉이침지　　낙역재기중의

不義而富且貴 於我如浮雲
불의이부차귀　　어아여부운

거친(疏) 밥을(食) 먹고(飯) 찬물(水) 마시며(飮)
팔뚝을(肱) 굽혀서(曲而) 베개 삼아 자도(枕之)
즐거움은(樂) 역시(亦) 그(其) 가운데(中) 있는 것(在)이다(矣).
의롭지 못하게(不義而) 부유하고(富) 또(且) 귀한들(貴)
나에게는(於我) 뜬(浮) 구름(雲) 같다(如).

- 「술이(述而)」 15

025

낚시는 하되 그물질은 않는다

자조이불강 子釣而不綱

낚시질은 하더라도 투망질은 말라는 말이 있다. 아마도 이런 말은 〈조이불강(釣而不綱)〉에서 비롯되었지 싶다. 물속에 물고기가 득실거린다 해서 한꺼번에 당장 몰아서 다 잡아 올릴 생각은 말라는 것이다. 여기서 조(釣)는 아무리 물고기가 많아도 한 마리씩 먹을 만큼만 잡아내는 짓이고 강(綱)은 여기선 그물의 벼리가 아니라 하나의 낚싯줄에 여러 개의 낚시를 매어서 여러 마리를 한꺼번에 잡아내는 짓이다. 그래서 조(釣)는 과욕(寡欲)을 떠올리게 하고 강(綱)은 과욕(過欲)을 떠올리게 한다.

나는 새는 잡아도 잠든 새를 덮치면 벌 받는다고 한다. 이 말 역시 〈익불석숙(弋不射宿)〉에서 생겼지 싶다. 익(弋)은 오늬에 실끈을 매어단 주살을 쏘는 짓이고 석(射)은 목표를 정해 화살을 날려 맞히는 짓이다. 새 사냥 할 때 불석숙(不射宿)이란 말을 흔히 한다. 특히 꿩 사냥 할 때 자주 입에 올리는 말이다. 산중에서는 밭농사를 주로 한다. 밭에 콩이나 팥을 묻어놓으면 파먹자고 꿩도 오고 산비둘기도 온다. 그런 줄 아는 새 사냥꾼도 새총을 들고 밭가에 자리를 잡고서는 새들이 오면 돌팔매질부터 먼저 하고서는 새 사냥을 한다. 먹이를 쪼거나 알을 품고 있거나 아니면 잠자는 새를 잡아서는 안 된다는 것이 새 사냥의 법도인 것이다. 그 법도를 풀이

하여 불석숙(不射宿)이라고 하는 것이다. 이 또한 과욕(過欲)하지 말고 과욕(寡欲)하라는 말씀이다.

　과욕(過欲)은 욕심(欲)이 넘쳐남(過)이고 과욕(寡欲)은 욕심(欲)을 줄이고 줄임(寡)이다. 욕심이 넘치면 반드시 탈이 생기고 탈이 나면 후회한들 소용없게 해를 입는다. 욕심을 줄이면 좋은 일만 줄줄이 이어지니 날마다 기쁘고 즐겁다. 고깃덩이 하나 물고 외나무다리 건너던 개가 다리 밑 물속에 다른 놈이 고깃덩이를 물고 있는 꼴을 보고 탐이 나 컹컹 짖다가 제 입에 물린 고깃덩이가 물속으로 풍덩 하고 말았다는 우화를 알 것이다. 과욕(過欲)을 부리면 그 개꼴이 되고 만다. 그래서 무탈하게 살자면 무엇보다 먼저 과욕(寡欲)해야 한다는 것이다.

　과욕(過欲)은 언제든 탐욕(貪欲)으로 드러난다. 이는 사람만 부릴 줄 아는 심술(心術)이다. 이런 심술로 보면 사람이 짐승만 못한 편이다. 돼지를 두고 게걸스럽다고 흉볼 것 없다. 배가 차면 결코 더 먹자고 꿀꿀거리는 법은 없으니까. 나무도 마찬가지다. 감나무에 감꽃이 필 때면 온 가지마다 감꽃이 따닥따닥 붙어서 꽃마다 열매를 맺는다면 가지가 부러지리라 걱정하게 한다. 하지만 감나무는 감꽃을 절반 이상 낙화로 떨어지게 한다. 그리고 감이 도토리만 하게 맺히면 감나무는 다시 절반 이상을 낙과시켜 가지마다 견딜 만큼만 달고서 가을까지 열심히 익혀간다. 이처럼 따져 보면 욕심 사납게 넘치는 심술은 천지에 사람한테만 있다.

　그래서 공자께서 낚시질은 하되 주낙질이나 투망질은 아니하셨고 나는 새를 사냥하되 잠자는 새를 사냥하지 않으셔서 세상 사람들로 하여금 게걸스럽게 탐하지 말라는 가르침을 손수 보이신 것이다. 왜 사는 일들이 살얼음판 같다고 하는 것일까? 서로들 내 몫을 더하자고 욕심 사납게 아

옹다옹하는 탓일 것이다. 땀 흘려 열심히 일한 만큼 만족하고 사나운 욕심
만 줄이고 줄인다면 사는 일들이 깃털처럼 가볍게 열리고 펴진다. 그러나
세상을 얕보고 두려워할 줄 몰라 욕심을 사납게 부리면 그 순간 바로 세상
은 나를 가시나무에 올려놓고 만다. 그래서 가시방석에 앉아 마음 졸이며
살게 되는 것이다. 이런 꼴은 모두 욕심 사납게 투망질하다 받는 벌이다.
벌 받듯이 살아도 좋으니 돈벼락이나 한번이라도 맞았으면 좋겠다면 그런
분에겐 인생의 낚시질은 하되 주낙질 말라는 말 따위는 아무런 소용이 없
을 것이다.

[논어 읽기]

子釣而不綱 弋不射宿

자조이불강   익불석숙

공자께서는(子) 낚시는 했으나(釣而) 주낙질은 하지 않았고(不綱)
날아가는 새를 주살했으나(弋) 머물러 자는 새를(宿)
쏘지는 않았다(不射).

-「술이(述而)」 26

026

스스로 욕되게 말라

무자욕언 無自辱焉

"내 벗이 몇이나 하니 수석과 송죽이라 동산에 달이 오르니 귀 더욱 반 갑구나." 이렇게 시작해서 "보고도 말 아니하니 내 벗인가 하노라"로 끝나 는 고산(孤山)의 오우가(五友歌)를 알 것이다. 그 노래가 마음을 사로잡아 사무치게 하는 정(情)은 바로 끝 구절 "말 아니하니"에서 솟구친다고 생각 해본 적은 있는지? 참으로 벗끼리는 눈빛 하나로 두 마음이 곧장 한마음 이 되어버리니 벗이라면 서로 말 아니해도 충분하다.

내 마음 네 마음 따로 없는 벗이 하나만 있어도 그 사람은 인생의 보금 자리 둥지에서 살 수 있다. 특히 부부(夫婦) 사이가 그러할 때 참으로 두 사람은 한 사람으로 평생을 누리니 그보다 더한 행복은 천하에 없다. 왜 부부 싸움 물 베기란 속담이나 썩은 것이 정(情)이란 속담이 생겼겠는가. 둘이 늘 하나로서 오순도순 손잡고 삶의 수레를 검은 머리 파뿌리 될 때까 지 밀어주고 끌어주며 살아가기 때문이다. 한평생 늘 벗으로 사는 부부라 면 그 사이에는 충고(忠告)가 필요 없다. 늘 함께 선(善)하니 마음의 눈이 밝아 세파(世波)의 덫에 걸려들 리 없는 까닭이다.

그러나 세상에서 부부 사이의 벗과는 달리 충고가 필요한 벗 사이가 있 다. 충고를 달게 들어주는 벗이 세상에 하나만 있어도 엄청 부자인 셈이

다. 사나운 세파의 때림을 돈이나 명예로도 막지 못한다. 터놓고 충고해주
는 벗이 하나만 있어도 온갖 아픔을 서로 이겨갈 수 있다. 혹시 오성(鰲
城)과 한음(漢陰)의 설화(說話)를 읽은 적이 있는지? 그 두 분은 어려서부
터 벗이었다는데 오성이 한음보다 다섯 살이나 위라고 한다. 그런데도 '깨
복쟁이' 친구였다니 참으로 망년지우(忘年之友)였던 셈이다. 진실로 벗 사
이라면 나이 따위는 관계없다. 두 분은 다 선조(宣祖) 때 명신(名臣)들이
었으니 서로 경쟁자가 될 수도 있었을 터인데 평생을 벗으로 살았던 것은
개구쟁이 짓들로 세파의 가시들을 문질러버렸던 우정(友情) 덕분이다. 세
상에서 우정보다 더 상큼한 덕(德)은 없다. 오성은 한음을 벗으로 삼아 평
생 흐뭇하게 살았고 한음도 오성을 벗으로 삼아 평생을 흐뭇하게 살아 그
두 평생은 한 평생이 되는 복을 누렸던 것이다.

　　갑(甲)과 을(乙) 두 사람이 서로 벗이라면 얼마든지 충고가 오갈수록 도
타워진다. 그런데 갑은 을을 벗으로 삼는데 을은 그렇지 않은 경우라면
갑은 을에게 충고를 한 번 더는 말아야 한다. 충고란 대개 고언(苦言)이
다. 갑으로부터 쓴(苦) 말(言)을 들은 을이나 을로부터 쓴 말을 들은 갑이
서로 진정 고맙게 새기고 삼가면서 세상의 너울을 넘는 힘을 서로 주고받
는다면 그 갑을(甲乙) 사이는 허물없는 벗이다. 그러나 충고가 먹히지 않
는 경우라면 벗이라기보다는 동료(同僚) 쯤으로 여기고 벗 사이가 아니란
것을 얼른 깨닫는 것이 슬기롭다. 동료한테 충고 따위를 하면 오히려 경계
심만 더해지고 멀어진다.
　　친구 따라 강남 간다고 한다. 그러나 함부로 그래서는 안 된다. 친구라
고 다 벗(友)이라고 여기면 안 된다. 좋은 친구 나쁜 친구로 나눠질 수
있는 까닭이다. 그러나 좋은 벗 나쁜 벗이란 없다. 친구 잘못 사귀면 덤터

기 쓰기 십상이다. 도둑을 따라가면 도둑이 되고 싸움꾼을 따라가면 싸움 꾼이 되고 만다. 그러니 벗으로 알고 진정으로 충고했는데 상대가 건성으로 받아 넘긴다면 벗 사이를 접고 그냥 세상살이에서 오다가다 만난 고마운 친구 정도로 여기고 서로 도우면서 살아가면 된다. 왜 고산(孤山)선생께서 수석송죽월(水石松竹月)을 벗으로 삼았겠는가? 그것들은 마음 툭 터놓고 다 보여주면 다 받아준다. 내 마음 네 마음 둘인데 한 마음 벗인 줄로 믿고 충고하다간 스스로 욕되기 쉽다. 그래서 스스로 욕됨이 없게 하라는 것이다.

[논어 읽기]

忠告而善道之
충고이선도지

不可則止　無自辱焉
불가즉지　　　　무자욕언

충고해서(忠告而) 그를(之) 잘(善) 이끌어 주되(道)
할 수 없거든(不可) 곧(則) (벗 사이를) 멈추어라(止).
(벗 사이를 계속해서) 스스로(自) 욕됨이(辱) 없게 할 것(無)이다(焉).

-「안연(顔淵)」 23

027

슬기로움과 어리석음

상지여하우 上知與下愚

지(知)는 앎이고 우(愚)는 어리석음이다. 앎(知)에는 상지(上知)와 하지(下知)가 있고 어리석음(愚)에는 상우(上愚)와 하우(下愚)가 있다. 또 상지를 상사(上士)라고 부르기도 하고 하우를 하사(下士)라고 부르기도 한다. 그리고 상우는 실로 어리석지 않음이고 하우는 진짜로 어리석음을 말해 하우를 일러 바보라 부르기도 하고 어려운 말로 천치(天癡)라고 불러 바보 중의 바보로 친다.

지(知)는 입(口)과 시(矢)를 곰곰이 새겨보게 하는 글자이다. 입은 마음 속이 나오는 구멍이고 화살(矢)은 활시위를 떠나면 쏜살이 되어 다시는 거두어들일 수 없다. 입을 연다는 것은 마치 활을 쏘는 짓과 다를 바 없다는 것이다. 천하 명궁(名弓)은 활시위에 살을 올려 쏘았다 하면 화살이 과녁에 반드시 적중한다. 상지란 그런 명궁 같다. 그러나 하우는 어디에 꽂히든 아랑곳 않고 화살을 겁 없이 날려버린다. 상지는 화살이 있는 까닭을 알고 하우는 그 까닭을 몰라 화살을 아무렇게나 날리는 만용을 부리는 것이다.

〈물유본말(物有本末)〉이란 말씀이 있다. 어떤 것에든 근본(本)이 있고 말단(末)이 있다는 것이다. 화살이 생긴 근본은 적중(的中)함이고 그 말단은 화살이란 물건 바로 그것이다. 하우(下愚)는 말단만 알고 근본을 몰라 적중하지 못하면 화살이되 화살이 아니란 이치를 깨치지 못한다. 말단을 통해 근본을 깨치는 앎을 상지(上知)라 하고, 달리 심철(心徹)이라고도 한다. 마음이 밝아 통해 사물(事物)을 맞춰 꿰뚫었다는 것이다. 마음속의 것이 밖으로 나와 적중했다는 말이다. 그래서 상지는 아랫것(下)을 알고서 윗것(上)을 꿰뚫어 깨달음(知)이고 하지(下知)는 아랫것만 알고 윗것을 깨닫지 못해 화살만 알지 적중해야 함을 모르는 지(知)다. 하지는 하우로 통하게 마련이다.

먼 길을 가려면 신발이 좋아야 한다. 신발이 나쁘면 십리도 못 가서 발병이 나고 만다. 비싸야 좋은 신발은 아니다. 아무리 비싼 신발이라도 제발에 맞지 않는다면 개발에 버선 꼴이 되고 만다. 그래서 좋은 신발이 되는 이치를 아는 사람은 발이 신발의 근본이고 신발은 말단임을 깨달아 반드시 발과 맞춰야 신발의 크기가 정해지는 이치를 안다. 그러나 하우는 발과 신발이 하나가 되어야 한다는 이치를 몰라 발은 발이고 신발은 신발이라고 우기는 짓을 범한다. 하우는 어떤 것이나 본말(本末)이 하나가 되어야지 둘로 나뉘어 떨어지면 안 되는 이치를 모른다. 그래서 편한 신발이란 무엇이냐 묻는다면 상지는 발과 신발이 하나가 되는 것이라고 답하고 하우는 발에 맞는 신발이라고 답할 줄만 알지 발과 신발이 서로 맞아야 하는 이치(道)를 모른다. 도(道)를 모르면 덕(德)을 따라서 모른다. 이런 까닭으로 하우는 세상을 얕보고 환호작약하고 상지는 세상을 두려워하며 삼간다. 이래서 상지와 하우는 바뀔 수가 없다.
풀숲에 사는 여치를 사마귀가 먹잇감으로 노리고 그 사마귀를 먹잇감으로 까치가 노리고 그 까치를 먹잇감으로 독수리가 노리듯이 사람 사는 세상에도 온갖 노림수들이 여기 저기 있음을 상지도 알고 하우도 안다. 그러나 상지는 이런저런 노림수들을 덕으로 물리칠 줄 알지만 하우는 이런저런 노림수를 힘으로 물리칠 수 있다고 기고만장하다가 여치는 사마귀의 밥이 되기도 하고 사마귀는 까치의 밥이 되기도 하고 까치는 독수리의 밥이 되기도 한다. 왜 하룻강아지 범 무서운 줄 모른다고 하겠는가. 하우 탓으로 이런 속담이 생겼다고 믿어도 된다. 하우의 힘은 무쇠 같아 센 놈을 만나면 부러지고 말지만 상지의 덕(德)은 물과 같아 언제 어디서나 망가지는 법이 없다.

[논어 읽기]

唯上知與下愚不移

유상지여하우불이

태어나면서 슬기로운 사람(上知)과(與) 꽉 막혀서
배울 줄 모르는 천치는(下愚) 결코(唯) 바꿔치지 못한다(不移).

－「양화(陽貨)」 3

028

곧음으로 원한을 갚아라

이직보원 以直報怨

배은망덕(背恩忘德)이란 말씀을 알 것이다. 입은 은혜를 모르고 받은 덕을 잊어먹고 은혜와 덕(德)을 보답키는커녕 앙갚음하는 짓들이 심심찮게 일어난다. 그렇다고 은혜나 덕을 베푼 쪽으로만 치우쳐 배은(背恩)이니 망덕(忘德)이란 말을 새겨서는 안 될 것이다. 굼벵이도 밟히면 꿈틀한다 하지 않는가. 아무리 베푼다 한들 동냥 주듯 한다면 그 베풂을 받은 사람은 쥐구멍 속이라도 들어가고 싶은 심정이 생기게 된다. 그러면 아무리 은혜나 덕을 베풀어도 그 베풂은 배은이나 망덕으로 돌아오기 쉽다.

황희(黃喜) 정승도 젊었을 적에는 재주만 믿다가 벼슬에서 밀려나 이곳저곳 유랑했다고 한다. 그러던 어느 날 누렁 소와 검정 소 두 마리로 쟁기질 하는 농부를 보고 황희가 저 두 마리 중에서 어느 놈이 일을 더 잘하느냐고 물었다는 설화를 알 것이다. 그러자 농부가 황희의 귀에 대고 누렁이가 더 잘하기는 한다고 속삭여주자 그런 것 가지고 왜 속삭이느냐고 했더니 농부가 다시 속삭이듯 검정이가 서운해 하면 어떡하겠느냐고 반문했다는 이야기 말이다. 그런 뒤로 황희는 그 농부로부터 덕을 베풀되 베푼 덕이 다시 덕이 되어 돌아오게 되는 이치를 깨달아 후덕(厚德)한 정승으로 길이길이 남게 되었다고 전해진다. 그러니 배은망덕은 참으로 깊은 뜻을 담고 있다.

베풀 때일수록 삼가 조심해야 한다. 베풂을 받는 쪽을 살피고 헤아려 마음속을 건드려서는 안 된다. 그렇지 않으면 베푼 덕이 마음의 멍을 남겨 한(恨)이 되어 되돌아올 수도 있는 일이다. 한이 깊어 무거워지면 물속의 돌덩이처럼 마음속에 가라앉았다가 어느 때 갑자기 원(怨)이 되어 불끈불끈 끓어오르기도 한다. 마음이란 불(火)처럼 되기도 하거니와 사그라져 재(灰)처럼 될 수 있다. 그래서 심화(心火)는 용암보다 더 뜨겁게 사나워 흉(凶)을 불러오고 심회(心灰)는 고요한 물속 같아 길(吉)하다고 한다. 흉한 원(怨)은 덕마저도 뿌리치고 팽개치니 마음속에서 이글거리는 한은 덕으로도 재울 수가 없다. 그래서 덕으로 원한은 갚아지지 않는다고 공자께서 밝혀주신 것이다.

원이 한이 되게 하지 않자면 무슨 일이 있어도 원을 사지 말아야 한다. 오뉴월 서리 같다는 말이 있다. 이슬방울도 서리멍울로 맺히게 할 수도 있는 것이 이른바 마음 쓰기다. 오뉴월 서리는 사람이 원을 산 탓으로 내리지 결코 천지에는 원한 같은 모진 멍울이란 없다. 애당초 원한을 사지 않으려면 사욕(私慾)을 부리지 말아야 한다. 제 몫(私)을 남보다 더해 크게 하자면 결국 남의 것을 빼앗아야 한다. 빼앗긴 쪽은 빼앗겨서 억울하고 분하게 된다. 그러면 빼앗긴 쪽 마음속에서 홀연히 원망이 싹터 억울해 한으로 맺히고 만다. 그러니 한 맺히게 하지 않자면 무엇보다 먼저 사욕을 잘 다스려야 한다.

치심(治心) 즉 마음(心) 다스리기(治)란 욕(慾)을 줄이기(寡)로부터 시작된다. 이러한 치심을 서슴없이 다하자면 마음가짐을 강직(剛直)하게 다

잡아가야 한다. 강직한 마음은 결코 원(怨)을 사지 않으니 한을 살 리 없다. 그래서 공자께서 원한을 강직으로(以) 갚는다(報)고 밝혔다. 이는 곧 무슨 일이 있어도 원한을 짓지 말라는 말씀이 된다. 그러면 절로 이덕보덕(以德報德) 살맛나는 품앗이로 세파(世波)를 이겨낼 수 있게 된다. 덕을 덕으로(以) 갚음(報)보다 더 착하고 아름다운 삶이란 이 세상에는 없다.

[논어 읽기]

或曰 以德報怨 如何
혹왈　　　이덕보원　　　　　여하

子曰 何以報德
자왈　　　하이보덕

以直報怨 以德報德
이직보원　　　　이덕보덕

어떤 이가(或) 말하기를(曰) 덕(德)으로(以) 원한을(怨) 갚으면(報) 어떨지요(如何)? 공자께서(子) 가로되(曰) (그렇다면) 무엇(何)으로(以) 덕(德)을 갚겠는가(報)? 강직(直)으로(以) 원한을(怨) 갚고(報) 덕(德)으로(以) 덕을(德) 갚는다(報).

－「헌문(憲問)」 36

029

마흔에 속 못 차리면

연사십이견오언 年四十而見惡焉

사람 나이 마흔이면 불혹(不惑)이라는, 공자께서 밝힌 말씀을 알 것이다. 지금은 백세 시대라고들 하니 사십은 이제 청청한 나이가 된다. 옛날은 인생을 사철로 따질 때 한 철 나이를 15년으로 쳐 인생 60이 넘으면 덤으로 산다는 우스갯소리가 있었다. 그러나 지금은 60세는 초로(初老)도 아니라고 떵떵대는 세상이 됐다. 그러니 이제는 인생 40은 옛날처럼 중하(中夏)가 아니라 맹하(孟夏) 즉 초여름에 해당하는 편이다. 다가올 가을 준비를 하는 데 어벌쩡해서는 안 되는 세월(歲月)의 나이가 인생 마흔 살이다.

초여름에 시들한 곡식은 가을이 되어도 여물어 영근 이삭을 일구지 못해 거두어들일 것이 없다. 사람도 이와 다를 것이 없다. 천지의 사계(四季)는 태양을 돌고 돌아 가고 오고 하지만 인생이란 네 철(四季)은 한 번 와서 가면 영영 그걸로 그만이다. 인생의 나이테는 딱 한 번 오고 가면 그만인 것이다. 인생의 나이테에는 되풀이란 없다. 인생에서 여름이란 나이테는 쉴 새 없이 땀 흘려 일해야 하는 철이다. 그래서 아마도 〈하초이물(夏楚二物)〉이란 말이 생겨났지 싶기도 하다.

하초(夏楚)의 하(夏)는 싸리나무 회초리를 뜻하고 초(楚)는 가시나무 회초리를 뜻한다. 초(楚)는 죄인을 매로 다스릴 때 쓰는 회초리고 하(夏)는 빈둥거리며 공부하지 않는 놈을 다스리는 회초리를 말한다. 여름철 싸리나무는 하루가 다르게 무럭무럭 키가 크고 무성해진다. 아마도 그런 싸리나무를 본받아 열심히 일하라고 게으름뱅이 장딴지를 싸리나무 회초리로 다스렸을 터이다. 게을러 빈털터리로 마흔 줄에 오른 인간을 어느 누가 좋아하겠는가. 게으름 피우다 별 볼 일 없게 된 마흔 내기는 미운털이 박히게 마련이다. 불혹을 몰라서 빈둥거리는 마흔 내기는 견오(見惡)의 혹덩이나 같다.

견오란 싫은 것(惡)을 살핀다(見)는 말이 아니고 사람들이 싫어해서 미움 받는 물건을 말한다. 말하자면 능동의 〈미워할 오(惡)〉를 피동으로 하려면 〈견오〉라고 하는 말투이다. 마흔 살에 사람들로부터 미움 받는(見惡) 자가 된다면 그런 인간은 끝장난 것(終)이라고 공자께서 서슴없이 단언해두셨다. 스스로 자신을 어디에도 쓸모없는 군더더기처럼 팽개친 인간을 두둔할 이 하나도 없다. 인생 사십 줄에 불혹하지 않고 철부지처럼 미혹(迷惑)한다면 밥그릇에 붙었다 개숫물에 헹궈지는 밥풀떼기 같은 꼴이 되기 쉽다.

불혹이란 현혹(眩惑)당하지 않음이다. 신기루(蜃氣樓)에 끌려가면 죽음밖에 없으니 끝장이다. 덫에 걸린 미끼가 먹이인 줄 알고 덜컥 문 오소리는 등잔불에 탄다는 옛 말이 있다. 오소리는 기름덩이라 늦가을에 오소리 한 마리만 덫에 걸리면 한 겨울 등잔 기름으로 쓰고도 남아돈다는 말이다. 인간 세상에도 온갖 덫들이 알록달록 미끼들을 줄줄이 걸고서 넘실거리니 헛욕심에 걸려들어 한눈팔아서는 안 될 터이다. 오죽하면 눈 뜨고 코 베이는 세상이라 하겠는가. 이처럼 아무리 험한 세상일지라도 확신에 찬 마음가짐으로 제 갈 길을 뚜벅뚜벅 어김없이 세상을 위하고 따라서 당당하게 걸어간다면 어느 누가 싫어하고 미워하겠는가? 노세 노세 젊어 노세 늙어지면 못 노나니 흥얼거리며 함부로 취해서 넘실거리지 말아야 한다. 사십 줄 인생은 일하다 짬 내서 한소끔 놀다가 퍼뜩 일터에서 땀 흘려야지 세상을 노들강변으로 알아서는 견오의 미운털이 박히기 쉽다. 여름 햇볕 아래서 가을을 준비하는 청청한 초목처럼 살아가는 불혹의 나이보다 더 우렁찬 삶은 없으니 사십 줄 오르막길 인생은 땀이 날수록 찬란하다.

[논어 읽기]

年四十而見惡焉
연사십이견오언

其終也
기종야

나이(年) 마흔 줄에(四十而) (세상 사람들로부터)
미움(惡) 받는다(見)면(焉) 그자는(其) 끝(終)이다(也).

- 「양화(陽貨)」 26

030

후배를 두려워하라

후생가외 後生可畏

공자를 보수 쪽이라고 말해서는 안 된다. 공자께서는 성인(聖人)인 까닭이다. 어느 성인이든 진보 쪽이지 보수 쪽은 아니다. 성인은 안주하는 인간을 가장 못난이라고 꾸짖는다. 과거에 매달려 맴돌기 하는 인간은 잡혀와 쳇바퀴 돌리는 다람쥐 꼴이라고 질타한다. 늘 변화의 흐름에서 벗어나지 말라고 밝히는 분이 곧 성인이다. 변화를 이끌어내는 사람이 되어야 함을 사정없이 밝히는 성인이 곧 공자이다.

〈후생가외(後生可畏)〉는 밥그릇 수 따지면서 선배라고 으스대는 인간은 헌신짝 같다는 말씀이다. 관례대로 하면 된다고 못 박는 인간은 밥벌레와 다를 게 없다는 질책이다. 그러고 보면 세상이 변할세라 아등바등했던 조선조(朝鮮朝) 소유(小儒)들이야말로 공자를 외면한 소인배들이다. 공자를 입에 물고 세상을 주름잡던 소유들 탓으로 타도공가점(打倒孔家店)해야 한다는 바람이 불기도 했다. 공가점이란 공자를 파는 무리를 말하니 조선조의 소유를 떠올리게 하는 주장이기도 하다. 물론 공가점을 타도하자는 주장이 조선조 소유들을 타도하고 성인 공자를 받들자는 외침은 아니었다. 서양문물을 받아들여 개화하자는 주장이 그렇게 나온 것이라고 여겨도 될 것이다. 이런저런 탓으로 공자께서 밝힌 말씀들이 낡았다고 착각하는 편견들이 은근히 깔려 있기도 하다.

그러나 후생가외(後生可畏)하라는 이 말씀보다 더 간절히 미래를 열어가라는 말씀은 없을 터이다. 여기서 후생(後生)은 곧 인간의 미래(未來)를 말한다. 그 미래란 바로 변화(變化)의 변(變)을 살펴 좇아서 변화의 화(化)를 이루어내기다. 변화의 변은 헌것과 새것이 함께하고 있음을 말하고 변화의 화는 헌것을 물리고 새것을 취함을 뜻한다. 그러니 화(化)가 곧 미래를 열어 이루어냄이다. 선대(先代)의 것을 그대로 답습하고자 물려받지 않고 취하고 버리고를 결정하려고 선대의 것들을 주목함을 똑똑히 알라는 말씀이 후생가외이다. 그러니 이 말씀은 지금 살아가고 있는 우리를 향한 말씀이다.

오늘이 어제 같고 내일이 오늘 같으리라 생각하지 말라는 것이다. 미래는 과거-현재의 판박이가 결코 아님을 뼈저리게 사무치면서 일신(日新)하면서 살라는 말씀이 곧 〈내자지불여금(來者之不如今)〉이다. 내자(來者)는 다가올 것이다. 다가올 것은 지금과 같지 않다는 것이다. 사오십이 되어서도 제 이름값 하나 못하고 어슬렁어슬렁 살아가는 사람은 헌 빗자루 같아 조금도 두려워할 것이 못 되는 건달이라는 것이다. 그러나 치고 나오는 후생에 밀리지 않고 쉼 없이 새 길을 넓혀가는 장년(長年)이라면 청년(靑年)을 이끌어가는 선도(先導)의 구실을 넉넉히 할 수 있을 것이다.

그래서 자랑스러운 선배도 있고 거추장스런 꾸러미 같은 선배도 있다는 것이다. 후배는 어김없이 선배를 저울질하면서 대한다. 선배가 꾸러미다 싶으면 되돌아보지도 않거니와 심할 때면 밟고 지나갈 수도 있는 것이 후생(後生)이다. 그러니 미래를 만만히 보고 하루하루의 인생을 갈고 닦지

않고 그냥 버려두고 강 건너 불구경하듯 빈둥대며 살지 말라는 말씀이 후
생가외이다.

後生可畏
후생가외

焉知來者之不如今也
언지래자지불여금야

四十五十而無聞焉
사십오십이무문언

斯亦不足畏也已
사역부족외야이

후배들을(後生) 두려워해야 한다(可畏). (그렇지 않고선) 미래란(來)
것이(者之) 지금과(今) 같지 않음을(不如) 어찌(焉) 알 것(知)인가(也)?
인생 사오십에(四十五十而) 세상에 알려짐이(聞) 없다면(無焉) 역시(亦)
그런 자들을(斯) 족히(足) 두려워하지 않아도 될(不畏) 뿐이다(也已).

-「자한(子罕)」 22

031

지나침은 모자람과 같아

과유불급 過猶不及

사람의 마음이 욕(欲)을 벗어날 수 없어서 맑고 밝기가 참 어렵다. 욕을 물리고 벗어난 마음속을 어려운 말로 염담(恬淡)이라 한다. 고요하고(恬) 맛없는(淡) 마음속은 무엇에 매달려 아등바등 않고 물이 흘러가듯 순(順)해 치우쳐 기울지 않는다. 하지만 마음속이 욕(欲) 때문에 그렇기란 참 어렵다. 사람은 살아가면서 지나칠 때도 있고 모자랄 때도 있다. 이는 다 욕심에 가려 마음 쓰기(用心)가 밝고 맑지 못한 탓이다.

용심(用心)이 과(過)하면 그에 따라서 지나쳐 넘치는(過) 짓으로 드러나고 불급(不及)하면 그 역시 처지고 모자라는(不及) 짓으로 드러난다. 과(過)든 불급(不及)이든 다 현명(賢明)치 못해서 그런 것이다. 재덕(才德)을 잘 어울리게 함을 현(賢)이라고 한다. 그래서 현명한 사람은 재능과 덕을 잘 어울리게 한다. 재능이 넘치지도 처지지도 않아 덕이 멀어지는 경우를 범하지 않는다면 현명한 용심이다.

재승박덕(才勝薄德)이란 말씀을 알 것이다. 재능은 뛰어난데 덕이 모자란다고 흉보는 경우가 자주 있다. 재주가 과(過)하고 덕이 불급(不及)이면 세상으로부터 손가락질 받기 쉽다. 차라리 재주는 모자랄지라도 후덕(厚德)하면 세상의 입길에 오르지는 않는다. 세상으로부터 눈총을 사는 경우는 용심(用心)이 지나쳐 생기는 흉이다.

덕이란 어느 경우이든 중용(中庸)으로 통한다. 그래서 공자께서 중용은 지극한 덕이라고 밝혀둔 것이다. 후덕하면 지나치거나 모자라 엉뚱한 짓을 범하지는 않는다. 허나 재주가 지나치면 모난 돌이 정 맞는 꼴을 당하기 쉽다. 그래서 늘 사람의 재주가 덕을 따르지 못하면 탈을 내는 경우가 잦다. 공자께서 자장(子張)은 과(過)하고 자하(子夏)는 불급(不及)이라고 제자를 따져두었다. 두 제자의 재능을 견주어 살펴둔 말씀이다. 자장의 이름은 사(師)이고 자하의 이름은 상(商)이라고 한다. 재주가 넘치는(過) 사와 재주가 모자라는(不及) 상 중에서 누가 현명하냐고 자공(子貢)이란 제자가 여쭈자 공자께서 〈과유불급(過猶不及)〉이라고 말해주었다. 넘치는 사와 모자란 상이 역시 같다고(猶) 밝혀주었다. 어째서 같다고 했을까? 현(賢)이란 재덕겸비(才德兼備)를 말한다. 재능(才)과 덕(德)을 함께(兼) 갖춤(備)이 곧 현(賢)이다. 재능이 지나쳐도 박덕하기 쉽고 재능이 모자라도 박덕하기 쉽다는 뜻으로 공자의 〈과유불급〉을 살펴 새기고 헤아려 가늠해도 될 것이다.

중용은 지덕(至德)이니 덕이 두터울수록 중용에 가까워지는 것이다. 재능만 지나치거나 모자라면 중용을 어기기 쉽다. 재능이 앞설수록 자시(自是)의 덫에 스스로 걸려들기 쉬운 까닭이다. 제 주장을 앞세워 옳다고 내세우기(自是)를 창과 방패로 삼기를 마다 않으니 치우치는 쪽으로 기울어져 중용의 덕을 저버리게 된다. 견주어 겨루기를 좋아하는 재주인지라 서로의 어울림을 얕보고 저버리기를 마다하지 않는다. 넘치거나 모자라지 않고 알맞음이 중용의 중(中)이다. 그리고 그 중(中)을 일상에서 늘 거짓 없이 씀이 용(庸)이다. 용은 대용(大用)을 말한다. 사욕(私欲) 없이 씀이

대용의 용(庸)이다. 재주가 승해도 재주가 모자라도 덕을 대용(大用)하기 어려워 중용을 어기기 쉽다. 그래서 지나쳐도(過) 중용을 못 하고 모자라도(不及) 중용을 못 하니 과(過)든 불급(不及)이든 다를 바 없겠다.

[논어 읽기]

子貢問 師與商也孰賢
자공문　　　　사여상야숙현

子曰 師也過 商也不及
자왈　　　사야과　　　상야불급

曰 然則師愈與
　　왈　　연즉사유여

子曰 過猶不及
자왈　　과유불급

자공이(子貢) 여쭈었다(問). 사와(師與) 상은(商也)
누가(孰) 현명하지요(賢)? 공자께서(子) 가로되(曰)
사는(師也) (재주가) 지나치고(過) 상은(商也) (옹졸해서)
모자란다(不及). 그렇다면(然則) 사가(師) 나은 편(愈)인지요(與)?
공자께서(子) 가로되(曰) 지나침은(過) 모자람과(不及) 역시 같다(猶).
[사(師)는 자장(子張)의 이름이고 상(商)은 자하(子夏)의 이름]

－「선진(先進)」15

032

사람이 어질지 못하다면

인이불인 人而不仁

공자께서 〈오도일이관지(吾道一以貫之)〉라고 잘라 밝혔다. 공자의 도(道)는 하나로(一以) 꿰뚫려 있다(貫之)는 것이다. 그 일이(一以)의 일(一)이 바로 인(仁) 그것이다. 오로지 인으로 사람이 되는 이치를 밝히고 가르치고 이끄는 성인(聖人)이 공자이다. 이러한 공자의 도(道)를 따라 맹자가 인(仁)이란 것은 사람(人)이고 따라서 사람의 마음(心)도 인(仁) 그것이라고 밝힌 것이다. 그러니 불인(不仁)이면 곧 불인(不人)이다. 사람이 어질지 못하면 그 사람은 겉만 사람이지 속은 사람이 아니란 것이니 〈인이불인(人而不仁)〉은 간담을 서늘케 하는 호통이다.

물론 인(仁)은 공자께서 뜻대로 만들어낸 것은 아니다. 오로지 천지(天地)에서 찾아낸 것이다. 그래서 봄에 싹이 터 여름에 자라남이 곧 인(仁)이고 가을에 거두어들여 겨울에 잘 간직해둠이 의(義)라고 하는 것이다. 그런 어짊(仁)을 인간이 누림을 일러 악(樂)이라 하고 그 옳음(義)을 지킴을 예(禮)라고 한다. 오로지 사람만이 천지를 본받아 거기서 인(仁)을 밝혀내 악(樂)을 누리고 의(義)를 찾아내 예(禮)를 행하는 목숨이라는 것이다. 사람이 다른 목숨들과 다름은 바로 예악(禮樂)으로 삶을 누리는 까닭이다. 만약에 사람이 예악을 버리고 산다면 다른 짐승과 다를 바 없다는 것이다. 예악이란 요사이 말로 한다면 문화(文化)와 같은 말씀이다. 문화의 시원(始源)이 바로 인(仁) 그것이다. 불인(不仁)이면 예악 즉 문화랄 것도 없어진다. 그러니 불인의 인간이란 짐승과 다를 바 없다는 판결이다. 이 〈인이불인(人而不仁)〉이란 말씀이 어찌 우리네 숨통을 겨누는 칼끝 같은 말씀이 아니겠는가?

『논어』에는 사람이 되는 길 즉 군자(君子)의 도(道)를 거듭거듭 넓혀가게 하고자 499개의 어록이 담겨 있다. 그 499개의 말씀들을 염주처럼 꿴다면 그 염주의 끈은 아마도 〈인이불인〉이란 말씀이 될 것이다. 이 말씀은 인이인(人而仁)을 강조하는 반어법인 셈이다. 〈사람이라면(人而) 어질다(仁)〉보다 〈사람이면서(人而) 어질지 못하다면(不仁)〉으로 말씀하는 쪽이 강하게 들린다. 맹자께서도 성인의 말씀을 따라 〈인인(仁人)〉이라 않고 〈인야자인야(仁也者人也)〉라고 강조법을 쓴 것일 터이다. 따라서 499개의 어록들을 인인(仁人)의 끈에 꿴 염주 같다고 비유해도 될 만큼 『논어』는 어짊(仁)의 길을 닦고 트는 경전이라고 말할 수 있다.

어짊(仁)은 사람(人)이라고 할 때 그 사람은 어머니라고 여겨도 된다. 참으로 어진 사람은 어머니와 같다. 왜 엄부자모(嚴父慈母)라고 하는가? 자모(慈母)가 곧 어진 어머니란 말씀이다. 어진 사람은 어머니 같고 나아가 할아버지 같다. 임금의 수염을 뜯어낼 놈은 그 임금의 손자밖에는 없다. 손자한테 수염을 뜯기고도 허허 하는 할아버지의 모습을 떠올리거나 젖 먹고 옹알이하다 옷자락에 오줌을 싸도 그저 예뻐 좋아하는 엄마의 모습을 떠올린다면 인인(仁人)의 인(人)이 다름 아닌 어머니거나 할아버지 같은 분이라고 믿어도 된다. 그래서 어짊(仁)을 어려운 말로 〈충서(忠恕)〉라고 한다.

충(忠)이란 거짓 없는 믿음이고 서(恕)란 딴 마음 없이 한마음으로 안아들임이다. 할아버지의 이야기를 초롱초롱 들어주는 손자의 마음 같은 것이 충(忠)이고 꼭 안고서 자장자장 토닥이며 젖가슴을 잠자리로 내어주는 엄마의 마음이 서(恕)이다. 이런 충서의 인간으로 살게 하려는 길을 닦는 방편을 어려운 말로 예악(禮樂)이라 하고 그 예악은 오로지 인인(仁人)의 길을 넓혀 가는 덕치(德治)의 도구라고 새겨도 될 것이다.

[논어 읽기]

人而不仁　如禮何
인이불인　　　　　여례하

人而不仁　如樂何
인이불인　　　　　여악하

사람이면서(人而) 어질지 못하면(不仁)
예를(禮) 어찌할 것인가(如何)?
사람이면서(人而) 어질지 못하면(不仁)
악을(樂) 어찌할 것인가(如何)?

－「팔일(八佾)」 3

033

시로 마음이 일어나

흥어시 興於詩

사람은 마음 가기에 따라 견기(見己)가 달라진다. 내 스스로 나(己)를 살피기(見)를 정성껏 다한다면 수기(修己)는 절로 이루어진다. 그러나 남 하는 대로 나를 따르게 한다면 나(己)를 닦을(修) 수 없게 된다. 제 자신을 지켜낼 수 없는 사람을 일러 꼭두각시라고 한다. 세상에서 제일 불쌍한 사람은 허수아비 꼴 같은 사람이다. 꼭두각시 인간에게는 저만의 흥(興)이 란 것이 없다. 왜 백인백색(百人百色)이라고 하겠는가. 사물(事物)을 저마 다 제 나름대로 살펴 새기고 헤아려 가늠하는 까닭이다.

나만의 느낌(感)이 생겨남을 일러 흥(興)이라고 한다. 흥이란 내 스스로 온갖 것(事物)을 만나 내 마음이 절로 움직임이는 것을 말한다. 흥을 어려 운 말로 열지(說之)라고도 한다. 이러한 흥이 시(詩)에 있다. 그래서 〈흥 어시(興於詩)〉라고 한다. 시가 감수(感受)하게 하는 흥이란 내 스스로 누 리는 희로애락(喜怒哀樂)이다. 남이 슬퍼하니까 그 까닭도 모르고 덩달아 슬퍼한다면 그런 슬픔은 흥이 아니고 따라서 열지도 아니다. 그러니 남이 세모라 하더라도 내 눈에는 동그라미로 보이기도 하는 것이 온갖 사물을 감(感)함이다. 그런 느낌(感)을 받게 하는 것이 흥어시의 흥이다.

물론 호젓이 홀로 흥을 누리기도 하지만 여럿이 함께 흥을 나눌 수도 있다. 흥이 겨워지면 절로 손을 흔들다 온 몸을 흔들고 그래도 모자라 발을 동동 굴리며 온몸을 띄워 춤을 춘다. 흥겨워야 춤추는 것이다. 그러면 이런저런 생각들이 말끔히 사라지고 마음속이 텅 비워져 시원한 산들바람에 나부끼는 들꽃마냥 홀가분해진다. 이처럼 흥은 동(動)하게 한 다음 반드시 정(靜)하게 해주는 것이다. 거침없이 흘러내리던 물줄기 같던 마음속이 깊은 연못같이 고요(靜)를 절로 누리게 함이 곧 흥이다. 그래서 시가 누리게 하는 흥은 스포츠가 누리게 하는 흥분(興奮)과는 다르다. 스포츠가 만끽하게 하는 흥분은 동동(動動)으로 그쳐 한때의 기쁨(快)으로 그치지 즐거움(樂)이 되지는 못한다. 쾌락(快樂)의 쾌(快)와 낙(樂)은 서로 다른 느낌이다. 축구시합에서 응원한 쪽이 이기면 그 느낌은 쾌이지 낙은 아니다. 오랜만에 그립던 벗을 만나면 그 반가운 느낌 같은 감흥이 곧 즐거움(樂)이다. 이처럼 흥어시의 흥은 낙을 누리게 하는 감흥이지 쾌를 맛보게 하는 흥분이 아니다.

그러므로 흥어시(興於詩)는 〈내가 나를 만나게 하라〉는 말씀으로 새겨도 된다. 시로 말미암아 흥을 누리자면 무엇보다 먼저 내 자신이 꼭두각시가 되지 말아야 하는 까닭이다. 모양새가 다 같아야 했던 조선시대에도 꼭두각시는 웃음거리였다. 하기야 요즘 세상은 꼭두각시로 넘쳐난다. 이른바 패션이란 미명 아래 보란 듯이 뻐기지만 따지고 보면 "나는 꼭두각시요" 자처하는 꼬락서니에 불과하다. 이런 세태이라서인지 시와 더불어 흥을 누리는 멋을 몰라서 홀연히 만나 자신을 편안히 하는 고요(靜)를 맛볼 줄 모르게 된 편이다. 그러다 보니 자신을 잃어버리고 남의 그림자만 쫓다가 자신의 마음이 흥을 누릴 줄 모르고 네가 웃으면 나도 웃고 네가 울면 나도 운다면서 살고 있는 꼴인지라 흥어시의 흥을 누리지 못하고 걸핏하면 씩씩거리기만 한다.

興於詩 立於禮 成於樂
홍어시   입어례   성어악

시로써(於詩) (뜻[志]을) 발흥하고(興)
예로써(於禮) (몸가짐을) 확립하고(立)
악으로써(於樂) (성정[性情]을) 완성한다(成).

−「태백(泰伯)」8

034

선비가 편하기를 바라면

사이회거 士而懷居

사(士)는 하나(一)부터 시작하여 열(十)을 이룰 때까지 지성(至誠)으로 일함(事)을 뜻한다. 그래서 일(一) 위에 십(十)이 얹혀 있는 자(字)가 곧 사(士)이다. 일로 시작하여 십을 이룸이 곧 선비(士)다. 하나가 열로 맺음한다고 함은 완전함을 뜻한다. 덕을 행해도 완전하고 재능을 발휘해도 완전함이 곧 사(士)이다. 이렇기 때문에 사(士)는 곧 사(事)라고 한다. 받들어 일하는 이를 선비라고 새김한다. 선비의 일을 사군(事君)한다고 했지만 실은 사민(事民)하는 일로 통해야 함이 곧 선비(士)의 일이다.

사람은 누구나 다 일하면서 산다. 그렇다고 누구나 다 선비라는 것은 아니다. 대부분의 사람은 자기만을 위해서 일한다. 그러나 선비라면 남을 위하고자 일하는 분이다. 나라를 위해서 일한다고 함은 곧 백성을 위해서 일한다는 것이다. 사군(事君) 즉 임금을 모시는 일이 사민(事民)으로 통하면 충신(忠臣)이 되고 그렇지 못하면 간신(奸臣)이 되거나 오리(汚吏)가 되고 마는 것이 선비의 팔자이다. 길이길이 군자로서 칭송받는 선비도 있고, 선비질 하다가 소인(小人)으로 드러나 두고두고 손가락질 받는 못난이도 있다. 소인이면서 선비 노릇 탐하다간 예나 지금이나 다름없이 쇠고랑을 차기도 하고 세상의 입길에 올라 더러운(汚) 벼슬아치(吏)로 쪼그라들고 만다.

선비가 회거(懷居)하면 선비가 될 수 없다고 공자께서 밝혔다. 이는 소인이라면 선비가 될 수 없다는 단언(斷言)이다. 그러니 여기서 회거란 소인의 삶을 말한다. 회거는 제 안처(安處)만을 생각하는 삶이다. 안처란 제 몸만 편안히 걱정 없이 산다는 말이다. 『논어』에는 두 갈래 인생이 드러나 있다. 하나는 군자의 것이고 하나는 소인의 것이다.

군자의 삶을 회덕(懷德)이라 하고 소인의 삶을 회토(懷土)라고 한다. 회덕은 언제 어디서나 선(善)만을 생각하고 마음에 공(公)을 품고 앞세우는 삶이다. 그러나 회토는 언제 어디서나 제 몸 하나 편안하기만을 생각하면서 마음에 사(私)를 품고 제 몸만 앞세우는 삶이다. 군자는 남을 위하려는데 정성을 쏟지만 소인은 저 자신을 이롭게 하고자 신경을 곤두세운다. 군자는 남을 편안케 하고자 전력하고 소인은 자신을 편안케 하고자 전력하면서 자신한테 이롭지 않다면 결코 남을 돕고 나서는 법이 없다. 딱 웅크리고 제 보신(保身)만 하면서 윗사람 시키는 대로 마지못해 움직이는 관리(官吏) 따위의 안일(安逸)한 처신이 곧 회토의 소인배이다.

공복(公僕)이란 말을 알 것이다. 남을 위하여 기꺼이 머슴노릇 마다하지 않는 일꾼을 공복이라고 한다. 세종 때 청백리(淸白吏)로 모셔졌던 유관(柳寬)을 생각해보면 선비의 진면목을 볼 수 있다. 학문과 문장이 뛰어났던 유관은 81세에 가서야 우의정 자리에 올랐으니 청백리의 선비는 언제나 앞서지 못하고 뒤처진다. 유관은 성품이 매우 청렴하고 청빈한 선비였다고 한다. 한번은 장마로 유관이 살던 집이 비가 주룩주룩 새자, 우산을 받쳐 들고 부인에게 "우산이 없는 집은 어찌 할까?"라고 걱정했다는 이야기가 전한다. 제 집이 새는 것을 걱정하는 것이 아니라 남의 집이 샐세라 걱정하는 마음이 곧 군자의 삶이다. 소인이라면 남의 집 샐세라 조금도 걱정하지 않는다. 제집만 새지 않으면 그만이란 속셈으로 늘 제 몫을 챙기는 데 정신을 팔 뿐 남 사정에는 아랑곳 않는 삶으로 어찌 선비 노릇 하겠는가. 군자라야 선비 노릇 한다. 소인배가 선비 노릇 하면 생선가게를 고양이한테 맡긴 꼴이 빚어지고 만다. 그래서 회거(懷居)해서는 선비가 될 수 없다고 공자께서 잘라 말씀해둔 것이다.

[논어 읽기]

士而懷居　不足以爲士矣

사이회거　　　　부족이위사의

선비로서(士而) 편안한 삶을(居) 바란다면(懷)
그래서는(以) 선비가(士) 될(爲) 수 없는 것(不足)이다(矣).

－「헌문(憲問)」3

035

말쟁이와 꽃뱀이라

교언영색 巧言令色

눈 뜨고 코 베이는 세상이니 세상 참 무섭다고 푸념들 한다. 사람 사는 세상이 왜 그렇게 무섭게 되었을까? 무엇보다 사람이 사람을 못 믿는 세상으로 변한 탓이지 싶다. 너를 어찌 믿겠느냐, 믿을 만한 증거를 제시하라고 윽박질러대는 세상이다. 이러고 보니 이름 석 자는 아무런 쓸데가 없어진 꼴이다. 걸핏하면 주민등록 번호를 대라 하고 심하면 인장도 못 믿겠으니 지문을 찍어라 한다. 내가 너를 못 믿고 네가 나를 못 믿는 세상이 되다 보니 겉모습으로 남의 마음을 낚아보려고 세상에 온갖 미끼를 던져두어 살아가기가 점점 더 힘들어만 간다. 서로 마음을 결코 나눌 수 없는 세상이 되고 만 꼴이다. 마음속을 숨겨두고 딴전 부리는 짓들은 교언(巧言)으로 살랑거리거나 영색(令色)으로 꼬리친다.

교언이란 요사이 말로 '립서비스'이다. 입술발림이 곧 교언이다. 마음속에 없는 말을 지어내 솔깃하게 홀리는 말짓이니 교언은 따지고 보면 빨간 거짓부렁이다. 사기꾼 치고 어눌한 놈 없다. 세 치 혀로 달콤한 말을 내질러 상대를 벙벙하게 하는 말솜씨(巧言)일수록 목구멍을 술술 타고 넘는 단물 같다. "말 아낄 것 없다. 돈 안 드니 멋진 말로 메워가면 그만이야."

이렇게 거리낌 없이 말을 뱉어도 아무렇지 않는 시류(時流)를 따라 지금 세상은 마치 교언(巧言)의 경연장 같다는 느낌이 앞서기도 한다. 교언이란 말재주를 부끄럽게 여기질 않고 앞세울수록 세상은 덩달아 자꾸만 등치고 간 내먹는 속담을 떠올리게 되고 만다.

영색(슈色)이란 요사이 말로 '메이크업'이다. 눈속임이 곧 영색이다. 아름답게 보이고자 얼굴을 화장하기를 두고 영색이라고 하는 것은 아니다. 물론 아낙의 화장도 눈속임이다. 그러나 얼굴에 드러나는 늙음을 감추고자 분칠을 하기로서니 꼼수라고 할 것까지는 없다. 같은 값이면 다홍치마라 한다. 마음속을 감추고자 화장대 앞에 앉는 여인은 없다. 속임수를 부리고자 본색(本色)을 숨기는 짓을 두고 영색이라고 한다. 굶주린 늑대 같은 마음속을 감추고자 겉으로는 순한 양 같은 척하는 낯짝이 영색이란 위장(僞裝)이니 빛 좋은 개살구 같은 꼴이다.

교언(巧言)에도 어짐(仁)이 드물고(鮮) 영색(슈色)에도 어짊이 드물다고 공자께서 밝혀두었다. 선(鮮)하다는 말씀에는 곱고 깨끗하다는 뜻도 있지만 드물다는 뜻도 있다. 드물다는 말은 없다는 말이나 같다. 그러므로 〈교언-영색〉에는 어짊(仁)이란 없다고 잘라 말해도 될 것이다. 왜냐하면 〈교언-영색〉이란 거짓부렁이고 속임수에 불과한 짓이기 때문이다. 무엇보다 거짓이라곤 없는 마음이라야 인(仁)을 누린다. 그래서 참으로 거짓 없이 아끼고 사랑하는 마음 그것을 인(仁)이라고 하는 것이다. 그래서 인(仁)을 비유하여 유모(乳母)라고 한다. 세상에서 가장 깨끗하고 맑고 밝아 숨긴 것 하나 없는 마음씨는 아기를 보듬고 젖을 물리는 어미의 마음일 것이다. 아기에게 엄마가 쏟는 마음 그것이 곧 인(仁)인지라 인자(仁者)는 유모(乳母)라는 말이 있다.

선(善)하여 조금도 거짓 없이 정성으로 사랑하고 아끼는 마음이 곧 인(仁)이다. 어머니의 따뜻하고 포근한 품안이 곧 인이라고 여기면 된다. 아이에게 입발림(巧言)하는 엄마 없고 아이에게 겉보기(令色)로 홀리려는 엄마는 세상에 없다. 입발림을 일삼는 사람이나 요염 떠는 사람의 마음은 의(義)를 멀리한다. 옳음(義)을 멀리하는 마음은 인(仁)을 행할 수 없다. 의(義)는 거짓이 없음이다. 거짓이 숨어 있는 〈교언-영색〉은 엉큼한 마음의 수작이니 거기에는 어짊(仁)이란 없다.

[논어 읽기]

巧言令色 鮮矣仁
교언영색　　　　　　　선의인

듣기 좋게 꾸미는(巧) 말이나(言) 보기 좋게 꾸미는(令) 얼굴에는(色)
어짊이란(仁) 거의 없는 것(鮮)이다(矣).

-「학이(學而)」3

036

덕은 어진 말로 이어지고

유덕자필유언 有德者必有言

암수가 교미를 해서 암컷이 둥지에 알을 낳아 서너 개가 되면 암컷은 모이 찾기를 그만두고 알을 품기 시작한다. 그러면 수컷이 모이를 물어다 암컷 입에 넣어준다. 알을 품은 지 여러 날이 지나 알 속의 새끼가 알 껍질을 부리로 톡톡 쪼면 어미도 부리로 알 껍질을 툭툭 쪼아 알 밖으로 새끼가 나오게 된다고 한다. 새만 그렇다는 것이 아니다. 따지고 보면 사람도 다를 것이 없다. 태아(胎兒)가 어머니 배 속에 있는 것이나 어미 새가 알을 품고 있는 것이나 새 목숨을 낳는 일은 다 마찬가지란 것을 천명(天命)이라 한다. 천지(天地)의 뜻(命)에서 본다면 생물(生物)이란 모두 제 새끼를 낳아 제 생명줄을 이어가는 것이다. 새끼 낳기를 어려운 말씀으로 〈시생(始生)〉이라 한다.

시생은 갓(始) 태어남(生)을 말한다. 갓 태어남을 덕(德)이라고 한다. 생명의 시작보다 더한 덕(德)은 없다. 암수의 교미가 새알로 이어지고 새알은 새끼로 이어지고 새끼는 자라고 자라 어미 새가 되고 다시 어미 새가 새끼 낳기를 이어감이 곧 목숨의 통(通)이라고 한다. 그래서 덕(德)을 어려운 말씀으로 음양(陰陽)의 교통(交通)이라고 한다. 음양을 그냥 쉽게 암수라고 여겨도 된다. 암수가 서로 통하기 뿐만 아니라 온갖 일을 막히지 않고 통하게 함을 곧 덕(德)이라고 한다. 시생(始生)도 목숨의 통(通)이다. 통하게 하면 덕(德)이고 막히게 하면 부덕(不德)이다.

덕의 드러남이 곧 어짊(仁) 그것이다. 그래서 인(仁)을 덕지광(德之光)이라 한다. 그리고 인이 드러남(光)을 진언(眞言)이라 한다. 덕이 내는 말이 곧 참말(眞言)이 된다. 사랑하고 아끼는 참말(眞言)을 인언(仁言)이라고 한다. 젖먹이의 옹알이를 반기고 엄마도 옹알이하는 모습을 떠올려보라. 그러면 진언이 곧 인언이고 덕임을 쉽사리 알 것이다. 이러한 인언은 덕에서만 드러나는 진언이다. 그러니 말이라고 해서 다 어진 말(仁言)의 참말(眞言)이 된다는 것은 아니다. 덕에서만 인언이 생긴다. 말만 앞서는 말은 덕이 없게 십상이다. 덕 없는 말을 허언(虛言)이라 한다. 부덕한 말은 빈말(虛言)이고 빈말은 곧 거짓말-거짓부렁이다. 거짓말 말고 참말 하고 살라 하여 인덕(仁德)하여 덕인(德人)되라 하는 것이다.

덕인(德人)을 인자(仁者)라 하고 어진이(仁者)를 용자(勇者)라 한다. 어진이가 아니라면 진실로 용감한 사람(勇者)이 될 수 없다는 것이다. "인간이 암두꺼비만도 못 하지"란 옛말이 있다. 암두꺼비가 새끼를 낳을 즈음 능구렁이를 찾아가 화를 돋워 스스로 잡아먹히면 두꺼비 독으로 능구렁이는 죽고 두꺼비 새끼들은 능구렁이를 파먹고 자란다는 이야기를 들려주고 이를 살신성인(殺身成仁)이라 한다는 이야기를 들었던 아이가 있었다. 중학생이 되어 생물시간에 이런 이야기를 했다가 생물선생님한테 거짓말 말라고 혼찌검은 당했던 그 아이는 생물선생님의 과학지식보다 어머니 덕으로 자신(身)을 버려야(殺) 어짊(仁)을 이룬다(成)는 슬기로움을 터득했다. 지극한 인자(仁者)는 서슴없이 살신 즉 스스로(身)를 희생하는(殺) 이치를 깨닫고 덕을 쉼 없이 짓고 산다는 것이다. 살신보다 더한 용기는 없겠다.

그래서 인자(仁者)에겐 반드시 용기가 있다고 한다. 그렇다고 용맹한 사람에게 꼭 어짊이 있다는 것은 아니다. 어짊으로 말미암아 비롯된 용기라야 참된 용기이지 제 힘 하나 믿고 용맹을 앞세우는 사람한테 어짊이 있기란 거의 무망할 것이다. 덕(德)이 앞서 어질고(仁) 인(仁)이 앞서 용감해야 진정 용기 있는 사람인 것이다.

[논어 읽기]

有德者必有言
유덕자필유언

有言者不必有德
유언자불필유덕

仁者必有勇　勇者不必有仁
인자필유용　　　　　용자불필유인

덕이(德) 있는(有) 사람에겐(者) 반드시(必) (어진) 말이(言) 있지만(有) 말이(言) 있는(有) 사람에겐(者) 반드시(必) 덕이(德) 있는 것은(有) 아니다(不). 어진(仁) 사람에겐(者) 반드시(必) 용기가(勇) 있지만(有) 용감한(勇) 사람에게(者) 반드시(必) 어짊이(仁) 있는 것은(有) 아니다(不).

-「헌문(憲問)」5

037

옛날엔 미친 척했을 뿐이지

고지광야사 古之狂也肆

  사람은 무엇에 미칠 수 있다. 하지만 괜찮은 미침이 있고 몹쓸 미침이 있다. 노름에 미치기도 하고 주색(酒色)에 미치기도 하는데 그런 미침은 참으로 못난 짓거리다. 못난 미침은 뜻이 더럽고 낮아서 빚어진다. 참으로 뜻이 높아 미쳐버리기도 한다. 봉래산 제일봉에 낙락장송 되었다가 백설이 만건곤할제 독야청청하리라던 성삼문(成三問)을 알 것이다. 충의(忠義)에 미쳐버림이란 만고에 잊히지 않는 고귀한 미침(狂)이다. 이는 불의(不義)를 못 참아 의(義)에 미쳐버리는 경우이다. 이렇듯 고귀한 미침을 일러 〈광사(狂肆)〉라고 한다.

  뜻이 높아 미쳐버리면 그 무엇으로도 그 뜻을 꺾거나 막을 수가 없다. 누누이 흐르던 물길이 홍수가 지면 닥치는 대로 쓸어가버리듯 불의 앞에서는 목숨을 초개처럼 내던지고 극언(極言)하는 의(義)의 광증(狂症)이 있다. 광사란 바로 불의를 깨뜨리고자 바른 말을 서슴없이 다하지 않고서는 견디지 못하는 광증이다. 광사(狂肆)의 사(肆)는 죽음을 무릅쓰고 할 말을 다하는 것(極言)을 뜻한다. 이러한 광사는 주로 폭군(暴君) 때문에 생긴다. 폭군 질에 빠져버린 주(紂)를 보다 못해 성군(聖君)이 되어달라고 극언한 비간(比干)을 향해 성인(聖人)의 심장에는 구멍이 7개가 있다는데 네

놈의 심장이 그런지 어디 보자면서 비간의 살가죽을 벗겼다는 이야기는 수천 년이 지났어도 잊히지 않고 전해진다. 비간이야말로 광사(狂肆)의 표본이 되는 까닭일 것이다. 비간은 상(商)나라 주왕(紂王)의 숙부이다. 이러한 광사의 광증(狂症)은 옛날에 있었지 지금의 광증은 방일(放逸)하다고 공자께서 밝혀두었다.

공자의 당대에도 방일한 탓으로 인간들이 미쳤던 모양이니 인간의 광증은 여전히 방일해지는 쪽으로 기울어져 온 모양이다. 이제는 참으로 사람들이 하늘이 무서운 줄 모르고 마치 고삐 풀린 망아지처럼 멋모르고 날뛰기를 마다하지 않는 세상을 만들고 있는 중이라고 말한다면 지나친 막말일까? 올바름(義)에 열광(熱狂)한 나머지 불의를 보고 견딜 수 없어서 광분(狂憤)하는 광인을 만나볼 수 없다는 것이다. 불의를 보고 미치게(狂) 분노하는 사광(肆狂)은 미친 사람이 아니다.

안중근 의사 같은 큰사람이 곧 불의를 온몸으로 쓸어낸 성(聖)스러운 사광이다. 나라와 민족을 위해 목숨을 서슴없이 던진 안중근 의사야말로 숭고하게 극간(極諫)한 사광이다. 공자께서 그리워한 사광이 곧 안중근 의사 같은 분이다. 사광의 〈사(肆)〉는 극간을 뜻한다. 불의를 범한 폭한(暴漢)에게 옳음이 무엇인지 남김없이 밝혀줌을 일러 극간이라 한다. 이러한 극간은 목숨을 걸고 한다. 극간의 미쳐버림(狂)은 뜻이 너무나 높고 커서 도저히 멈출 수 없어서 안중근 의사는 이토 히로부미(伊藤博文)를 총살하지 않을 수 없었던 것이다. 이러한 한없이 높은 뜻을 공자께서는 〈거리낌 없이 밝힐 사(肆)〉 한 글자로 밝혀둔 것이다.

그러나 제 한 몸을 위해 미쳐버린 소인(小人)들이 득실거린다고 공자께서 이미 꼬집어두었다. 이제는 취미에 빠진 광인(狂人)이라고 하면 벌컥

화내면서도 '마니아(mania)'라고 하면 헤헤 하는 세태(世態)가 되었다. 제한 몸 즐기는 데 빠져서 미쳐버린 사람을 공자께서 〈제멋대로 설칠 탕(蕩)〉한 글자로 밝혔다. 탕아(蕩兒)가 넘쳐날 세상을 공자께서 이미 한탄하셨으니 사람의 버르장머리는 정말 못난 꼴아서니다.

[논어 읽기]

古者民有三疾
고자민유삼질

今也或是之亡也
금야혹시지망야

古之狂也肆 今之狂也蕩
고지광야사   금지광야탕

옛날(古者) 사람들한테는(民) 세가지(三) 못된 버릇이(疾) 있었지만(有)
지금은(今也) 아마(或) 그마저(是之) 없어진 꼴(亡)이다(也).
옛날엔(古之) 미쳤다면(狂也) 속에 있는 말 다함이었지만(肆)
요즘엔(今之) 미친다면(狂也) 방탕해진다(蕩).

−「양화(陽貨)」 16

038

옛날엔 뻐기되 얌전했어

고지긍야렴 古之矜也廉

이제는 내 잘난 맛에 산다고 서슴없이 말하며 사는 세상이 되어버린 셈이라 자가발전을 잘 하는 자라야 세상에서 밀리지 않는다고 큰소리치며 주먹 불끈 쥐는 사람들이 많다. 수줍음을 타거나 나서기를 주저하는 사람은 설치는 사람들 틈바구니에서 늘 부대끼기 일쑤이다. 이렇다 보니 제 자랑을 잘해야 인기 있는 사람이 된다고 장담하는 세상이 아이 때부터 닦달을 하기 시작하게 되는 것이다.

초등학교 가는 아이에게 다른 애들한테 기죽지 말라고 다그치는 엄마가 많다고들 한다. 그 엄마가 아이에게 무엇을 가르쳐주고 싶어 그럴까? 자긍(自矜)하는 방법을 제 아이의 골수에 심어주고 싶어서 그렇게 토끼몰이 식으로 몰아갈 것이다. 그런 엄마는 스스로(自) 뻐기고 뽐내기(矜)를 서슴없이 잘해야 세상에서 승자가 될 수 있다고 믿기 때문이다. 이기는 사람이 되기 위해서는 무엇보다 기부터 살려야 한다는 믿음 탓으로 어려서부터 기 살리는 훈련을 시키고자 아이에게 기죽지 말라고 다그쳐서 학교에 보낸다. 그런 아이가 자라 세상에 나가면 스스로 뽐내는 짓은 부끄러운 일이 전혀 아니라 믿고 세상과 마주하게 돼 자긍이 세상의 손가락질로 되돌아옴을 모르고 까불게 되고 만다.

빈 수레일수록 요란하고 얕은 물일수록 시끄럽다는 속담을 알 것이다. 이런 속담은 제 자랑 일삼는 팔푼이를 향해 던져둔 팔매질이다. 아무리 세상이 바뀐다 한들 요란스런 빈 수레 같은 인간을 좋아할 리 없다. 자긍하다 보면 남들 눈에 입만 살아 시끄럽지 속빈 죽정이 같아 보이기 쉽다. 그래서 함부로 자긍하지 말고 헤프게 긍지(矜持)를 드러내 요란 떨지 말라는 것이다. 세상이 무서운 줄 알수록 마음가짐이 그만큼 무거워진다. 입놀림이 무거울수록 그만큼 세상을 헤쳐 나갈 수 있는 여유를 얻어내고 함부로 덤비면 결국 외톨이가 된다는 사실을 알게 된다. 이런 연유로 제 자랑하기(矜)를 꺼려하라(廉)는 것이다. 그렇지 않으면 저도 모르게 뻔뻔해져 염치없는 미련퉁이가 되어 세상 어디에서나 눈칫밥 먹기도 어렵게 되고 만다.

그러므로 자긍하기 좋아하면 망한다는 까닭을 아이한테 일찍부터 잘 익혀줄수록 좋을 일이다. 무슨 일이 있어도 사람들로부터 파렴치(破廉恥)하다는 말을 들어선 안 된다는 것을 쉼 없이 아이의 마음속에다 담아주어야 한다. 염치 차리면 밑져도 손해 볼 리 없음을 가르쳐야 한다. 염치란 부끄러워할 줄 아는 짓이다. 부끄러워할 줄 알면 세상에 깔린 온갖 덫을 피해 갈 수 있다. 그런데 염치를 깨버리는(破) 짓이란 부끄러워할 줄 모른다는 말이다. 아이에게 가장 귀하고 값진 가르침이란 자신을 돌이켜보고 부끄러워할 줄 아는 버릇이다.

물론 부끄러워하는 버릇을 갖추기란 참 어렵다. 지금 세상에서는 '나 잘 났어요!' 아우성치는 사람들이 다투어 긍긍(矜矜)대는 까닭이다. 이런 세상인지라 제 자랑 일삼다가 사람들이 외면하면 분을 참지 못해 주먹 쥐고 씩씩거린다. 이런 철딱서니를 두고 공자께서 〈금지긍야분루(今之矜也忿

淚)〉라고 밝혀두셨다. 분해서(忿) 눈물 날(淚) 지경이면 제정신은 이미 나
간 셈이니 미쳐버린 꼴이다. 제 자랑 못 해 안달 난 세상에서 제 자랑 하
면 망한다는 슬기로움을 간직한 사람이라면 세상에 나가 무슨 일을 하든
망할 리 없다. 언제나 난사람은 제 자리를 잃지만 된 사람은 늘 제 자리를
지킨다. 그렇기 때문에 제 자랑하기(自矜)를 풀밭에 도사리고 있는 독사같
이 여기라는 것이다.

[논어 읽기]

古者民有三疾
고자민유삼질

今也或是之亡也
금야혹시지망야

古之矜也廉 今之矜也忿淚
고지긍야렴　　　　금지긍야분루

옛날(古者) 사람들한테는(民) 세 가지(三) 못된 버릇이(疾) 있었지만(有)
지금은(今也) 아마(或) 그마저(是之) 없어진 꼴(亡)이다(也).
옛날엔(古之) 뻐겨도(矜也) 몸사렸지만(廉)
요즘엔(今之) 뻐기면(矜也) 분해서(忿) 씩씩거린다(淚).

－「양화(陽貨)」16

039

옛날엔 어리석되 곧았어

고지우야직 古之愚也直

어리석다고 하면 좋아할 사람 없을 것이다. 약삭빠르다 해도 좋아할 리 없을 것이다. 어리석어 눈치가 없어도 딱하고 약삭빨라 영악해도 징그럽다. 사리(事理)에 밝아 물때썰때를 알아 말끔한 사람을 누구나 좋아하는 것은 당연하다. 그러나 세상은 본래 이해(利害)를 따져 속셈하는 자리로 돌아가고 있는 판인지라 사리에 밝고 맑아 말끔한 사람 만나기란 참으로 어렵다. 그런 탓으로 오히려 우직(愚直)한 사람을 만나기도 힘들다. 세상 여기저기서 영악한 사람들이 설쳐대니 오히려 어리석어도 정직한 사람이 그리울 때가 하루에도 여러 번 울컥울컥 한다.

『논어』를 펴면 맨 처음 나오는 공자의 말씀이 〈학이시습(學而時習)〉이다. 배우면서(學而) 수시로(時) 익히라고(習) 타일러두었다. 왜 그랬을까? 배우지 않으면 누구나 어리석음을 면하기 어려운 까닭이다. 학교에 다니는 아이들을 학생(學生)이라고 부른다. 학생이란 쉴 새 없이 배워 어리석은 사람이 되지 말라는 뜻이다. 못 배워도 어리석게 되고 안 배워도 어리석게 된다. 그런데 무엇을 배우라는 것일까? 하나 더하기 하나는 둘이란 것만을 배우라는 것은 아니다. 하나 더하기 하나가 둘만 되는 것이 아니라 셋도 되고 열도 되고 백도 되는 경우가 빈번한 인생을 배우라는 것일 터이다.

살다 보면 어 다르고 아 다른 일들이 지천으로 널려서 일어난다. 그래서 사리에 어두우면 어리석다는 말을 듣게 된다. 인생이란 사리의 꿰임줄인 셈이다. 사리(事理)의 사(事)는 차별(差別)을 뜻하고 이(理)는 평등(平等)을 뜻한다. 삶이란 다른 것(差別)과 같은 것(平等)이 마치 새끼줄처럼 꼬여서 이어지는 편이다. 이런 연유로 어떤 일이 벌어지면 서로 다른 점이 무엇이고 같은 점이 무엇인지를 살펴내 다른 점은 다른 대로 헤아리고 같은 점은 같은 대로 헤아려 나름대로 옳고 그름을 가름해 제 마음가짐을 다짐할 수 있어야 어리석음에서 벗어날 수 있다는 것이다. 이런 연유로 사리에 밝지 못하면 누구나 다 어리석어지고 만다. 그러므로 무엇을 많이 안다고 해서 어리석지 않다는 것은 결코 아니다. 왜 알아서 탈이라고 하겠는가. 지식은 풍부한데 사리에 밝지 못한 눈뜬 봉사가 참 많다.

사리에 밝지 못함을 솔직하게 인정하는 사람이 있다. 그런 자를 우직(愚直)하다고 한다. 어리석되(愚) 정직한(直) 사람은 결코 나쁜 사람이 아니다. 우직한 사람은 남들에게 결코 해를 끼치지 않으니까. 우직한 사람은 늘 뒤지는 것 같고 세상에서 뒤처지고 밀려나 늘 지는 쪽에 들더라도 남을 원망하지는 않는다. 그저 그냥 자기 형편대로 사는데 오히려 편안해 한다. 어리석되 정직한 사람은 짚을 지고 불구덩이 속으로 들어가는 못난 짓을 범하지는 않으니 멍청함은 면한다.

물론 무식하다고 해서 어리석다는 것은 아니다. 무식할지언정 착하기 짝이 없는 사람이 있고 유식하면서도 어리석은 척하고 못된 짓을 일삼는 악한들이 있다. 왜 모르면 약이고 알면 탈이라고 할까? 뭘 좀 안다고 으스대면서 어수룩한 사람을 투망질하고자 덫 놓기를 일삼는 야바위꾼들이야

말로 남을 해치고 괴롭히는 못난 것들이다. 이런 자들은 어리숙한 척하면서 남을 속여먹는다. 눈 뜨고 코 베이는 세상이 되고 등치고 간 내먹는 세상이 되는 것은 어리숙한 척하면서 속임질하는 영악한 무리들 때문이다. 만병통치라고 주절대는 돌팔이 약장수 같은 무리들이 우리를 속상하게 하고 어리석음을 등치는 사기꾼들이다.

[논어 읽기]

古者民有三疾
고자민유삼질

今也或是之亡也　古之愚也直
금야혹시지망야　　　　　고지우야직

今之愚也詐而已矣
금지우야사이이의

옛날(古者) 사람들한테는(民) 세 가지(三) 못된 버릇이(疾) 있었지만(有)
지금은(今也) 아마(或) 그마저(是之) 없어진 꼴(亡)이다(也).
옛날의(古之) 어리석음이야(愚也) 정직했지만(直)
요즘의(今之) 어리석음이란(愚也) 남을 속일(詐) 뿐이다(而已矣).

－「양화(陽貨)」16

040

섬김엔 예를 다하라

사군진례 事君盡禮

임금을 섬겼던 시절에 신하의 도리는 〈사군진례(事君盡禮)〉였다. 사군(事君)은 임금(君)을 섬김(事)이고 진례(盡禮)는 예(禮)를 다함(盡)이다. 물론 이제 우리에게는 사군(事君)은 없어졌다. 왕조(王朝) 즉 임금의 시대가 우리한테서 사라졌기 때문이다. 물론 그렇다고 진례마저 없어진 것은 결코 아니다. 사람이 사람답게 오순도순 살자면 진례의 예(禮)는 사람이 떠날 수 없는 삶의 길이 된다. 짐승도 제가 다니는 길이 있다. 하물며 사람한테 어찌 제 길이 없겠는가? 사람이 다녀서 조금도 위험하지 않는 길을 일러 예(禮)라고 한다.

예(禮)라고 하는 길은 어떤 길일까? 그것은 의(義)를 행하는 길이다. 언제 어디서나 의(義)를 행하기만 하면 그것이 곧 바로 예(禮)이다. 의(義)란 무엇인가? 인(仁)을 행하면 그저 그냥 의(義)이다. 인(仁)이란 무엇인가? 사람이 사람을 진실로 사랑하면 그 또한 그저 그냥 인(仁)이다. 그래서 공자께서 인도(人道) 즉 사람(人)의 길(道)을 인의(仁義)라고 밝혀두셨다. 인(仁)은 어짊이고 의(義)는 옳음이다. 사람이 어질어서 올바르면 그것이 곧 예(禮)이다. 그러니 어찌 사군(事君)만 예(禮)를 다함(盡)이겠는가?

사부(事父)도 진례(盡禮)이고 사인(事人) 또한 커다란 진례이다. 어버이

(父)를 섬김(事)이 사람이 되게 하는 예(禮)의 시작이고 근본이다. 어버이를 더없이 섬기는 사람은 언제 어디서나 세상을 밝고 맑고 깨끗하게 한다. 제 어버이마저 섬길 줄 모르는 놈이라면 어디 가서든 세상을 더럽히고 어지럽히는 짓거리를 범하고 만다. 그러므로 아무리 세상이 변했다 할지라도 사람이 사람으로서 우뚝하려면 사부(事父) 즉 어버이를 섬김(事)으로부터 시작된다. 이러한 사부를 한 마디로 효(孝)라고 한다. 효란 한 점 거짓 없이 어버이를 섬김이고 바로 그 효로부터 사람을 사람 되게 하는 인의(仁義)가 드러나고 따라서 예(禮)가 살아난다. 옛날에는 효자(孝子)가 아니고선 세상에 나와 치자(治者)는커녕 사람대접 받지 못했다.

공자께서 벼슬길에 나선 적이 있었다. 그때 공자께서 노(魯)나라 임금(君)을 지성으로 섬겼다고 한다. 노나라는 공자의 조국이다. 한 점 거짓 없이 섬김을 일러 충성(忠誠)이라고 한다. 공자께서 노군(魯君)께 충성을 다했다고 한다. 충성을 다한 사군(事君)이 곧 진례(盡禮)이다. 공자께서 효로써 어버이를 섬기듯 예를 다해 임금을 섬겼더니 다른 신하들이 아첨(阿諂)한다고 쑤군거렸다. 공자께서 그 꼴 보기 싫어 벼슬자리를 하염없이 그만두었다고 한다. 이 고사(故事)는 지금도 치자(治者)의 본보기로 삼아야 할 것이다. 치자란 요사이 말로 정치가(政治家)를 말하는 편이다.

물론 우리에게 지금은 임금의 시대가 아니라 민주(民主)의 시대이다. 민주란 백성(百姓)이 왕(王)이란 말이겠다. 그러니 사군진례(事君盡禮)를 사민진례(事民盡禮)로 바꾸면 된다. 이제는 정치든 관리(官吏)든 간에 무엇보다 먼저 백성(民)을 섬김(事)에 예(禮)를 다해야(盡) 백성으로부터 버림받지 않는다. 민주시대란 어떤 시대인가? 아마도 가장 알맞은 모범답안을 내라면 그것은 곧 〈사민진례(事民盡禮)〉가 될 것이다. 민주시대인지라

치자(治者)를 공복(公僕)이라고 부른다. 공복이란 공공(公共)의 머슴(僕)이란 말이다. 물론 공공은 백성 모두를 말한다. '국민'이란 말은 일제강점기(日帝强占期) 때 일제(日帝)가 우리를 속여먹기 위해서 썼던 불순한 정치용어라고 여겨진다. 국민이란 말보다 본래부터 써오던 백성(百姓)이란 말이 참 좋다. 그러므로 치자들이 백성을 섬김에 예를 다하면(盡) 맑고 깨끗해 풍성한 시대는 저절로 피어나 펼쳐지는 것이다.

[논어 읽기]

事君盡禮 人以爲諂也
사군진례   인이위첨야

임금을(君) 섬기는 데(事) 예를(禮) 다함을(盡) 가지고(以)
사람들이(人) 아첨으로(諂) 여기는 것(爲)이구나(也)

- 「팔일(八佾)」 18

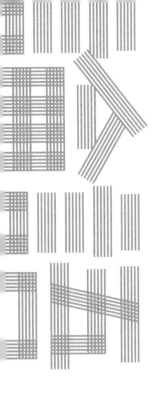

3장   참말만 하기는 어렵다

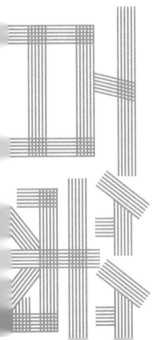

041

쉰 살에 주역을 배우고

오십이학역 五十以學易

하나 둘 셋 넷 다섯 여섯 일곱 여덟 아홉 열 이것을 완전수(完全數)라고 한다. 연기서 완전(完全)이란 천지(天地)를 말하니 완전수란 곧 천지수(天地數)를 말한다. 하나에서 열까지를 묶음하여 소연(小衍)이라 하고 그 묶음 다섯 개를 쉰이라 하여 대연(大衍)이라고 한다. 그래서 쉰 즉 오십(五十)을 일러 대연지수(大衍之數)라고 부른다. 쉰은 크게(大) 흐른(衍) 셈(數)이고 소연(小衍)이란 작게(小) 흐른(衍) 셈을 뜻한다. 천지를 수(數)로 말하면 하나는 하늘이고 둘은 땅이며, 셋은 하늘이고 넷은 땅이며, 다섯은 하늘이고 여섯은 땅이며, 일곱은 하늘이고 여덟은 땅이며, 아홉은 하늘이고 열은 땅이라니 천지를 수로 말하자면 홀짝이다. 그러니 하늘땅의 셈을 다섯 번이나 흘러온(衍) 인생 오십을 지명(知命)이라고 공자께서 말씀해주셨다.

지명이란 하늘땅의 가르침과 부림을 안다는 말씀이다. 지명의 명(命)은 〈교-령(敎-令)〉을 함께 뜻하는 셈이다. 하늘땅의 가르침(敎)과 부림(令)을 믿고 새기면서 따를 줄 앎이 지명이라고 한다. 이러한 지명의 나이에 들어서야 역(易)을 터득하여 익히기 시작했다고 공자께서 토로하신 말씀이 〈오십이학역(五十以學易)〉이다. 역은 여기서 주역(周易)을 말한다. 생이지지(生而知之)인 성인(聖人)께서 어찌 쉰을 넘기면서야 역(易)을 터득하고 익혀갔다고 했을까? 태어나면서부터(生而) 알 것을 다 알았다는(知之) 공자님께서도 인생의 산전수전(山戰水戰)을 겪고 나서야 학역(學易)하셨다는 말씀은 어려운 문제풀이 같은 것을 뜻함은 결코 아니다.

학역의 학(學)은 여기선 본받을 효(效)의 뜻이 아니라 터득할 각(覺)의 뜻으로 살펴 새김이 마땅하고 역(易)은 변화지도(變化之道)의 줄임말로 새김하면 된다. 그러니 변화의 이치(道)를 터득하기 시작했다는 말씀으로 학역을 새겨들으면 될 것이다. 인생초로(人生草露)란 말, 들어 알 것이다. 이런 말을 남길 수 있는 그 어떤 분은 분명 역(易)을 터득했었을 터이다. 풀잎에 맺힌 한 방울 이슬을 보고 인생을 읽었으니 말이다. 한 방울 이슬이 그냥 물방울로만 보이는 눈하고 한 방울 이슬이 인생으로 보이는 눈하고는 같은 눈이 아니다. 젊어서는 그냥 그저 육안(肉眼)으로 보고 스쳐가기 쉽다. 그러나 역을 터득해가는 경우라면 하찮은 것 하나라도 심안(心眼)으로 바라보고 그냥 그저 스쳐가지 못한다. 흘러가는 물소리에도 인생이 보인다고 한다. 그래서 흘러가는 물에서는 같은 물로 두 번 다시 씻지 못한다는 깊은 말씀이 생긴 것일 터이다.

왔으면 가고야 마는 까닭을 살펴 새기고 헤아려 가늠해가면 한 순간 한 순간이 사무쳐 오게 마련이다. 학역(學易)의 역(易)은 사람을 마치 잘 익어 영글어가는 이삭처럼 고개를 숙일 줄 알게 한다. 공자께서도 젊은 패기로 『주역(周易)』의 십익(十翼)을 마련한 것이 아니라 인생을 삭히고 삭힌 다음 마련하셨던 것임을 새삼 새기게 하는 말씀이 곧 〈오십이학역(五十以學易)〉일 것이다. 『사기(史記)』에 공자께서 만년에 역(易)을 탐구하여 역의 십익을 지었다는 기록이 보인다. 여기서 학역의 보람이 십익으로 드러난 것으로 여겨도 무방할 것이다. 십익이란 열 가지 도움(翼)이란 뜻이다. 변화의 이치를 읽어내기가 무척이나 어렵기 때문에 공자께서 열 가지 도움닫기를 마련해두신 편이다. 한 성인의 은덕으로 쉰 고개를 넘긴 인생이라면 『주역』을 매만지며 넘겨볼 엄두라도 내보게 된다. 불혹의 뒷자락에 든 공자께서도 〈오십이학역〉이라 밝히셨으니 길섶에 뒹구는 돌멩이 하나에서도 생사(生死)의 오고감(易)을 읽어내는 마음의 눈(心眼)은 쉰 고개를 넘어서야 뜨나 보다.

[논어 읽기]

加我數年　五十以學易
가아수년　　　　오십이학역

可以無大過矣
가이무대과의

나에게(我) 몇 년이(數年) 더해져(加)
쉰살이(五十) 되어(以) 주역을(易) 배우게 되면(學)
그로써(以) 큰 허물은(大過) 없을 것(可無)이다(矣).

-「술이(述而)」 16

042

마음의 도량을 키우자면

법어지언 *法語之言*

흘려버려도 되는 말이 있고 마음에 담아두고 늘 곰곰이 새겨야 하는 말씀도 있다. 새김질할수록 새 뜻을 내주는 말씀을 〈법어지언(法語之言)〉이라고 한다. 법어(法語)란 오로지 마땅하기만 하니 시비(是非)걸지 않아도 되는 말씀이다. 이러한 법어의 말씀(言)을 일컬어 성인(聖人)의 말씀이라고 한다. 성인의 말씀은 참 묘하다. 묘(妙)란 알쏭달쏭하다는 것이다. 알 것도 같고 모를 것도 같고 도무지 안개속이라 종잡을 수 없을 때 그것 참 묘하다고 한다. 왜 그럴까? 묘함은 늘 쉬지 않고 변화하는 것이기 때문이다. 법어의 말씀이란 늘 새로운 뜻을 길어내게 해주는 두레박 같은 것이라고 믿어도 된다.

자신을 진실로 낮추는 말씀 또한 귀담아 들어 새겨야 한다. 스스로 자신을 낮추는 마음보다 더 큰 마음은 없다. 진실로 자신을 스스로 낮추는 말씀을 〈손여지언(巽與之言)〉이라고 한다. 이 말씀은 아무리 거친 세상에서라도 삶을 부드럽게 하고 서로 마음을 열게 한다. 손여(巽與)란 순(順)과 복(伏) 그리고 공(恭)을 함께한다는 말씀이다. 순(順)은 따름이고 복(伏)은 낮춤이고 공(恭)은 삼가 섬김을 뜻한다. 그러니 손여란 예(禮)를 다하는 마음에서 우러나온다.

사람 따라 도량(度量)이 다르다고 한다. 여기서 도량이란 마음의 크기를 말한다. 사람 따라 마음씨가 크기도 하고 작기도 하다는 것이다. 마음씨가 작은 사람을 소인(小人)이라 하고 크나큰 사람을 군자(君子)라 한다. 성인의 마음씨는 한량없이 커서 하늘같다고 한다. 소인이 군자를 본받으면 작았던 마음씨가 커갈 수 있고 군자는 성인을 본받기 때문에 큰 마음씨가 더더욱 커진다고 한다. 법어지언(法語之言)과 손여지언(巽與之言)은 성인의 마음씨에서 나오는 말씀들이다.

마음의 도량을 키우자면 성인의 말씀보다 더 좋은 먹이는 없다. 어린 몸이 밥을 먹어야 크듯이 어린 마음은 성인의 말씀을 많이많이 새김질할수록 무럭무럭 제대로 커 나간다. 몸은 나이 따라 크지만 마음 씀씀이는 그렇지 못하다. 몸집만 어른 같지 마음씨는 도토리만 한 사람들이 많다. 도토리 키재기란 말은 마음씨 겨루기를 두고 생긴 말이다. 작은 마음씨는 스스로 박은 말뚝에 매어져 앞으로 나아갈 줄 몰라 옹고집만 부리면서 앞을 내다보기를 마다한다. 그런 말뚝을 사정없이 뽑게 하는 힘이 성인의 말씀이다. 그래서 성인의 말씀인 법어지언을 자주자주 새김질할수록 마음씨는 절로 무럭무럭 자라 커지는 것이다.

법어지언은 정언(正言) 즉 바른(正) 말씀(言)이다. 여기서 바르다(正)고 함은 스스로를 돌이켜 보게 하여 앞으로 나아가게 함을 뜻한다. 법어지언을 외워둔다고 해서 그 정언을 귀담아 들은 것은 결코 아니다. 성인의 말씀을 열심히 새김질하여 새 뜻을 찾아내야 한다. 본래 성인의 말씀이란 쉼 없이 스스로 새 뜻을 찾아 자신을 고치라는 명령문이나 같다. 이는 성인의 말씀이 나를 미래로 이끌어준다는 뜻이다. 스스로 변화하여 앞날을 열지 못하는 사람을 성인은 제일 안타까워한다. 그래서 성인은 소인을 사정없이 후려친다.

法語之言能無從乎
법어지언능무종호

改之爲貴 巽與之言能無說乎
개지위귀　　　손여지언능무열호

繹之爲貴 說而不繹
역지위귀　　　열이불역

從而不改 吾未如之何也已矣
종이불개　　　오미여지하야이의

정도(正道)를 본받게 하는 말을(法語之言)
따르지 않을 수 있겠는가(能無從乎)? (그러나) 그런 말을(之)
고치려 함이(改) 귀한 것(貴)이다(爲). 공손한 말을(巽與之言)
즐거워하지 않을 수 있겠는가(能無說乎)? (그러나) 그런 말에서(之)
숨은 뜻을 찾아내 풀이함이(繹) 귀한 것(貴)이다(爲).
(巽與之言을) 즐거워만 하고(說而) 숨은 뜻을 찾아내지 않고(不繹)
(法語之言을) 따르기만 하고(從而) 고쳐보지 않는다면(不改)
내게도(吾) (그런 자를) 어찌할 바가(如之何) 없을(未) 뿐이다(也已矣).

-「자한(子罕)」 23

043

백성을 예禮로 대하지 않으면

동지불이례 動之不以禮

치세(治世)는 예나 지금이나 달라진 것이 없다. 사람 사는 세상의 주인은 백성(民)이지 군왕(君王)도 아니고 치자(治者)도 아니기 때문이다. 백성이 등 돌리면 임금도 물러갔고 대통령도 물러간다. 다만 옛날에는 선거란 것이 없었을 뿐이다. 이제는 백성으로부터 표를 많이 얻어내야 세상(世)을 다스리는(治) 자가 될 수 있다. 이런 탓으로 요새 치자는 술수(術數)가 상대보다 뛰어나야 한다고 믿는다. 지능(知能)이 뛰어날수록 술수가 앞서 선거판을 휘잡아 백성의 표를 더 많이 낚아챌 수 있다는 것이다.

술수가 앞선 지능으로 백성의 표를 많이 얻어냈다 해도 어짊(仁)으로 백성을 지킬 수 없으면 두 번째는 표를 얻지 못한다. 인(仁)이란 참으로 사랑하는 마음이다. 거짓이라곤 하나도 없는 사랑 그것이 곧 〈어질 인(仁)〉이다. 그런데 술수란 꾀가 끼어들게 마련인지라 결국 꾐은 속임수로 드러나고 만다. 한 번은 속을지라도 두 번은 속지 않는 것이 민심(民心)이니 백성은 하염없이 등 돌리고 만다. 물론 민심이 이럴 줄 모르는 치자는 없으니까 치자는 더욱 사랑한다면서 아양 떨기를 마다하지 않아 그 아양 앞에 백성이 깜박 한두 번 쯤은 속아 넘어가는 경우가 많다. 그러나 어진 척 거짓부렁하는 치자는 결국 백성을 잃고 낙마하게 마련이다. 그래서 진정 어질다면 장경(莊敬)하게 백성을 마주하라는 것이다.

홀어머니는 회초리를 잡아야 하는 경우가 많다는 말이 있다. 애비 없이 크는 아이를 불쌍히 여기고 더욱 사랑하면서도 혹시라도 마음이 느슨해질세라 눈물을 머금고 자식의 종아리에 매질할 수밖에 없는 경우가 있다는 것이다. 백범(白凡) 김구(金九) 선생님의 어머님께서 혹시라도 독립투쟁 정신이 흐트러질세라 쉰 살이 넘은 김구 선생님의 종아리에 회초리질했던 일화(逸話)를 아시는지? 어머님의 회초리질보다 더 장경함은 없다. 치자(治者)가 진실로 백성을 사랑한다면 회초리를 들 줄 알아야 한다. 백성을 어여삐 여기기 때문에 때로는 나무라기도 하고 쩌렁쩌렁 호령할 수도 있어야 백성을 위한 치자가 될 수 있다는 것이다. 이런 까닭으로 공자께서 장경하게 백성을 마주하지 않으면 백성이 치자를 존경하지 않는다고 밝힌 것이다.

예(禮)로써 스스로를 더없이 다스림을 장경(莊敬)이라고 한다. 내가 예를 갖추면 갖출수록 상대가 나를 더욱더 엄숙하게 맞이하고 받들게 됨을 장경이라고 한다. 올바름으로 백성을 기쁘게 하고 백성에게 말을 헤프게 하지 않음이 곧 치자의 예이다. 치자가 치례(致禮)하면 절로 백성 앞에 장경하고 덩달아 위엄을 얻어 백성으로부터 사랑을 돌려받게 된다는 것이다. 이런 연유로 예로써 백성을 움직이지 못한다면 치세(治世)는 완전할 수 없다는 것이다. 요새 정치가 푸대접받고 정치인이 제대로 대접받지 못함은 치자가 예의 참뜻을 잊어버리고 권모술수(權謀術數)로만 구렁이 담 넘어가듯 거짓부렁을 두려워하지 않는 탓으로 보아도 된다.

知及之 仁不能守之
지급지　　　　인불능수지

雖得之 必失之 知及之
수득지　　　　필실지　　　　지급지

仁能守之 不莊以涖之
인능수지　　　　부장이리지

則民不敬 知及之 仁能守之
즉민불경　　　　지급지　　　　인능수지

莊以涖之 動之不以禮 未善也
장이리지　　　　동지불이례　　　　미선야

지능으로(知) 백성을(之) 얻은들(及) 어짊으로(仁) 백성을(之)
지킬(守) 수 없다면(不能) 비록(雖) 백성을(之) 얻을지라도(得)
반드시(必) 백성을(之) 잃는다(失). 지능으로(知) 백성을(之) 얻어(及)
어짊으로(仁) 백성을(之) 지켜도(守) 장엄으로(莊以) 백성을(之)
마주하지 않으면(不涖) 곧(則) 백성은(民) (다스림을) 존경하지
않는다(不敬). 지능으로(知) 백성을(之) 얻어(及) 어짊으로(仁)
백성을(之) 지키고(守) 장엄으로(莊以) 백성을(之) 마주해도(不涖)
백성을(之) 움직이되(動) 예로(禮) 하지 않으면(不以) 완전치 못한
것(未善)이다(也). [즉민불경(則民不敬)으로 미루어 〈之〉를
〈백성(民)〉으로 옮김(譯)]

- 「위령공(衛靈公)」 32

044

공자께선 이익은 말하지 않으셨어

자한언리 子罕言利

공자께서는 얼추 그렇겠지 짐작해서 이렁구렁 말씀하시는 경우는 없었다고 믿어도 된다. 말이 헤프면 그만큼 건질 만한 뜻이 없게 마련이다. 오죽하면 세 치 혀가 탈이라고 할까? 공자께서도 말로써 말이 많으면 탈나고 만다는 분명한 이치를 외면하셨을 리 없었을 터여서 〈자한언리(子罕言利)〉라는 말씀이 전해오지 싶다. 공자께서(子) 이익을(利) 말씀하는 일은 드물었다(罕言)는 것이다. 희언(希言)과 같은 말씀인 한언(罕言)은 거의 말하지 않는다는 뜻이지 불언(不言) 즉 말하지 않는다는 것은 아니다. 한언은 불언이 아니다. 그러니 공자께서 이(利)를 말씀하지 않았음(不言)이 아니라 엄히 가려서 이(利)를 말씀하셨다는 쪽으로 새겨들어야 마땅하다고 본다.

공자께서 무작정하고 이(利)를 말씀하지 않았다고 말해서는 안 될 것이다. 이(利)란 글자는 선리(善利)의 뜻을 내기도 하고 예리(銳利)의 뜻도 내며 사리(私利)의 뜻도 낸다. 선리(善利)란 온 세상 온 사람을 이롭게 하는 이로움이고 예리(銳利)란 어리석음을 쫓아버리는 이로움이고 사리(私利)는 저 하나만 차지하려는 잇속이다. 성인(聖人)은 누구시든 선리를 줄기차게 외치신다. 다만 예리만큼은 성인 따라 달리 보기도 한다. 노자(老子)께서는 예리를 멀리하라는 쪽이지만 공자께서는 그 예리를 섬기라는 편이다. 공자께서는 제자들이 거일지삼(擧一知三)하기를 바랐던 성인이셨으니 말이다. 하나(一)를 일러주면(擧) 둘(二) 셋(三)을 스스로 알아내기(知)를 원함은 예리를 높이 사신다는 쪽이다.

어느 성인이시든 사리(私利)만은 멀리하라고 잘라 말씀한다. 성인께서는 사리를 멀리하면 할수록 행복이란 것이 그만큼 가까워짐을 분명히 다짐해준다. 그러나 사람들은 성인의 말씀을 못 들은 척 손사래치려 든다. 그런 낌새는 아마도 마음속에 도사리고 있는 사리를 말끔히 씻어내라는 성인의 다그침 때문이 아닐까 싶기도 하다. 그러나 그 다그침을 귀담아 두고 조심조심 살아간다면 사는 일마다 후련하고 상쾌해 가뿐할 수 있다. 성인께서는 절대로 빈말하지 않는다. 성인은 모든 사람의 할아버지 같은 분이기 때문이다. 당신의 손자손녀가 잘 자라서 좋은 사람 되기를 바라지 않는 할아버지는 세상천지에 없다. 공자, 노자 같은 성인을 할아버지로 믿고 말씀을 귀담아 따라 살아가면 그만큼 불행이 닥치려 하다가도 오질 못한다.

하지만 성인께 청개구리 같기를 마다 않는 세태(世態)가 질펀하다. 홍수의 물길이 무서운 줄 몰라 설치는 애송이 청개구리처럼 세상은 한사코 사리(私利)의 물살을 타자고 아우성친다. 그 사리란 놈은 딱풀 같아 이익이 난다 싶으면 딱 달라붙어 욕심꾸러기가 된다. 말하자면 돈벌이가 된다 치면 후닥닥 달라붙는 딱풀이 바로 사리란 그놈이다. 물건 하나를 100원 주고 사서 120원 받고 팔았다면 20원 남긴 셈이라 사고팔고 애썼으니 봐줄 수 있을 것이다. 하지만 팔아도 손해라면서 200원 300원 불러대고 너스레떠는 잇속을 사리는 마다않는다. 곱쟁이 넘게 남겨도 눈 하나 깜딱 않는 딱풀이 사리(私利)라는 탐욕이다. 공자께서는 이런 장사 속의 사리를 두고서는 말씀하시지 않았다는 뜻으로 〈자한언리(子罕言利)〉를 새겨들어야지 어찌 천명(天命)과 인(仁)마저 한언(罕言)하셨다고 하겠는가? 천명을 두려워하라 하시면서 어짊(仁)을 저버리면 사람 될 수 없다고 잘라 말씀하신 분이 바로 성인 공자이시다.

[논어 읽기]

子罕言利 與命 與仁

자한언리   여명   여인

공자께서는(子) 이익을(利) 말씀하는 것은 드물었고(罕言)
      (이[利]를 말씀할 때면) 천명과(命) 함께하셨고(與)
   어짊과(仁) 함께하셨다(與). [운명과(與命) 어짊과(與仁)
   이익을(利) 거의 말하지 않았다(罕言)〉고 옮기기도 한다.]

- 「자한(子罕)」 1

045

군자는 다투지 않아

군자무소쟁 君子無所爭

　요새는 어느 것 하나 서로 경쟁(競爭)하게 하지 않는 게 없어 보인다. 사는 일이 모두 남들과 경쟁하게 끌어간다는 생각이 순간순간 덜컥덜컥 다가온다. 물론 운동장에 가서 축구나 야구를 구경하는 일은 재미가 있다. 그러나 살아가는 세상이 싸움판처럼 되어간다면 그것은 무서운 일이다. 무조건 남들과 경쟁해서 이겨야 살아남는다고 상상해본 적이 있는지? 세상이 싸움판이라면 누구나 날마다 가위눌림 당하며 살 수밖에 없다. 그런데 지금 살아가는 세상은 날이 갈수록 점점 더 승자와 패자로 판가름 나는 싸움판인양 밀림의 법칙을 따라가고 있다는 무서움을 안겨주려고만 한다. 이런 판인지라 다투어질 것(所爭) 없다(無)는 군자(君子)는 백전백패(百戰百敗)의 꼬락서니일 뿐이라고 팽개쳐지기 쉬울 것이다. 패자부활전에도 못 나갈 비렁뱅이 거지꼴인데 무슨 빌어먹을 군자냐고 삿대질할 수도 있을 것이다. 아무리 그렇다고 한들 정말로 군자란 아무짝에도 쓸데없는 헌신짝 같은 인간상(人間像)일까?

　세상이 싸움판으로 변해갈수록 더욱더 간절한 길이 바로 군자도(君子道) 즉 군자의 길이다. 군자는 결코 낡은 인간상이 아니라 영원히 새롭게 거듭나는 인간상이기 때문이다. 군자무소쟁(君子無所爭)은 군자가 무조건 경쟁하지 않는다는 말씀이 아니다. 다만 남들과 경쟁하지 않을 뿐이지 자신과 줄기차게 경쟁하기를 잠시도 쉬지 않는 주인(主人)이 바로 군자란 인간상이다. 수기(修己)라는 말씀을 기억하시는지? 그 술어(術語)를 모르겠다면 영어로 'Upgrade Self'라고 하면 곧장 무슨 뜻인지 알 만할 것이다. 날마다 쉼 없이 일신(日新)해가는 사람을 일러 군자라고 한다. 날마다(日) 새롭게 하는(新) 주인공이 곧 군자이다.

앞다툼을 경(競)이라 하고 힘겨루기를 쟁(爭)이라고 한다. 남과의 앞다툼이나 힘겨루기를 군자는 하지 않는다. 군자는 뒤처지는 자신을 스스로 채찍질해 스스로 앞서기(競)를 쉬지 않고 나약해지는 자신을 스스로 담금질해 자신과의 힘겨루기(爭)를 멈추지 않는다. 그래서 군자에게는 승인(勝人)의 힘은 없지만 자승(自勝)의 힘은 누구보다도 힘차다고 한다. 남(人)을 이기는(勝) 힘을 역(力)이라고 한다. 자신(自)을 이기는(勝) 힘을 강(强)이라고 한다. 군자에게는 남을 이겨내는 힘(力)은 없을지라도 자신을 이겨내는 힘(强)은 막강(莫强)하다. 막강이란 누구보다도 강하다는 말이다. 그래서 군자는 극기(克己)를 잘하기 때문에 날마다 수기(修己)를 잘해간다고 하는 것이다. 극기는 자승(自勝)과 같은 말씀이다.

과욕(過欲)을 과욕(寡欲)으로 바꾸면 그 바꿈이 곧 스스로(己)를 이겨냄(克)이다. 다사(多私)를 소사(少私)로 바꾸어도 그것이 곧 극기이다. 이런 극기가 없이는 수기 즉 스스로(己)를 지킬(修) 수 없음을 군자는 날마다 스스로에게 다짐하며 실천하기를 게을리하지 않는 주인공이다. 그러나 세상 사람들은 욕심(欲)의 줄임(寡)은 곧 남과의 경쟁에서 지는 싸움이라 믿고 욕심(欲)의 넘침(過)을 일삼고 제 몫(私)이 작아짐(少)은 남과의 다툼(競爭)에서 밀리는 짓이라 믿고 사(私)가 많아야지(多) 하고 아귀다툼을 마다하지 않는다. 이런 탐욕의 세상에서 제 욕심(欲)을 줄이고(寡) 제 몫 (私)을 작게(少) 하여 세상의 소금이 되고자 자명등(自明燈)을 밝히는 군 자를 어찌 팽개칠 수 있을까? 돼지 눈에는 돼지만 보인다는 속담처럼 소 인배의 세상일수록 군자를 얕보고 업신여기려고 든다.

[논어 읽기]

君子無所爭
군자무소쟁

必也射乎 揖讓而升
필야사호   읍양이승

下而飮 其爭也君子
하이음   기쟁야군자

군자한테는(君子) 다투어질(爭) 바가(所) 없다(無).
(다툼이) 꼭이라면(必也) 활쏘기이다(射也).
두 손 모아 절하고(揖) (선후[先後]를) 서로 사양하며(讓)
(사대[射臺]를) 오르고(昇) 내려서는(下而) (이긴 자가 진 자에게
미안하다며) 술을 권하니(飮) 그(其) 다툼도(爭也) 군자답다(君子).

－「팔일(八佾)」7

046

어짊은 멀리 있나

인원호재 仁遠乎哉

선(善) 중의 선(善)을 인(仁)이라고 한다. 그래서 인자(仁者)를 으뜸가는 선자(善者)로 받들어 모시라고 한다. 어진 분이 아니라면 착한 자가 될 수 없다는 것이다. 선자가 아니면 인자가 될 수 없고 인자가 아니면 사람이 될 수 없다는 것이 곧 공자께서 넓혀놓은 군자도(君子道) 즉 군자의 길이다.

요새는 하늘이 두렵지 않느냐고 하면 무슨 뚱딴지같은 소리냐고 비아냥거림 당하기 쉽다. 그러면서도 하늘을 우러러 한 점 부끄러울 것 없다는 말만은 좋아하는 편이다. 참으로 요즘 세태는 저를 중심에 두고 제멋대로 셈하고 제 입맛대로 점치는 꼴이다. 이러고 보니 선하고 어질기가 참으로 어렵게 되어가는 세상으로 드러나고 만다. 세상은 나를 위해 있어야 한다고 생각하는 순간 선과 인은 마치 봄날 아지랑이처럼 아슬아슬하다. 하지만 늘 선이 살아나는 실마리는 외천(畏天)함에 있다.

하늘(天)을 두려워하라(畏). 그러면 스스로 선하고 어질어진다는 것이다. 외천하라는 곧 세상을 두려워하라는 말씀이다. 이는 내가 선하면 곧 세상이 나를 안아주고 내가 선하지 못하면 곧장 나를 내동댕이친다는 것이다. 불선(不善)하면 반드시 세상은 내친다. 왜 손바닥으로 하늘 가리지 말라고 하겠는가. 꼼수로 한순간 불선(不善)을 숨길 수 있겠지만 결국 선하지 못한(不善) 불인(不仁)은 드러나고 말아 꼭 벌 받고 만다.

선(善)이란 무엇인가? 그것은 천지를 본받아 계승(繼承)하기라고 한다. 여기서 천지란 오로지 〈무사(無私)-무욕(無欲)〉으로 만물을 위할 뿐임을 뜻한다고 여기고 믿으면 된다. 사심(私心)도 없고 욕심도 없이 말끔히 위함이 선이란 말씀이다. 이러한 선행(善行)은 하늘땅(天地)을 본받아 이어받는(繼承) 선심(善心)에서 나온다. 이러한 선심이 바로 행인(行仁)으로 이어진다. 선심(善心)-인심(仁心)은 하나이기 때문이다. 선인(善仁)은 오로지 한 뿌리로 내 마음에 박혀 자라니 멀리(遠) 있을 수가 없다.

선한 마음(善心) 따로 어진 마음(仁心) 따로 있음이 아니다. 내가 선하면 나는 절로 어질어지고 내가 어질면 나는 절로 선해지는 것이다. 반대로 선하지 못하면 절로 어질지 못하고 어질지 못하면 절로 선하지 못하다. 이처럼 〈선(善)-인(仁)〉은 손등과 손바닥과 같다. 내 손을 내 마음대로 쓰듯이 〈선-인〉도 오로지 내가 절로 행하는 덕(德)이다. 선덕(善德)도 나한테서 나오고 인덕(仁德)도 나한테서 나오는 까닭이다. 그런데 남의 눈치 보고 마지못해 착한 척 어진 척하는 속임수는 하늘땅을 속이고 세상을 속이는 짓이다. 세상눈이 무서워 선하고 어진 척하면 반드시 벌 받고 심하면 천벌 받는다.

선하여 어질면 언제 어디서든 내노라 두 발 뻗고 주눅들 것 없이 살 수 있다. 착하고 어질기에 돈이 드는 것도 아니다. 그럼에도 왜 선하고 어진 사람을 만나기가 어려울까. 마음 열기를 겁내는 세상 탓이라고 할 수도 있겠다. 눈 뜨고 코 베이는 세상에다 등치고 간 내가는 싸움판에서 함부로 마음을 열라치면 덕장에 걸린 동태 꼴 되기 십상이라며 마음에 빗장을 걸어놓고 좀해서 마음을 열지 않으려는 세태가 돌덩이 같다. 세상이 이러하니 참으로 선하고 어진 사람을 만나기가 어렵다고들 푸념한다.

그러나 어진 사람 만나기 어렵다고 푸념하지 말라고 공자께서 〈아욕인 (我欲仁)〉이란 말씀을 남겨두셨다. 오로지 내가 어질면 되었지 남더러 어질라고 할 것 하나도 없다는 것이다. 오로지 내가 바로 어질면 그만이란 것이다. 남의 어짊을 따져 왈가왈부할 것은 하나도 없다는 것이다. 네가 어질어야 나도 어질지 하고 떼쓰는 경우란 있을 수 없다. 저는 밀쳐두고 남더러 어질라고 외치면 그런 자야말로 미친놈 소리 듣는다.

[논어 읽기]

仁遠乎哉
인원호재

我欲仁 斯仁至矣
아욕인   사인지의

어짊은(仁) (나한테서) 멀리 떨어져 있는 것(遠)인가(乎哉)?
내가(我) 어질고(仁) 싶어한다면(欲) 그(斯) 어짊은(仁)
(나한테서 나와 온 세상에) 이르는 것(至)이다(矣).

-「술이(述而)」 29

047

강직한 이는 보기 어려워

오미견강자 吾未見剛者

　세상이 많이 변했다고들 말하지만 사람 속까지 변한 것은 결코 아닌 성싶다. 공자께서 돌아가신 지 2,500년이 넘었는데 그때에도 강자(剛者)를 만나보기는 거의 불가능하다고 한탄하셨으니 말이다. 요사이 세상에만 강자(剛者)가 귀하디귀한 것은 아닌 것이다. 예나 지금이나 세상에는 강직한 사람(剛者)은 수십만에 하나나 있을까 말까 그런가 보다. 의롭지 못한 것이면 목에 칼이 들어와도 굴하지 않는 뜻이 굳센(剛) 분을 일러 강자(剛者)라고 한다.

　그런 강자가 되기가 왜 그렇게 어려운 것일까? 그것은 오로지 욕(慾)이란 놈을 마음속에서 깡그리 쓸어내 오로지 무욕(無慾)해야 겨우 강직한 사람이 될 수 있다는 까닭이다. 온갖 부귀영화를 위한 것이면 빼앗고자 하되 결코 내주지 못하는 성질머리를 그냥 줄여서 〈욕(慾)〉이라고 한다. 남이야 죽든 살든 나만 잘되면 그만이란 사나운 속셈에서 지독한 욕(慾)이 엉겨 생겨난다. 물론 이 세상에 욕(慾) 없는 사람은 없다. 누가 욕(慾)이 없다고 떠벌린다면 그런 자야말로 거짓말쟁이거나 사기꾼이지 짐작해도 될 것이다. 따지고 보면 사람이란 욕(慾) 덩어리인 셈이다. 그 덩어리를 얼마나 줄이려고 애쓰면서 사느냐가 바람직한 문제일 뿐이다.

〈욕(慾)〉이란 놈이 사람을 험하게 하고 부끄럽게 함을 깨우쳐 치솟으려는 그놈을 짓눌러 줄여가는 분이 있다면 그런 분은 강자(剛者)가 될 수 있다. 그러나 남의 밥에 있는 콩이 커 보이기만 하면 뺏어 먹어야 직성이 풀린다고 한다면 그런 자는 욕(慾)의 종놈으로 살면서 그자의 마음속에는 늘 거지가 우글거린다. 설령 재벌일지라도 욕(慾)에 사로잡혀 게걸스럽다면 겉은 부자이겠지만 속은 상거지인 셈이다. 그래서 땀 흘려 번 황금이 황금이지 남의 황금이라면 돌 보듯 하라는 것이다.

왜 혹 떼려다 혹 하나 더 붙인다고 할까? 족제비가 왜 덫에 걸려들어 제 몸의 가죽이 벗겨질까? 죄다 욕심을 부리다가 탈을 낸 때문이다. 두 다리 쭉 뻗고 단잠을 푹 못 자는 경우라면 대부분 욕(慾)이란 놈이 불쏘시개에 불을 붙여 부지깽이 노릇하는 까닭이다. 그러나 강직한 사람은 남보다 좀 가난하게 산다고 한들 천하에 걸릴 것 없이 산다. 대그릇에 밥 한술 하고 나물 먹고 물마시고 홀홀 떠가는 구름 아래서 큰 대자(大字)로 누웠으니 이보다 더한 대장부(大丈夫)가 어디 있겠느냐고 옛날 사람들이 노래 부르며 노들강변에서 춤을 추었다던가. 이도 없는 대장부가 그리워서 생긴 노래일 터이다.

공자께서 남긴 가장 무서운 말씀 중에 〈의지여차(義之與此)〉란 말씀이 있다. 이 말씀도 강자(剛者)가 그리워서 남겼을 것이다. 오로지 의로운 것만 좇아 따르는(義之與此) 분이야말로 진정 강자(剛者)이다. 강자는 남에겐 더없이 너그럽지만 오로지 자신한테만은 날카로운 칼날을 겨눈다. 그 칼날이 늘 자신의 마음속을 겨누듯이 강자는 스스로 부끄러운 짓을 범할세라 자신을 닦달한다. 그래서 강자는 정말로 아무리 털어도 먼지 하나 틔지 않는다고 한다. 그런데 세상은 이런 강자를 비웃듯이 털어서 먼지 안 나는 놈 어디 있냐고 비아냥거리는 경우가 허다하다. 빼앗은 돈으로 푸짐하게 갈비 뜯고 나온 사기꾼이 이쑤시개로 제 이빨을 쿡쿡 쑤셔대면서 게걸스런 눈초리로 세상을 넌지시 넘보고 '세상은 다 내것이야' 웅얼거리는 짓거리들이 날마다 쉬지 않고 일어나는 판이 아웅다웅 실랑이치는 세상이다. 그래서 늘 강자(剛者)가 귀하디귀할 뿐이다.

[논어 읽기]

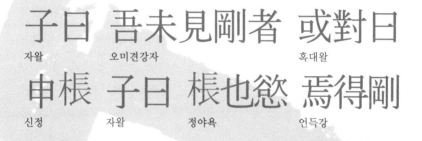

子曰　吾未見剛者　或對曰
자왈　　오미견강자　　　혹대왈

申棖　子曰　棖也慾　焉得剛
신정　　자왈　　정야욕　　언득강

공자께서 가로되(子曰) 나는(吾) 강직한(剛) **사람을(者)**
아직 만나지 못했다(未見). (이 말씀에) 대하여(對)
어떤 이가(或) 아뢰기를(曰) (강직한 사람은) 신정(棖)입니다(也).
(이 말에) 공자께서 가로되(子曰) 신정이야(棖也) 욕심꾸러기다(慾).
(그런 자가) 어찌(焉) 강직할(剛) 수 있겠는가(得)?

－「공야장(公冶長)」 10

048

싹이 터도 꽃을 못 피운다면

묘이불수자 苗而不秀者

세상 모든 사람들이 하나같이 다 같다면 살맛이 날까? 아마도 사는 재미가 없을 성 싶다. 세상 천지에 똑 같은 사람이란 하나도 없다는 사실이야말로 살맛나게 하는 증거라고 생각해본 적은 없는지? 물론 얼굴 생김새뿐만 아니라 마음씀씀이가 모두 저마다 달라 온 세상이 올망졸망 울긋불긋 울고 웃고 요란벅적하게 날마다 늘 새로 열리기 때문에 살맛이 나는 것이다. 어제도 오늘도 내일도 매양 같다면 무덤덤해 살맛나지 않을 것이다. 그래서 공자께서 싹이 텄으되(苗而) 꽃을 못 피우는(不秀) 싹도(者) 있을(有) 터이고 꽃을 피웠으되(秀而) 열매를 맺지 못할(不實) 꽃도(者) 있을(有) 터라고 밝히셨다. 이 말씀을 마음 단단히 먹고 제값을 다하는 삶의 밭을 나름대로 열심히 일구고 가꾸어가라는 말씀으로 여겨 들어야 하겠다.

부지런하고 성실한 농부의 손으로 뿌려진 씨앗이라면 그 씨앗이 틔운 싹은 분명 잘 자라서 꽃을 피워 열매를 맺을 것이다. 그러나 게을러 핑계만 대고 거짓부렁 일삼는 농부의 손에 들린 씨앗이라면 그 씨앗은 꽃을 피워 열매를 맺기가 어렵다. 인생도 마치 뿌려진 씨앗이라 곡식을 길러 거두기와 같아 거름 주고 김매주고 북 주기를 제때제때 하지 않으면 인생을 제대로 가꾸어갈 수 없다. 수기(修己)니 수기(守己)니 극기(克己)니 등등 어려운 말씀도 다 따지고 보면 제 인생 제가 저마다 잘 가꾸라는 말씀이다. 나를 닦고(修己) 나를 지켜(守己) 나를 이겨내라(克己) 함은 저마다 제 인생을 남달리 잘 보살펴 싱그럽게 꽃피워 열매를 맺도록 살라 함이다. 그래서 세살 버릇 여든까지 간다느니, 싹부터 노랗다느니, 볼 장 다 보았다느니, 등등 참 듣기가 섬찟한 말씀들이 생겨났다고 여겨도 무방하다.

봄철 풀밭에 가면 온갖 꽃들이 올망졸망 눈길을 끈다. 봄 한철 열심히 꽃들을 피워 봄바람에 살랑거리는 놈은 맺은 씨앗을 바람에 실어 먼 곳으로 후세들을 퍼뜨리고자 애쓰는 짓이고, 짙은 빛깔로 눈요기하라는 놈은 벌 나비를 불러서 씨를 배고자 아양 떠는 짓이다. 사람들 눈길을 끌고자 푸나무들이 봄철에 꽃을 피우는 것은 결코 아니다. 저마다 삶을 열심히 가꿈이다. 인생도 꼭 풀밭 속 풀꽃 같다. 인생은 꾸며진 정원이 아니다. 인생은 온갖 풍파를 겪어가면서 기를 펴고 살아가야 하는 벌판의 풀밭을 정말 닮았다. 거친 풀밭에서 저마다 생긴 대로 천지에 기지개를 펴면서 꽃피워 열매를 맺어야 진정 풀들이다. 사람도 그렇다. 저마다 인생이란 풍파(風波)를 마주해야 진정 살림꾼이다

벌 나비를 지나치게 유혹하다간 사람의 눈길을 끌어 억울하게 꺾여서 물병에 담겨 어느 거실에서 옥살이를 하다 생죽음 당하거나 아니면 비닐하우스로 끌려가 관상용 상품이 되어 댕강댕강 모가지를 잘려 꽃시장으로 묶여 나와 팔려간다. 그런 꽃송이가 되기를 바라는 사람은 없다. 잘난 것이 그만 탈이 되는 경우가 꽃시장의 꽃송이들이다. 인생도 그렇다. 화려한 인생을 멋지게 그려보겠다고 허세를 부리다가 변변한 열매 하나 맺지도 못하고 쭉정이로 끝나는 풍각쟁이들이 세상에는 의외로 많다.

정원에서 요란스러운 모란꽃보다 오히려 풀밭 자갈 틈에 숨어 피는 제

비꽃의 삶이 씩씩하고 의젓해 당당하다. 꽃피우지 못해 씨앗을 맺지 못하는 풀은 풀밭에는 없다. 이렇듯 땀 흘리며 거짓 없이 살아가는 사람이라면 다 꽃피워 열매를 맺을 수 있다. 다만 제 인생의 열매를 남의 것과 비교하면서 시샘풀이를 하다간 세상이 팽개쳐 등걸에서 잘려나간 가지처럼 메말라갈 뿐이다. 이런 탓으로 제 인생을 스스로 구겨가는 사람들이 불쌍해 공자께서 싹과 꽃 그리고 꽃과 열매를 들어 인생을 말씀한 것이다. 어떤 삶의 싹이든 꽃을 피워 열매를 맺을 수 있다. 그래서 굼벵이도 구를 재주가 있다고 한다.

[논어 읽기]

苗而不秀者　有矣夫
묘이불수자　　　　유의부

秀而不實者　有矣夫
수이불실자　　　　유의부

싹이 텄으되(苗而) 꽃을 못 피우는(不秀) 싹도(者) 있을(有) 테지(矣夫).
꽃을 피웠으되(秀而) 열매를 맺지 못할(不實) 꽃도(者) 있을(有) 테지(矣夫).

－「자한(子罕)」 21

049

겁 없이 무모하다면

포호빙하 暴虎馮河

달걀로 바위 치자는 무모한 사람도 있고, 쇠뿔도 단김에 뽑자거니 번갯불에 콩 볶아 먹자거니 성질 급한 사람도 있고, 돌다리도 두들겨 건너되 조심조심 사방을 꼭 두리번거리며 건너가는 사람도 있다. 참으로 세상 사람들의 성질머리는 이러저러 알록달록하다. 무모한 사람보다 성질 급한 사람이 낫고 성질 급한 사람보다 신중한 사람이 나음은 세상일들이 저절로 증명해주고 있다. 늘 만용(蠻勇)보다 유예(猶豫) 쪽이 차라리 낫다.

포호(暴虎)라. 이는 맨주먹으로 호랑이를 때려잡겠다는 호기(豪氣)다. 빙하(憑河)라. 이도 깊은 냇물을 맨발로 건너겠다는 객기(客氣)다. 호기나 객기나 다 마찬가지로 까치한테 덤벼든 사마귀 꼴로 끝나고 만다. 사마귀가 풀잎 밑에서 쉬는 여치를 몰래 살짝 낚아채고자 용을 쓰는 참에 그만 까치가 풀밭에 내려앉는다. 그 바람에 놀란 여치가 홀쩍 뛰어 풀숲 속으로 숨었고 뿔난 사마귀가 까치를 향해 앞발을 들고 항의하자 까치가 얼씨구 콕 쪼아 그놈을 먹잇감으로 삼았다는 우스갯말에도 깊은 뜻이 숨어 있다. 사마귀는 약한 풀벌레만 있는 줄 알고 저보다 힘센 날것들이 있는 세상을 몰랐던 탓으로 까치밥이 되어버린 셈이다. 그 사마귀 꼴을 호기든 객기든 다 면하지 못하고 어떤 일이든 한번 잡아보지도 못하고 만용 탓으로 나자

빠지고 만다.

물론 유예(猶豫)도 큰일을 다하자는 상책은 못 된다. 겁나서 망설이기만 하면서 변죽만 울리고 뱅뱅 겉돌기만 한다면 되는 일이란 하나도 없거니와 아까운 시간만 보내다가 때를 잃기 쉬운 쪽이 유예 바로 그것이다. 유(猶)는 두려울세라 사방을 두리번거리며 가는 개(犬)를 빗댐이고, 예(豫)는 땅이 꺼질세라 걸음걸음 발조심하는 코끼리(象)를 빗댄 말이다. 좀 두고 보자면서 처리하기를 뒤로 미루는 쪽이 유예이다. 그래서 유예만 일삼다가는 겁쟁이로 비쳐져 미덥지가 못하다. 겁쟁이는 실패가 두려워 일과 마주치면 고양이 앞에 쥐처럼 주눅부터 들고 마니 늘 끝이 횡해지고 만다.

큰일을 두고 두렵지 않다고 한다면 그런 사람이야말로 숨은 포호(暴虎)이거나 허풍쟁이기 쉽다. 하다 보면 길이 열리겠지 막연히 기대하고 일을 벌이는 쪽은 익었는지 설었는지 수박을 깨보면 알 것이 아니냐고 큰소리만 치는 빙하(憑河)의 건달꾼이기 쉽다. 오죽하면 까치밥이 되고 말 사마귀 꼴이란 흉거리가 생길까? 이처럼 세상에는 하룻강아지 범 무서운 줄 모르고 탐욕의 불길로 태산을 태워먹을 듯이 덤비다가 제 손의 도끼로 제 발등을 찍고 마는 얼간이들이 생각보다 참 많은 편이다.

큰일을 마주하면 두렵지 않을 수 없다. 두렵다고 피해 간다면 가을걷이 끝난 논바닥에 버려진 이삭 하나 줍기도 어렵다. 두려운 까닭을 요모조모 잘 살펴 그물의 한 코 한 코를 살펴 터진 데 없이 손질해가듯 약점은 약점대로 살펴 실패할 여지를 지우고 강점은 강점대로 살려 성공할 바탕을 다져가는 헤아림이 튼튼하다면 태산 같은 바위를 쪼갤 망치를 손에 들어도 결코 만용은 아닐 것이다. 멀리 걷자면 신발이 발에 맞아야 하고 입은 옷이 거추장스럽지 않아야 하듯 큰일을 앞두고서는 자상하게 실마리를 찾아 실패에 실을 감는 헤아림으로 빈틈없는 설계도를 마련하는 사람은 일의 시작과 끝맺음을 미리미리 다져간다고 한다. 그래서 큰일을 두고 두려워하되 꼼꼼히 잘 도모(圖謀)하는 자와 함께라면 대군을 이끌고 싸움터라도 나갈 수 있다고 공자께서 다짐해두신 것이다.

[논어 읽기]

子路曰 子行三軍 則誰與
자로왈　자행삼군　즉수여

子曰 暴虎馮河 死而無悔者
자왈　포호빙하　사이무회자

吾不與也 必也臨事而懼
오불여야　필야임사이구

好謀而成者也
호모이성자야

자로가(子路) 아뢰었다(曰). 선생님께서(子) 대군을(三軍)
지휘하신다면(行) 바로(則) 누구와 하시렵니까(誰與)?
공자께서 가로되(子曰) 호랑이를(虎) 맨주먹으로 잡고(暴)
냇물을(河) 맨발로 걷다가(馮) 죽어도(死而) 후회(悔) 없다는(無)
자와는(者) 나는(吾) 함께하지 않을 것(不與)이나(也)
일을(事) 마주하면(臨而) 반드시(必也) 두려워하고(懼) 잘(好)
꾀해서(謀而) 일을 이루는(成) 자와(者) (함께할 것)이다(也).

- 「술이(述而)」 10

050

이로운 세 벗 해로운 세 벗

익자삼우 손자삼우 益者三友 損者三友

집에서 새는 바가지는 나가서도 샌다고 한다. 이는 집안 단속을 미리미리 잘해두라는 속담이다. 무슨 물건 단속이 아니라 자식 단속을 잘해두라는 것이다. 요새말로 하자면 가정교육을 잘해두라는 말씀이다. 전에는 집집마다 저 나름의 가정교육을 착실히 했다. 서당에서는 글 읽기를 가르치고 집에서는 사람 되는 법을 가르친다고 하였다. 그런데 지금은 그런 풍속이 없어진 꼴이다.

전에는 아버지의 입에서 우직(友直)하고 우량(友諒)하며 우다문(友多聞)하라는 말씀이 떠날 날이 거의 없었다. 아이들끼리 모이면 〈우직-우량-우다문〉 그 소리 귀에 못이 박힌다고 제 아버지들을 흉보기도 했다. 정직한 사람하고 벗하고 거짓부렁 하는 놈하고는 놀지 말아라. 이것이 우직(友直)하라는 가르침이었다. 밝고 슬기로운 사람과 벗하고 멍청한 놈하고는 놀지 말아라. 이것이 우량(友諒)하라는 가르침이었다. 보고들은 것이 많은 사람과 벗하고 물때썰때 모르는 놈하고는 놀지 말아라. 이것은 우다문(友多聞)하라는 가르침이었다. 사람이 되려면 무엇보다 먼저 벗을 잘 사귀어야 한다는 데 어느 부모도 의견을 달리하지 않았던 시절이 있었다. 그때는 사람 되는 가르침이 거의 모두 〈익자삼우(益者三友)〉를 벗어나지 않았다.

세살 버릇 여든까지 가니 어려서 벗을 잘 사귈 줄 알아야 세상에서 동무하고 살 수 있다고 믿었다.

매사에 치우치기를 좋아하는 사람과는 멀리할수록 좋다면서 우편벽(友便辟) 말라고 오금박기도 하고 알랑거리며 뼈대 없는 놈한테 솔깃해 끌릴세라 우선유(友善柔) 말라고 다짐하기도 하며 주둥아리만 번지르르하게 놀려대는 놈하고 패거리 될세라 우편영(友便佞) 말라고 다그칠 때는 아버지 얼굴에서 서릿발이 내린다고들 입방아를 찧어댔다. 사람이 되려면 좋은 벗을 얻어야 하지만 동시에 나쁜 벗을 가려낼 줄 알아야 한다면서 못된 놈하고 벗할세라 늘 살피는 아버지의 눈초리가 예사롭지 않았었다. 옛날 아버지들은 자식을 가르치는 호랑이 선생 노릇을 게을리하지 않았다. 그런 까닭에 자식 농사 잘 짓는 애비 방에는 늘 하초(夏楚) 걸이가 있다고들 했다. 못된 잔버릇을 범하면 손바닥에 벌주는 싸릿대 회초리를 〈하(夏)〉라 하고, 크게 잘못하여 장딴지에 매 맞는 경우 막대기 회초리를 〈초(楚)〉라 한다. 이렇듯 〈하초〉에는 자식이 반듯하기를 바라는 어버이 소망이 담겼었다.

인생이란 서로 사귀면서 살맛을 나누어가는 여정이다. 살아가는 길에는 늘 선악(善惡)이 졸졸 따라붙게 된다. 선하면 길(吉)하고 악하면 흉(凶)해진다. 길(吉)을 일러 행복이라 하고 흉(凶)을 일러 불행이라고 한다. 분명한 것은 〈익자삼우(益者三友)〉를 누리면 그만큼 길(吉)이 불어나고 흉(凶)은 줄어든다. 거꾸로 〈손자삼우(損者三友)〉를 겁 없이 가까이하기만 하면 어김없이 흉(凶)이 너울져 진창에 빠진 꼴을 면하기 어렵다. 〈우직(友直)-우량(友諒)-우다문(友多聞)〉 이 셋은 틀림없이 일생을 길하게 하는 이로운 벗의 길이다. 〈우편벽(友便辟)-우선유(友善柔)-우편영(友便佞)〉 이 셋은 어김없이 일생을 흉(凶)하게 하는 해로운 벗의 길이다. 해로운 벗의 길일수록 단맛이 나고 이로운 벗의 길일수록 쓴맛이 나는 법이다. 이런 연유로 마음속이 밝아 슬기로운 사람은 씀바귀의 쓴맛을 단맛으로 여기고 감초의 단맛을 쓴맛으로 새길 줄 알아 귀에 쓴 소리를 귀담아 벗으로 삼고 귀를 달콤하게 하는 소리를 멀리하며 삼갈 줄 안다. 그래서 〈익자삼우-손자삼우〉를 마음속에 늘 걸고 살아야 무탈하다는 말씀은 늘 사실이다.

[논어 읽기]

益者三友 損者三友
익자삼우 　　　 손자삼우

友直 友諒 友多聞 益矣
우직 　　 우량 　　 우다문 　　　 익의

友便辟 友善柔 友便佞 損矣
우편벽 　　 우선유 　　 우편영 　　 손의

세(三) 벗은(友) 이로운(益) 것이고(者) 세(三) 벗은(友) 해로운(損) 것이다(者). 올곧은 이와(直) 벗하고(友) 성실한 이와(諒) 벗하며(友) 많이(多) 들어주는 이와(聞) 벗함은(友) 이로운 것(益)이다(矣). 치우치는 이와(便辟) 벗하거나(友) 부드럽기만(柔) 잘하는 이와(善) 벗하거나(友) 빈말 잘하는 이와(便佞) 벗하면(友) 해로운 것(損)이다(矣).

- 「계씨(季氏)」 4

051

성聖을 아시는지

필야성호 必也聖乎

　요새는 성인(聖人)을 얕보기도 하거니와 업신여기는 세상인지라 사성(事聖)이란 말씀은 깡그리 잊혔다. 〈성(聖)을 받들자(事)〉고 하면 뚱딴지 같은 소리 한다며 "너나 잘 하시지" 비웃음 사기 쉽다. 그러니 〈사인(事仁)하자〉고 하면 사람 망칠 소리라며 개똥 밟고 소스라치듯 귀 막고 "저나 하지" 토라지는 세상이 되었다고 말한들 괜찮을 것이다. 성(聖)이 사라지면 따라서 어짊(仁)도 반드시 사라진다. 하늘(天)이 곧 어짊(仁)이고 땅(地)이 곧 올바름(義)임을 맨 처음 알아내 깨달음을 일러 〈성(聖)〉이라고 일컬었기 때문이다.

　우리 선대(先代)는 하늘땅 천지(天地)를 인의(仁義)로 새기고 헤아려 믿고 받들기를 조금도 주저하지 않았다. 따라서 성(聖)으로부터 어짊(仁)을 본받아 사람의 길을 밟아간다는 데 의심치 않았던 것이다. 인도(人道)는 곧 인도(仁道)라고 믿고 받들었다. 그래서 〈어질 인(仁)〉과 〈사람 인(人)〉을 하나로 믿고 인인(仁人)이라고 했다. 이제 그 인도(仁道) 즉 인(仁)의 길(道)은 마치 빛바랜 옛날 사진 속에 틀어박혀만 있는 꼴이다.

　그렇다고 우리 사는 세상에서 어진 사람이 되고자 하는 사람이 하나도 없다는 것은 아니다. 수천에 하나 아니면 수만에 하나일지라도 어진 사람이 되고자 하는 사람은 세상 어딘가에 있게 마련이다. 다만 어질고자 하는 사람은 나서기를 좋아하는 난사람이 아니라서 풀넝쿨 속에 숨은 풀꽃처럼 드러나지 않을 뿐이다. 어진 사람은 어떤 분일까? 모든 사람의 어머니 같은 마음씨를 간직한 분이라면 그분이 곧 인자(仁者)에 가깝다. 어머니 같은 분이 인자라고 할 때 어느 누구의 어머니를 지칭하는 것은 아니다.

자기 아들딸만 어여삐 여기는 어머니는 어느 세상에나 있다. 내 어머니는 오직 나에게만 어진 분(仁者)일 뿐이다. 모든 사람을 아들딸이나 손자 손녀로 여기고 마음에 품는 분은 너무나도 귀하기 때문에 그런 분을 일러 성인(聖人)이라고 한다. 성인은 천 년 넘어도 겨우 하나나 나타날까 말까 그런 편이다. 그래서 성인을 본받고자 하는 사람들만 많으면 그것만으로도 인간 세상은 만족스럽기에 공자께서도 〈인(仁)〉을 살피기 전에 먼저 〈성(聖)〉을 살펴 새겨 받들어야 한다고 다짐한 것이다.

성인의 성(聖)은 본래 걸림 없이 온 세상에 두루 통한다는 말씀이다. 그리고 누구에게나 걸림 없이 통하는 마음을 〈어질다(仁)〉고 한다. 그러니 인(仁)은 곧 성(聖)이고 성(聖)이 곧 인(仁)인 셈이다. 세상이 아무리 변해도 〈어진 마음〉을 싫어할 사람은 없다. 마치 제 어머니를 싫어하는 아들딸이란 없듯이 말이다. 그런 어짊을 풀이하여 〈춘작하장(春作夏長)〉이라고도 한다. 봄에 싹이 터서(春作) 여름에 무럭무럭 자람(夏長)이 곧 어짊의 짓이고 모습이라는 것이다. 온 세상의 어머니가 계신다면 그분이 바로 〈춘작-하장〉의 어머니일 것이다. 성(聖)이란 바로 춘작하여 하장하게 하는 손길과 같다. 인(仁)을 싹트게 하고 인(仁)을 자라게 하는 손길이 곧 〈성(聖)〉이니 세상이 매정하고 사나울수록 〈성(聖)〉을 늘 살펴 새기는 마음이 대접받아야 할 터인데 자꾸 홀대만 받는 지경이라서 겁나고 무서운 밤길 같은 세상이 펼쳐져가고 있는 중이다.

何事於仁　必也聖乎
하사어인　　　　필야성호

堯舜其猶病諸　夫仁者
요순기유병저　　　부인자

己欲立而立人　己欲達而達人
기욕립이립인　　　기욕달이달인

能近取譬　可謂仁之方也已
능근취비　　가위인지방야이

어찌(何) 어짊만을(仁) 받들겠느냐(事)? 반드시(必也)
성(聖)이어야지(乎). 요순(堯舜) 그분들도(其)
그것을(諸) (못할세라) 오히려(猶) 걱정하셨다(病).
(어짊이란) 내가(己) 이루고자 하면(欲立而) 남도(人) 이뤄주고(立)
내가(己) 도달하고자 하면(欲達而) 남도(人) 도달하게 한다(達).
(어짊이란) 가까이(近) 남과 견주어서(譬) 능히(能) 이룸을(取)
어질어지는(仁之) 방도라고(方) 할 수 있는 것(可謂)뿐이다(也已).

-「옹야(雍也)」 28

052

법으로 이끌면

도지이정 道之以政

하늘이 무섭지 않느냐는 말은 이제 어린애 잠꼬대만도 못하다. 땅에 발 딛고 섰는데 하늘이 무서울 것 없다고 잘라버린다. 하늘이 무섭지 않느냐고 말할 때 그 하늘은 비행기 떠다니는 하늘이 아니고 저마다의 마음을 말한다. 내 마음을 내 하늘로 믿었던 때가 있었다. 그때는 하늘이 무섭지 않느냐는 이 한 말씀으로 거짓부렁을 다스릴 수 있었다. 이제는 제 마음을 하늘로 생각하고 믿는 일은 없어지고 자동차를 달리게 하는 휘발유 정도로 마음을 생각하는 편이다.

예전에 '욕망이라는 이름의 전차'란 영화가 있었다. 사람이 마치 욕망의 전차 같다는 것이다. 그래도 욕망의 전차는 궤도를 따라 달리므로 그 욕망을 다스릴 수 있다고 생각한다. 요새는 '욕망이라는 이름의 자동차'가 멋대로 이리저리 질주하는 세상이니 아무리 엄한 법조문을 쏟아낸다 한들 욕망의 자동차를 법으로 다스리기 참으로 어렵게 된 세상이다. 지금은 정말 넘치는 욕망의 세상이다. 이런 세상을 법으로 다스려 사람을 끌고 가겠다는 법치(法治)를 공자의 말씀으로 〈도지이정(道之以政)〉이라 한다.

이정(以政)은 법(法)을 쓴다는 말이고 이를 법치(法治)라고 한다. 법치란 사람의 잘못을 다스린다는 말이다. 잘못하지 않으면 법은 아무짝에도 쓸데없다. 오로지 잘못을 범해야 법이 쓰인다. 그러니 법치란 사람의 잘못을 찾아내 다스리는 세상이다. 그 다스림은 반드시 형벌을 앞세운 힘(力)이다. 법을 어기면 이런저런 형벌을 받는다고 해야 법을 지킨다는 것이다. 그러니 잘못을 숨겨 드러나지 않기만 하면 법의 형벌을 모면할 수 있다고 꾀를 내게 된다. 이를 공자의 말씀으로 〈면이무치(免而無恥)〉라고 한다.

잘못을 범하고도 형벌을 면하자니 잘못을 숨기는 것이다. 잘못을 숨기고 시치미를 떼는 짓거리가 곧 거짓부렁이다. 거짓부렁은 세상을 속여먹을 수 있다는 속임수이다. 따지고 보면 모든 형법(刑法)이란 속임수의 쓰레기통을 뒤지는 족집게 같다. 세상을 다 속일 수 있는 속임수일지라도 그 짓을 범한 자의 마음까지 속일 수는 없다. 죄는 법이 아니라 자신이 안다는 것이다. 제가 범한 잘못을 세상에 감출 수 있다는 속임수를 완전범죄라고 한다. 죄는 범한 자의 마음속에 딱 자리 틀고 그자를 노려보고 있다. 그래서 내가 나를 들여다보았을 때 부끄러울 것 하나 없음을 일러 정직(正直)이라 한다.

정직은 법에서 나오는 것이 아니다. 정직의 샘을 선(善)이라 하고 그 샘물을 퍼서 마시게 서로 나눔을 덕(德)이라 한다. 그래서 선덕(善德)을 부쟁(不爭)이라고 한다. 법(法)과 형(刑)으로 마음이 곧고 발라져 선덕이 샘솟기를 바랄 수 있는 확률은 모래밭에서 금쪽 찾기보다 더 낮다. 그래서 법은 늘 증거를 대라고 씨름한다. 씨름은 반드시 승패로 갈린다. 승패 다툼을 〈쟁(爭)〉이라고 한다. 승패의 다툼에서는 누구나 지기보다 이기고자 애를 쓴다. 이기고자 발버둥치는 데서 인간은 거짓부렁 한다. 거짓부리 하면서 능청스레 시치미 떼기로 사기친다. 이런 속임수(詐欺)를 공자의 말씀으로 〈면이무치(免而無恥)〉라고 한다.

자기마저 속이는 짓보다 더 무서운 죄는 없다. 증거를 대 잘못이 결판 나 벌 받게 되면 부끄러워하기는커녕 재수 없어 걸렸어 투덜대는 세상은 법으로 이끌어 형으로 다지기로부터 비롯된 셈이다. 늘 내가 나를 살펴서 부끄럼 없게 하자면 덕(德)이 법(法)보다 낫고 예(禮)가 형(刑)보다 낫다. 그래서 〈정(政)-형(刑)〉에서는 부끄러움이 없어지고 〈덕(德)-예(禮)〉에 서는 부끄러움이 생긴다고 한다. 부끄러움이 생기면 그만큼 죄는 줄어든다.

[논어 읽기]

道之以政　齊之以刑
도지이정　　　제지이형

民免而無恥　道之以德
민면이무치　　　도지이덕

齊之以禮　有恥且格
제지이례　　　유치차격

법으로(政)써(以) 이끌고(道之) 형벌로(刑)써(以) 다지면(齊之)
백성은(民) 빠지면서(免而) 부끄러움이(恥) 없다(無).
(그러나) 덕으로(德)써(以) 이끌고(道之) 예로(禮)써(以) 다지면(齊之)
부끄러움이(恥) 생기고(有) 또(且) 착해진다(格).

- 「위정(爲政)」 3

053

성인과 인자 같다니

약성여인 若聖與仁

공자 당시 삼천 제자가 있었다고 한다. 그중에서 70명의 제자가 진실로 공자를 따랐다고 한다. 그 제자들이 공자님을 성인(聖人)이요 인자(仁者)로 받들었다. 이런 제자들을 향해 공자께서 우쭐해 할 리 없다. 오히려 겸연쩍어 하셨으리라 확신한다. 학자(學者)는 어디서나 고개를 빳빳이 들고자 하지만 성자(聖者)는 늘 고개를 숙이는 편이다. 참으로 흠 하나 없이 잘 여문 이삭은 고개를 숙인다.

성인은 언제 어디서든 절대로 제 자랑 않는다. 나 잘났어 고개 쳐들고 부르짖는 사람들이 칼자루 잡자고 요란스럽다. 성인은 무슨 칼자루 잡겠다는 생각 자체를 할 줄 모른다. 그래서 성인을 약우(若愚)라고 부르기도 한다. 성인은 오히려 어리석게 보인다(若愚)는 것이다. 본래 〈성(聖)-인(仁)〉은 어수룩해 보인다. 〈성(聖)-인(仁)〉은 마치 땅속에서 솔향기를 품는 송이(松相) 같다는 생각이 들기도 한다. 그러니 성(聖)과 인(仁)은 둘이 아니라 하나로 여겨도 된다. 성인(聖人)은 누구일까? 〈성(聖)-인(仁)〉을 끊임없이 배우고 따라 그대로 행하는 분이다. 이를 공자의 말씀으로 〈위지불염(爲之不厭)〉이라 한다.

〈성(聖)-인(仁)〉을 위하기를 〈호정(好靜)〉이라 말한다. 언제 어디서든 고요(靜)를 좋아하는(好) 순간 〈성(聖)-인(仁)〉을 본받아 닮아갈 수 있다는 말이다. 사람에게 성인처럼 되라는 말은 무리다. 성인은 천 년에 하나도 어렵다고 한다. 성인을 본받아보라 해도 충분할 것이다. 하여튼 성인을 본받자면 맨 먼저 〈정(靜)〉을 좋아해야 한다. 〈고요 정(靜)〉이 말씀의 고요란 〈내가 나와 즐겁게 논다〉는 뜻이다. 자신과 스스로 즐겁게 노닐면 고요할 수밖에 없을 터이다. 내가 나를 만나보자면 내가 먼저 고요해야 한다.

심심해서 못살겠다는 사람들은 따지고 보면 자기를 잃고 사는 셈이다. 늘 사람들과 만나 수다를 떨든지 아니면 손에 스마트폰을 들고 게임을 해야 시간 가는 줄 모른다는 것이다. 그러나 이처럼 바깥 것들과 빠지면 저절로 자기를 잃어버린다. 그러다보니 고요(靜)를 즐기기는커녕 그 말씀의 참뜻조차 깡그리 모르게 되어버린다. 바빠 정신없이 산다고 자랑들 하는데 따지고 보면 이런 사람들은 빈 밭에 서 있는 허수아비와 같다. 이제는 참새도 얕보는 허수아비처럼 살아서야 안 될 것이다.

난사람 되려나? 된 사람 되려나? 난사람이라야 사는 세상이니 난사람 되어야지 너도나도 앞서자고 몸짱 만들어 난사람 되자고 시간 돈 펑펑 쓰는 세상에서 감히 누가 된 사람 되고자 하겠는가? 세상이 이런지라 공자의 말씀이 먹혀들기 참 어렵다. 공자께서는 무조건 된 사람 되라고 하시니까.

그렇다고 성(聖)과 인(仁)이 쓸데없다고 해서는 안 된다. 같은 값이라면 개살구를 먹겠는가 수밀도(水蜜桃)를 먹겠는가? 아마도 개살구 먹겠다는 사람 없을 것이다. 겉치장으로 요란 떨기란 곧 개살구 먹는 꼴이다. 〈성(聖)-인(仁)〉이란 내 마음을 수밀도처럼 향기롭게 해준다. 그런 향기라야 사람들이 옹기종기 모여 오순도순 살 수 있다. 사람들이 서로 마음을 통하며 얼싸안게 함이 성(聖)이고 그래서 서로 손잡고 어루만지며 살아감이 어

짊(仁)인데 그 성(聖)과 인(仁)을 싫어하지 않았다는 공자의 말씀을 얕봐
선 안 된다.

[논어 읽기]

子曰 若聖與仁 則吾豈敢
자왈　　　약성여인　　　즉오기감

抑爲之不厭 誨人不倦
억위지불염　　　회인불권

則可謂云爾已矣 公西華曰
즉가위운이이의　　　공서화왈

正唯弟子不能學也
정유제자불능학야

공자께서(子) 가로되(曰) (내가) 성인과(聖與) 인자와(仁) 같다니(若)
거참(則) 내(吾) 어찌(豈) 감히 그렇겠는가(敢). 고작해야(抑) 성인과
인자의 것을(之) 배우기(爲) 싫어하지 않았고(不厭) 사람을(人)
가르치기(誨) 게을리 않았다고(不倦) 그저(則) 말해볼 수(可謂云)
있을 뿐이다(爾已矣). 공서화가(公西華) 말했다(曰).
(그것이) 바로(正) 오로지(唯) 제자들이(弟子) 본받을(學) 수
없는 것(不能)입니다(也).

-「술이(述而)」 33

054

포식만 하다가는

포식종일 飽食終日

두꺼비가 제 새끼를 키우고자 능구렁이를 화나게 해서 일부러 잡아먹혀 살신성인(殺身成仁)한다는 이야기를 했다가 중학교 생물선생님한테 과학이 아니라 지어낸 거짓말이라고 핀잔을 받은 적이 있다. 먹보 '가분지' 이야기도 그런 핀잔 받을세라 겁이 난다. 소 사타구니에 딱 달라붙어 소 피를 빨아먹는 버러지를 가분지라고 불렀다. 가분지란 이름이 표준말도 아닐 성싶고 더구나 학명(學名)일 리는 없겠다. 지리산 북쪽 고을 사투리로 치고 하여튼 소 사타구니에 붙어 소 피 빠는 그놈을 가분지라고 불렀다. 그놈의 처음 크기는 벼룩만 한데다 소 사타구니 분홍색과 똑같아서 눈에 뜨이질 않는다. 달라붙어 며칠 지나면 큰 검정콩만 하게 뚱뚱해져서 눈에 뜨인다. 그러면 소 사타구니에 손을 넣어 그것들을 똑똑 따내주면 소들도 시원하다는 듯이 몸부림치지 않는다.

"따낸 가분지를 그냥 풀길에 버리거나 발로 비벼 뭉개지 마라. 오히려 가분지는 비벼지기를 바라는 놈이다. 그놈한테는 똥구멍이 없어서 누가 밟아주어야 배가 터져서 다시 풀줄기로 올라가 붙어 있다가 지나가는 소한테 달라붙는다. 그러니 꼬챙이로 땅을 깊이 파서 그놈들을 잘 묻어주면 지렁이 밥이라도 된다." 이와 같이 어른들이 소 치는 아이들에게 가분지

퇴치법을 가르쳐주곤 했었다. 가분지에는 똥구멍이 없다는 것이 생물학적으로 증명되었는지 모른다. 하여튼 가분지는 빨아먹은 소 피를 제힘으로 배설 못 해 누군가가 밟아서 배터지게 해주어야 그놈이 산다는 말을 의심해본 적 없다. 그런데 요사이 TV에서 이른바 '먹방'이란 것을 보면 자꾸만 그놈의 '가분지'가 떠오른다. 어쩐지 요새 사람들은 점점 먹보 가분지를 닮아간다는 생각이 물컥물컥 들기 때문이다.

종일포식(終日飽食)이라. 하루 내내(終日) 배불리 먹기만 한다면(飽食) 가분지와 다를 게 없다고 본다. 점점 먹보세상이 되어간다는 착각이 들기도 한다. 제발 먹는 장면만큼은 '클로즈업' 하지 말았으면 한다. 사람의 입이 그렇게 큼직한지 미처 몰랐다. 주둥이 크기로 말하면 아귀인 줄 알았는데 지글지글 구운 고깃덩이를 입속으로 몰아넣는 모습이라니 사람입이 아귀보다 더 크다는 생각이 든다. 먹을거리를 집어넣는 입이 크면 '주둥이'라 한다. 주둥이보다 더 크면 '아가리'라 한다. 주둥이나 아가리가 욕인 줄 안다. 하지만 먹이를 욕심껏 입속으로 처넣어 양 볼따구니가 풍선처럼 부풀어 터질 듯한 꼴은 영판 뚱뚱한 가분지같이 보일 뿐이다.

먹는 데만 팔려 〈무소용심(無所用心)〉이라. 마음(心) 쓸(用) 바(所) 없이(無) 게걸스럽게 굴기보다 주사위놀이나 바둑을 두는 편이 한결 더 현명하다고 오죽하면 공자께서 꾸짖어 놓았을까. 정말 그런지 모르겠지만 이른바 미식가(美食家)들이 먹는 맛만 즐긴다면서 먹고 나면 토해버리고 다시 새 먹을거리 맛을 재촉한다는 소문도 있다. 이 또한 포식을 좇는 가분지 같은 무리와 다를 게 없겠다. 날마다 포식하니 살은 푹푹 찌는데 어처구니없게도 날씬한 몸매가 탐난다면서 운동을 열심히 한다지. 그래봤자 포식하는 버릇을 버리지 않는 한 배 속에 기름덩이가 치렁치렁 들러붙어

뽈록뽈록 나온 배통이 영락없는 가분지 꼴이 되어버리고 마음은 먼지만 날리는 사막처럼 황폐해지고 만다. 공자께서 왜 포식을 멀리 하라 했을까? 알맞게 먹어 배 속이 낙낙해야지 포식해서 배가 불러지면 마음 쓰기도 싫어지고 잠만 쏟아져 게으름뱅이가 되고 말기 때문일 터이다. 정말 포식하면 누구든 게을러진다. 게을러지면 몸만 병드는 것이 아니라 마음이 썩어지고 만다. 그래서 공자께서 포식하지 말라 했다.

[논어 읽기]

飽食終日　無所用心
포식종일　　　　무소용심

難矣哉　不有博奕者乎
난의재　　　불유박혁자호

爲之猶賢乎已
위지유현호이

하루 내내(終日) 배불리 먹기만 하고(飽食) 마음(心) 쓰는(用)
바가(所) 없다면(無) 난감하구나(難矣哉)! 주사위나(搏) 바둑이란(奕)
것(者) 있지 않은가(不有). 차라리(猶) 그거라도 하는 것이(爲之)
하지 않는 편(已)보다 더(乎) 현명하다(賢).

－「양화(陽貨)」 22

055

속을 다 털어낸다

고기양단 叩其兩端

어느 성인(聖人)이든 〈회인(誨人)〉에 정성을 쏟는다. 사람(人)을 가르쳐 그 자신을 깨우치게 해주는 가르침을 〈회(誨)〉라고 한다. 사람을 변화시키는 가르침을 일러 〈회인〉이라 하는 것이다. 하나 더하기 하나는 둘이다 이런 것을 지식이라고 한다. 성인은 이런 지식으로 사람을 가르치지 않는다. 그래서 공자께서 〈무지야(無知也)〉라고 잘라 밝혔다. '1+1=2'란 하나의 지식이다. 공자께는 이런 따위의 앎(知)이란 없다는 것(無)이다. 성인은 어떤 정답을 가지고 사람을 가르치지 않는다.

『논어』에는 〈문인(問仁)〉 즉 어짊(仁)을 묻는(問) 경우가 여러 번 나온다. 인(仁)이란 무엇인가? 물을 때마다 공자께서는 다르게 말해준다. 묻는 사람에 따라 그에게 맞는 어짊을 깨우쳐주려고 그러시는 것이다. 정답은 외워두면 되지만 깨우침은 스스로 새겨 터득해야 한다. 사람을 고삐로 묶어 말뚝에 매어두지 않고 인생의 벌판으로 방목해주는 분이 곧 성인이시다. 그렇다고 공자께서 아무렇게나 사람을 방목하는 것은 아니다. 수기(修己)로써 살아가기를 다짐받고 나서야 홀홀 풀어주며 제 길을 일러준다.

인생은 결코 수학(數學) 같지 않다. 그래서 인생에는 방정식 같은 것은 하나도 없다. 그런데 인생의 방정식이 있는 것 아니냐고 기웃거리는 인간이 의외로 참 많다. 이런 자들을 일러 〈비부(鄙夫)〉라고 한다. 지체가 낮아 보잘것없이 산다고 해서 〈천한 사람(鄙夫)〉이라 하는 것은 결코 아니다. 수기(修己)하지 않고 남들 하는 대로 쫄랑쫄랑 따라서 살아가는 사람이야말로 신분이 높고 아무리 우아할지라도 비부라는 것이다. 그런 비부를 일깨워주고자 성인은 애태운다. 이런 애태움을 공자께서 〈고기양단(叩其兩端)〉이라고 밝혀두셨다.

양쪽 끝을 양단(兩端)이라고 하지만 부피를 뜻할 수도 있다. 부피라면 어떤 것의 속을 뜻할 수 있다. 그러니 〈고기양단〉을 〈마음속에 있는 것을(其兩端) 털어낸다(叩)〉고 새길 수 있고 나아가 〈온갖 정성을(其兩端) 다한다(叩)〉고 새기면 더욱 좋을 것이다. 이를 한 마디 말씀으로 〈갈(竭)〉이라 한다. 갈(竭)은 〈남김없이 다함〉을 뜻한다. 공자께서 비부의 청맹과니를 명안(明眼)으로 바꿔주고자 아낌없이 정성을 다한다고 실토한 그 한 마디가 곧 〈갈〉이다. 그러니 무지(無知)하다면서 어떻게 사람을 가르칠 수 있느냐고 반문하거나 의심할 것은 하나도 없다. 공자께서 〈아는 것(知)이 없다(無)〉고 잘라 밝힌 말씀은 점쟁이가 알려주는 점괘 같은 지(知)는 없다는 말씀으로 새겨들으면 더욱 좋다고 본다. 점쟁이처럼 점쳐주는 성인은 세상에 없다.

당달봉사 같은 비부에게 찾아갈 길의 안내도를 그려주는 쪽보다 지팡이 하나를 들려주고 어떤 길을 스스로 찾아가게 다독여주는 쪽이 맞는다. 길잡이를 지남(指南)이라 한다. 공자께서는 주로 인의(仁義)의 지남이 될 수 있는 지팡이를 마련해주고 그 길을 벗어나지 말라고 정성껏 다독인다. 『논어』에 나오는 〈자왈(子曰)〉은 모두 인의(仁義)의 길을 찾아가는 지팡이로 믿어도 된다. 그 지팡이로 조심조심 쉬지 않고 스스로 인의(仁義)의 길을 찾아가도록 정성을 쏟는 성인이 공자이다. 어질어서(仁) 바른(義) 인간이 되는 길을 스스로 찾아 나섬을 일러 〈수기(修己)〉라 한다. 누가 나를 닦아 주겠는가? 아무도 없다. 오로지 내가 나를(己) 닦아야(修) 한다. 수기의 지팡이를 정성껏 마련해주고 짚고 가는 사람이 거의 없어도 성인께서는 실망하지 않는다.

[논어 읽기]

吾有知乎哉　無知也
오유지호재　　　　무지야

有鄙夫問於我　空空如也
유비부문어아　　　　공공여야

我叩其兩端而竭焉
아고기양단이갈언

나에게(吾) 아는 게(知) 있을 것(有)인가(乎哉)! 아는 게(知) 없다는 것(無)이다(也). (그러나) 혹(有) 어리석은 자가(鄙夫) 나에게(於我) 물음이(問) 정성스러운 것(空空)이면(也) 나의(其) 모두를(兩端) 털어서라도(叩而) 정성껏 다할 것(竭)이다(焉).

－「자한(子罕)」7

056

이것이 밝음이라

시현호 是賢乎

자라에 놀란 사람이 솥뚜껑 보고 놀라는 경우가 의외로 많다. 제 맘대로 만든 안경에다 제 맘대로 색칠해두고 세상을 마주하는 사람도 참 많다. 부처 눈에는 부처만 보이고 돼지 눈에는 돼지만 보인다는 말씀 잘 알 것이다. 이처럼 세상에는 제 자신의 잣대로 길다 짧다 제멋대로 재어서 결정 내리는 사람들 탓으로 세상이 어수선해지고 허무맹랑한 소문들이 가랑잎처럼 이리저리 굴러다녀 억측이 억측을 낳는다.

의심 많은 사람을 만나면 피곤하게 된다. 요리조리 눈알을 굴리면서 상대편을 떠보자는 얄팍한 수작을 감추려고 손가락으로 제 입술을 매만지면서 믿어도 될까 망설이는 사람을 만나면 서슴없이 뿌리치고 돌아서는 편이 상책이다. 의심하여 억측부터 하는 사람과 말을 섞을수록 의심만 더 쌓여 제멋대로 속셈하다가 그만 확신이 되고 마는 까닭이다. 남을 의심하고 경계하며 억측을 일삼는 사람은 남에게 마음을 열지 않고 이것저것 다 숨기고 사는 얼뜨기다. 제멋대로 억측보따리 지고 다니는 얼뜨기보다 더 불쌍한 인간은 세상에 없다. 이런 얼뜨기 노릇 범하지 말라고 공자께서 〈불역사(不逆詐)하고 불억불신(不億不信)하라〉고 하셨다.

사기 당할세라 미리 경계하지 말라는 것(不逆詐)이다. 그리고 불신 당

하나 속셈하지 말라는 것(不億不信)이다. 이 두 갈래 짓은 서로 믿지 못해 서로 의심하는 데서 시작된다. 서로 마음을 열고 속내를 감추거나 숨기지 않는다면 의심받을 리도 없고 의심할 리도 없을 터이다. 그런데 세상일이 마치 노름판의 화투짝 같을 때가 빈번하다. 손에 든 제 패들이 보일세라 감춰두고 상대편 패만 슬쩍하려고 하는 노름판 심술 탓으로 사기 당할세라 경계도 하고 불신당하나 억측하게 된다. 여기서 시비(是非)가 생기고 따라서 겨루고 다투는 실랑이가 일어나 당신이 콩을 콩이라 해도 믿지 않겠다고 제멋대로 속셈한다.

윤희(尹喜)와 거위 이야기 다들 알 것이다. 사랑채 뜰에서 진주알이 없어졌으니 묵고 있는 저 나그네 짓이라고 억측하고선 윤희에게 훔친 진주를 내놓으라고 윽박질렀다. 그런데 윤희는 내가 훔친 것이 아니라 변명하지 않았다. 다만 저 거위와 함께만 있게 해달라고 하였다지. 거위가 배 속에 든 것을 다 배설할 때까지 윤희는 거위와 함께 도둑으로 묶이고 말았다. 드디어 거위 항문에서 진주알이 나오자 윤희가 주인을 불러 잃었다는 진주가 바로 저것이냐고 하였다지. 낯짝을 들 수 없게 된 주인이 왜 저놈의 거위가 삼켰다고 말해주지 않았느냐고 윤희께 너스레를 떨었다는 이야기를 떠올리면 누구나 억측이 산목숨 죽인다는 말이 실감날 것이다.

주인의 윽박지름에 윤희께서 내가 진주를 훔친 것이 아니라 저 거위가 마당에 떨어진 진주알을 집어먹었노라고 사실대로 말해주었다면 분명 그 거위는 단칼에 목이 날리고 배 속에 진주알이 있는지 확인하게 되었을 것이다. 그러면 한낱 물건에 지나지 않는 진주알 탓으로 산목숨인 거위가 죽임을 당하고 만다는 사실(事實)을 윤희께서는 정확하게 알았던 것이다. 사실을 사실대로 알아냄을 일러 〈현(賢)〉이라고 한다. 현(賢)은 밝음을 말한다. 그래서 〈밝을 현(賢)-밝을 명(明)〉 같은 뜻이라 현명(賢明)하다는 낱말이 된다. 현명이란 밝음은 밖을 비춰주는 밝음이 아니라 마음속을 비춰 밝게 함을 말한다. 윤희께서는 그런 밝음(賢)을 간직했기에 억측으로 억지를 부리는 집주인의 마음속을 훤히 알고서 입을 다물고 거위와 하룻밤을 함께하기로 마음먹었던 것이다. 그리고 함부로 사람을 의심하여 억측하지 말라고 공자의 가르침으로 얼뜨기 집주인을 단단히 깨우쳐준 셈이다.

[논어 읽기]

不逆詐 不億不信
불역사 　　　　 불억불신

抑亦先覺者 是賢乎
억역선각자 　　　　 시현호

(남이 나를) 속일세라(詐) 미리 경계하거나(不逆) (남이 나를) 믿지 않나(不信) 억측하지 않으면서도(不億) 막상(抑) 또한(亦) (참과 거짓을) 먼저(先) 알아채는(覺) 것(者)이래야(是) 현명한 거지(賢乎)!

-「헌문(憲問)」33

057

즐길 수 있어야지

낙지자 樂之者

아는 것은 힘이다. 서양에서 들어온 것이지만 이제는 누구나 다 알고 있는 말이다. 즐기는 것은 힘이다. 이는 선대(先代)로부터 우리에게 넘어온 말씀이지만 이제는 거의 잊힌 말이 되고 말았다. 아는 것도 힘이고 즐기는 것도 힘이라고 하여 다 같은 힘은 아니라고 본다. 힘에는 두 갈래가 있다. 남과 겨루어 내가 남을 이기는 힘(力)이 있고 내가 내 자신과 겨루어 내가 나를 이기는 힘(强)이 있다. 옛날은 역(力)은 천한 힘이고 강(强)은 귀한 힘이라고 믿고 따르려 했다. 겨루기하는 힘(力)은 언급하지 않았지만 수기(修己)만큼은 공자께서 강조하셨던 까닭으로 보아도 될 것이다. 수기(修己)하라. 이는 강(强)하라는 말이다. 그래서 맹자는 수기(修己)를 극기(克己)로 바꾸어놓은 셈이다. 〈나를 닦아라(修己)-나를 이겨라(克己)〉. 이는 곧 나를 강하게 하라는 말씀이다.

이제는 세상을 앞장서 끌어간다는 층(層)일수록 제 욕망을 앞세우고 키우기를 조금도 꺼려하거나 부끄러워하지 않는 세상이다. 옛적은 제 자랑하면 못난 놈이라고 손가락질 받았지만 이제는 남과 경쟁해야 하는 마당에서 제 자랑 하지 않고서는 설 자리를 차지하지 못하고 밀려날 수 있다. 세상이 이렇다 보니 바야흐로 지금은 욕망의 투사(鬪士)가 되어야 경쟁에서 살아남는다고 다짐하면서 살아가는 시류(時流)이다. 앞다툼(競)에서 남보다 앞서야 하고 힘 다툼(爭)에서도 남보다 세어야 출세한다고 저마다 속으로 다짐하고 세상에 나선다. 이제 지식층은 정보의 사냥꾼으로 돌변해서 써먹을 수 있는 〈앎(智)〉을 찾아내 축적하고자 하지 자기를 바르게 해주는 〈지(知)〉에는 거의 눈도 주지 않는 편이다.

공자께서 밝힌 〈지지(知之)의 지(知)〉를 주목해서 〈지지(智之)〉라고 하지 않은 점을 깊이 헤아려볼수록 좋겠다는 생각이 앞선다. 지(知)와 지(智)는 서로 다른 앎으로 분별하는 경우가 있기 때문이다. 내가 나를 살펴내 자신을 알아가는 앎을 〈지(知)〉라 하여 내성(內省)의 지(知)로 삼고 내밖에 있는 것들을 알아내는 앎을 〈지(智)〉라 하여 관물(觀物)의 지(智)로삼아 지(知)와 지(智)를 분별하는 경우가 있었다. 그래서 옛날에는 지(知)를 근본으로 삼고 지(智)를 말단으로 치기도 했다. 이제는 내성(內省)의지(知)는 폐기된 편이고 오로지 지(智)만 기세등등할 뿐이다. 내성(內省)이란 바로 내 마음을 살핀다는 말이다. 내가 선(善)한지 불선(不善)한지정성껏 살펴 불선한 나를 뉘우쳐 부끄럽게 여기고 선한 나로 옮겨가는 길을 알아냄이 곧 공자께서 밝힌 〈지지(知之)〉이다.

공자께서 밝힌 가장 큰 길을 일러 인도(仁道)라고 한다. 따라서 지지(知之)를 지인도(知仁道) 또는 줄여 지도(知道)라고 새겨 헤아려도 되겠다.물론 지지(知之)의 지(之)가 반드시 인도(仁道) 또는 도(道)라는 것은 결코아니다. 덕선(德善)을 누리게 하는 쪽을 묶어 말씀하고자 〈지지(知之)〉라고 한 것이다. 무엇이라고 딱 잘라 말하지 않고 여러 뜻을 묶어두는 지시어가 바로 〈그것 지(之)〉다. 그러니 지도(知道)-지덕(知德)-지인(知仁)-지의(知義)-지예(知禮)-지악(知樂) 등등이 될 수 있다. 그러나 지지(知之)

의 지(知) 즉 안다는 것(知)만으로 안 되는 것이 사람 되어가는 길 즉 인도(人道)라는 길이다.

그래서 공자께서 지지(知之)는 좋아하는 것(好之)보다 못하고 호지(好之)는 즐기는 것(樂之)보다 못하다 하셨다. 인(仁)을 알아서(之) 뭐하겠느냐? 그 어짊(仁)을 행해야지(行). 이렇게 나무라는 대목이 『논어』에 나온다. 사람은 어떤 것을 좋아하면 그것을 행하게 된다. 자꾸 행하다 보면 그것을 즐길 줄 안다. 그래서 낙도(樂道)를 상선(上善)의 우두머리로 친다. 지금 이런 말 해서는 씨도 먹히지 않음을 안다. 하지만 세상이 아무리 변해도 누구나 지락(知樂)하면 행복을 남몰래 누릴 수 있다는 것은 참말이다.

[논어 읽기]

知之者不如好之者
지지자불여호지자

好之者不如樂之者
호지자불여낙지자

그것을(之) 아는(知) 것은(者) 그것을(之) 좋아하는(好) 것만(者)
못하고(不如) 그것을(之) 좋아하는(好) 것은(者)
그것을(之) 즐기는(樂) 것만(者) 못하다(不如).

-「옹야(雍也)」18

낙지자 樂之者 **189**

058

자신이 올발라야지

기신정 其身正

콩 심은 데 콩 나고 팥 심은 데 팥 난다. 이는 정직하란 속담이다. 이런 간명한 사실은 틀림없이 자연에서만 늘 있는 일이다. 정(正)을 직(直)이라 하고 직(直)을 정(正)이라고 한다. 올바름(正)은 곧음(直)이라는 것이다. 정직(正直)하면 곧 간명(簡明)하다고 한다. 감출 것도 없고 숨길 것도 없어 그냥 그대로 밝아 모든 것이 훤히 들여다보이는 맑은 물속 같음을 일러 〈정직하다-간명하다〉하고 더 힘줄 때는 명백(明白)하다고 잘라 말한다.

간명하여 명백한 마음속을 일러 정직하다 한다. 이처럼 마음속이 정직한 사람이 세상을 다스려주기를 갈망하는 쪽은 늘 백성이다. 정치가 정직-간명하다면 백성이 갈망할 리 없을 터이다. 갈망한다는 것은 이미 바라는 대로 이뤄지지 않음을 뜻한다. 어느 세상에서나 백성은 늘 정치가 정직하기를 갈망한다. 공자께서 밝힌 〈기신정(其身正)〉은 〈정치인 즉 치자(治者) 자신이 정직하다면〉 하고 단서를 단 조건문이다. 이러한 조건을 달아둔 것은 예나 지금이나 치자가 흐린 물속 같기 때문이겠다.

콩 심어놓고 팥 심었다 하고 팥 심어두고 콩 심었다고 능청 떠는 일들이 빈번하게 일어나면 백성은 정치판을 더러운 냇물로 보게 된다. 창랑(滄浪)의 물이 맑으면 내 갓끈을 담그고 창랑의 물이 흐리면 내 발을 담그리라고 노래하는 아이를 공자께서 제자들과 함께 만나는 광경이 『맹자』에 나온다. 〈저 노래를 들어보아라. 맑으면 갓끈을 담그고 흐리면 발을 담그게 된다. 스스로 그런 일을 불러오는 것이다.〉 이렇게 공자께서 제자들에게 타일러준다.

치세(治世)가 달라져 모든 권력이 백성으로부터 나오는 세상이 된지라 이제야말로 백성은 하늘(天)이 된 것이다. 예부터 변함없이 민심(民心)은 천심(天心)이란 사실이다. 천심이란 거짓이 하나도 없어 그야말로 정직한 마음을 말한다. 민심은 본래 정직하다. 그런데 세상을 다스리는 짓이 올바르지 못하면 민심은 등을 돌리고 하라면 하지 않으려 들고 하지 말라면 한사코 하려고 덤비는 심술을 부리게 된다. 정치가 정직하지 못하면 법을 만들어 아무리 호령해도 백성은 따르는 척하면서 따르지 않음을 공자께서 〈수령부종(雖令不從)〉이라고 밝혔다.

비록(雖) 법으로 호령해도(令) 백성은 그 호령을 따르지 않는(不從) 세상을 난세(亂世)라고 한다. 난세란 백성이 복종하지 않는(不從) 세상을 말한다. 어지러운 세상(亂世)은 언제나 백성 탓이 아니라 정치 탓이다. 물을 흐리게 하는 짓도 정치에서 비롯되고 물을 맑게 하는 짓도 정치로부터 나온다. 윗물이 맑아야 아랫물도 맑다고 하지 않는가. 정치가 맑으면 백성은 그 정치를 따른다. 이를 두고 창랑의 물이 맑으면 갓끈을 담근다고 한다. 갓끈을 담근다고 함은 성복(誠服)한다는 말이다. 그러나 정치가 흐리면 백성은 그런 정치에 등 돌린다. 이를 두고 창랑의 물이 흐리면 발을 담근다고 한다. 발을 담근다고 함은 불복(不服)한다는 말이다.

백성이 다스림에 진실로 따르면(誠服) 그 세상을 일러 왕도(王道)라고 한다. 그러나 백성이 겉으로 복종하는 척하면서 속으로는 따르지 않는(不

從) 세상을 일러 왕도(枉道)라 한다. 왕도(王道)는 올곧아 트인 길을 말하고 왕도(枉道)는 굽어서 막힌 길을 말한다. 정치를 믿지 못하겠다는 것은 정치 쪽이 올곧은 길을 버리고 굽은 길을 택해 백성을 속이는 까닭이다. 정치가 썩었어. 이런 푸념이 백성의 입에서 나오면 큰일이다. 바로 난세 (亂世)란 뜻이기 때문이다. 그러니 백성한테 법 지키는 정신이 없다고 말하면 안 된다. 다스리는 쪽이 정직해서 맑다면 백성은 고분고분 법을 따라지키는 깨끗한 순둥이가 된다.

[논어 읽기]

其身正　不令而行
기신정　　　　불령이행

其身不正　雖令不從
기신부정　　　　수령부종

그(其) 자신이(身) 올바르면(正)
(백성에게) 하라 하지 않아도(不令而) 행하고(行)
그(其) 자신이(身) 올바르지 못하면(不正) (백성에게)
비록(雖) 하라고 한들(令而) 따르지 않는다(不從).

－「자로(子路)」 6

059

참말만 하기는 어렵다

위지야난 爲之也難

　참말만 하면서 산다고 말하는 이가 있다면 바로 그런 자야말로 천하에 거짓말쟁이다. 대개는 아무런 악의 없이 서로 거짓말을 자주 하면서 살아가는 편이다. 화나면서도 상대편을 생각해 화 안 났다고 능청 떠는 경우가 허다하다. 오줌 싸놓고 안 했다고 뚝 잡아떼는 돌잡이를 봐서라도 따지고 보면 사람은 참말보다 거짓말을 더 하면서 살아간다. 물론 남을 해치려는 사기꾼처럼 거짓말하며 누구나 살아간다는 것은 아니다.

　모난 돌이 정 맞는다고 살면서 모나기 싫어함은 누구나 다 같다. 좋은 게 좋지 않으냐며 서로 말 섞어가면서 정(情) 나누며 산다. 정이란 본래부터 끊고 맺음이 분명해야 하는 법령집 속의 낱말 같은 것은 결코 아니다. 정을 나누는 말 속에는 거짓말이 한몫 톡톡히 한다. 달래줄 수 있는 거짓말이 똑 떨어지는 참말 쪽보다 더 나을 때가 더 많은 게 골목의 말수이다. 그래서 유식한 말씨보다 일상에서 주고받아 서로 정이 묻어나는 어야디야 속언(俗言) 속에는 악의(惡意) 없는 거짓말이 수두룩한 편이다.

　그러나 공자께서 밝힌 〈기언지부작(其言之不怍)〉에서 기언(其言)은 어야디야 그냥 서로 주고받는 말수가 아니라 무슨 일을 두고 시시비비(是是非非)를 가려야 하는 경우의 발언(發言)이다. 어떤 일이 벌어졌을 때 저거는 저렇고 이거는 이렇다며 무쪽 자르듯 똑 부러지게 말하려면 말하는 쪽이 무엇보다 무사(無私)하여 무욕(無欲)해야 한다. 부작(不作)이란 말씀이 곧 무사하여 무욕해 부끄러움이 하나도 없다는 말이다. 조작하여 꾸미고 다듬어보려는 마음이 하나도 없음을 어려운 말로 〈부작지언(不作之言)〉이라고 한다.

예를 들자면 열무김치처럼 말하지 않고 푸성귀인 열무 그대로 그냥 말함이 부작(不作)의 말하기(言)다. 맛있는 열무김치는 열무만 가지고서는 안 된다. 열무를 잘 가리고 다듬어서 갖은 양념으로 버무려 하룻밤 삭혀야 맛있는 열무김치가 된다. 그래서 열무김치 같은 말은 꾸미고 다듬어 색칠하다 보면 거짓부렁도 간 맞추는 소금처럼 끼어들게 마련이라면 그냥 열무 같은 말은 사실 그대로를 비춰주는 거울 같다. 거울같이 말하기란 참으로 어렵다. 부끄러움이 하나도 없는 말을 실천하기란 참으로 어려움을 가르쳐주고자 공자께서 〈위지야난(爲之也難)〉이라 하셨다.

위지(爲之)는 그것(之)을 위하거나 행한다(爲)는 뜻으로 자주 쓰인다. 물론 여기서 그것 지(之)는 부끄러울 것 하나도 없음을 받는 대명사로 여기면 된다. 그래서 위지야난은 부끄러울 것 하나도 없는 말을 실천하기란 어렵다는 말이다. 부작(不作)은 부끄러울 것이 하나도 없음을 뜻한다. 부끄러움이 없다면 뉘우칠 것도 없어진다. 세상에서 제일 행복한 사람은 다름 아닌 뉘우칠 것 하나 없이 살아가는 사람일 것이다. 그러나 성인(聖人) 아니고서야 그런 사람 천지에는 없다. 사람들은 저마다 부끄러움을 뉘우치면서 일상(日常)을 마주하고 보내면서 산다.

마음속에 도사린 부끄러움을 싹싹 쓸어내는 빗자루 같은 것을 〈무사(無私)-무욕(無欲)〉이라고 한다. 살아가면서 제일 어려운 일이 무사하여 무욕하기다. 나는 늘 무사하고 무욕하다는 사람이 있다면 그자야말로 뻘건 거짓말쟁이다. 벼룩도 제 낯짝 있듯이 사람은 저마다 〈사(私)-욕(欲)〉이란 것을 지니고 산다. 왜 남의 밥에 있는 콩이 더 커 보인다고 하겠는가. 그러므로 세상에는 하늘같이 공평무사한 사람은 없다고 믿는 것이 속편하다. 다들 저 나름대로 팔은 안으로 굽는다고 여기면서 곧은 것이면 제 편으로 좀 굽혀보려고도 하고 굽은 것이면 제 쪽이 유리하게 펴보려고 하면서 살아간다. 법에도 눈물 있다고 하지 않는가. 같은 값이면 다홍치마라고 요량대로 색칠하면서 살아가야 살맛을 낸다고 하는 세상에서 딱 부러지게 참말만 하고 산다는 것은 불가능할 만큼 어렵다.

[논어 읽기]

其言之不怍 則爲之也難

기언지부작   즉위지야난

자기의(其) 말에(言之) 부끄러움이(怍) 없다면(不)
그 말을(之) 실천하기란(爲也) 어렵다(難).

-「헌문(憲問)」 21

060

말 재치만 부리면

언용녕 焉用佞

정이 앞서 그냥 거짓말로 상대를 쓰다듬는 짓은 허물일 것 없지만 사기꾼의 거짓말은 등치고 간 내가는 도둑질이고 구렁이 담 넘어가듯 듣기 좋은 말로 재주부리는 거짓부렁은 속임수이다. 물론 도둑질은 범죄이지만 구변머리 좋아 입 놀리는 짓거리야 죄는 아닐지언정 남을 속상하게 하는 거짓부렁이다. 하여튼 사기꾼의 거짓말이든 말쟁이의 구변이든 사람을 속상하게 하는 거짓말들이다.

사람들로부터 듬직하다는 믿음을 얻고 싶다면 무슨 일이 있어도 〈영(佞)〉 즉 말재주(佞)를 앞세워 피우지 말아야 한다. 입술에 침도 안 바르고 말한다고 흉잡혀서는 사람들로부터 신용을 얻지 못한다. 신용 잃은 사람이 되면 그런 자는 누구든 개천에 떠내려가는 가랑잎 신세가 되고 만다. 가랑잎일지라도 나무 밑에 떨어져야 거름 되어 봄여름 받은 은혜 되돌려 갚는다고 한다.

누구나 입이 무거운 사람을 좋아하지 입이 가벼운 사람을 좋아할 리 없다. 끼리끼리 모여 재미있게 이야기를 나누다가도 누가 다가오기만 하면 재미있게 노닥거리던 입들이 뚝 닫히면 다가간 그자는 영언(佞言)을 일삼는 헛말쟁이가 분명하다. 영언이란 가벼운 입이 아양 떨거나 생색내거나 아니면 고자질하는 헛말이다. 헛말 놀리는 자도 나쁘지만 그 헛말에 놀아나는 자 또한 나쁜 짓에 장단 맞추는 셈이다. 그러니 영언(佞言)이란 사람 놀리는 짓거리에 불과하다.

왜 군자욕눌(君子欲訥)이라고 하겠는가? 군자라면 어눌하기(訥)를 바란다(欲)는 것이다. 군자라면 결코 달변(達辯)을 좋아하지 않는다. 말 잘하는 짓(達辯)은 거의가 영(佞)에 가깝기 때문이다. 주변의 구미를 댕겨 호감을 좀 사보려고 알랑거리는 세치 혀의 놀림(佞)이란 날름거리는 독사의 헛바닥과 다를 바 없다. 그런데 어찌 군자가 알랑거리는 말재주를 탐하겠는가. 물론 지금 군자라면 헌신짝 같다고 비웃을 수도 있겠다. 군자는 오로지 올바른 길을 따라 치우치거나 모자람 없이 공평하게 살아온 사람들이 편안하게 늘 〈욕인(欲仁)〉하려는 인간이다. 〈어질고자 하는(欲仁)〉 사람을 어찌 낡은 인간형이라고 할 수 있겠는가. 어진이가 곧 군자이다. 어질면 되지 말주변 좋아야 할 필요가 없다는 것이다.

지금 세상은 알맹이보다 껍데기를 번지르르하게 광내고자 한다. 눈부시게 제 자랑을 일삼아 자기의 주가를 뻥튀기하려는 허세를 부리는 시류(時流)가 요란하다. 세상이 이렇다 보니 말재주 하나로 밑천 삼아 한몫 보려는 기류(氣流)가 거세기도 하다. 마치 뻐꾸기 세상 같다는 생각이 들기도 한다. 뱁새 둥지에 알을 낳아 뱁새가 다 키워주면 유괴해 가는 뻐꾸기는 목청 하나 믿고 이산 저산 날아다니면서 놀기만 하는 바람둥이다. 이런 뻐꾸기야말로 영언(佞言)의 판박이일 수 있다.

뱁새는 모양새도 수수하거니와 내는 소리도 보잘것없고 몸집은 참새만 한 것이 부지런하기로는 상대가 없을 정도이다. 뱁새 둥지를 보면 바로 안전가옥이다. 일일이 풀 줄기를 물어다가 마치 삼태기를 겹겹으로 엮어놓은 듯 둥지를 꾸린 뱁새는 뱀이 새알을 노리지 못하게 안전한 자리에 매달아둔다. 그렇게 제 새끼인 줄 알고 열심히 먹이를 물어다 키워내는 뱁새야말로 어진 새이다. 산새도 이렇거늘 하물며 인간이 어질면 되었지 어찌 말재주를 앞세울 것인가?

[논어 읽기]

或曰　雍也仁而不佞　子曰
혹왈　　옹야인이불녕　　　　자왈

焉用佞　禦人以口給
언용녕　　어인이구급

屢憎於人　不知其仁　焉用佞
누증어인　　　부지기인　　　언용녕

어떤이가(或) 말했다(曰). 옹은(雍也) 어질지만(仁而) 구변이
없지요(不佞). (이에) 공자께서(子) 가로되(曰) 어찌(焉) 말재주를(佞)
부리겠소(用). 번지르르한 말솜씨로(口給)써(以) 사람을(人)
상대한다면(禦) 사람한테서(於人) 흔히(屢) 미움 받지요(憎).
(내) 그의(其) 어짊을(仁) 모르지만(不知) (옹[雍]이) 어찌(焉)
말재주를(佞) 부리겠소(用). [옹(雍)은 공자의 제자. 성씨는 염(冉),
이름이 옹(雍)이고 자(字)는 중궁(仲弓)]

－「공야장(公冶長)」 4

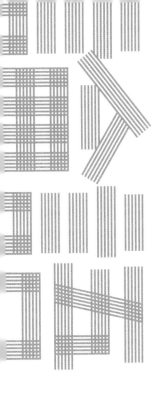

4장 어울림이냐 패거리냐

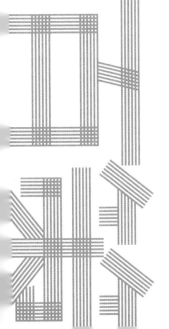

061

어짊으로 선미善美를 삼는다

이인위미 里仁爲美

인(仁) 즉 어짊이란 무엇인가? 이런 질문을 두고 아는 척할수록 수렁에 빠지고 만다. 이리저리 말해서 어짊을 딱 부러지게 말할 수 없다고 생각하는 편이 솔직하고 정직하다. 그러니 인(仁)은 무엇이라고 한마디로 정답을 내릴 수는 없다. 그렇다고 그 어짊을 새기고 헤아려보게 할 수 없다는 것은 아니다. 공자께서 〈인인(仁人) 즉 어짊은(仁) 사람이다(人)〉라고 말씀해두었지만 그것으로 다 풀이된 것은 아니다. 그런데 어짊이 곧 사람이라니 어리벙벙해질 수도 있다. 사람보다 더 알록달록한 동물은 없다고 본다. 하지만 인인(仁人)이라고 할 때 그 사람(人)은 다름 아닌 어머니 같다고 여기면 아하 인(仁)이란 그런 뜻이구나! 저마다 나름대로 헤아려 가늠해볼 수 있지 싶다.

인(仁)이란 무엇인가? 그것은 어머니 마음이라고 답한다면 공자께서 밝힌 인인(仁人)을 제대로 풀이해서 답했다고 믿어도 된다. 물론 사람한테만 어머니가 있다는 것은 아니다. 목숨이 있는 것이면 무엇이든 어미가 있고 새끼가 있으니 말이다. 뱁새가 벌레를 물어다가 새끼가 주둥이를 쪽쪽 벌리면 꼭꼭 넣어주는 꼴을 보면 볼수록 저것도 인(仁)이로구나! 무릎 치게 된다. 어미가 새끼를 낳아 길러주는 바로 그 일이 곧 어짊인 셈이다. 그래서 인(仁)을 두고 어미가 새끼를 사랑하는 일이라고 새김해도 될 것이다.

사랑하는 마음만 가지고는 어짊이 무르녹지 못한다. 사랑하는 마음이 행동으로 이어져야 드디어 어짊은 이루어지는 것이다. 그래서 공자께서 〈역행(力行)〉이라야 인(仁)에 가까워진다고 말씀해주셨다. 술술 슬슬 어물쩍해서는 안 되고 애써 정성을 다해야 어진 사람이 될 수 있다는 것이다. 바로 그런 인자(仁者)의 표상이라면 어머니가 제일이란 말이다. "진자리 마른자리 갈아 뉘시며 / 손발이 다 닳도록 고생하시네." '어머니 마음'이란 노래 한 구절로도 다짐될 수 있겠다. 어머니가 곧 〈이인(里仁)〉 바로 그 모습이니 바로 어머니 품안을 이인이라고 믿어도 된다.

〈이인위미(里仁爲美)〉라. 이를 옮긴다(譯)면 〈어짊에(仁) 머묾이(里) 아름다움(美)이다(爲)〉 정도일 것이다. 이런 역(譯)보다 오히려 어머니 품안 같다고 새김해본다면 이인이 왜 아름다움(美)인지 훨씬 더 간절해질 수 있다. 인(仁)을 집으로 삼아 산다는 말씀이 곧 이인(里仁)이고 처인(處仁)이다. 어짊(仁)이 떠나지 않고 머물러 있는 곳(里)이라면 어머니 품안이 바로 그곳이다. 천국이 선(善)해서 아름답다(美) 함은 어머니 품안 같기 때문이라고 믿어도 된다. 그래서 공자께서 〈이인(里仁)이 위미(爲美)〉라고 말씀해두셨지 하고 짐작만 해도 누구나 어질고 싶어질 터이다. 어느 누가 어머니 품안을 싫어할까. 어질고 싶어져 어질어진 마음을 선(善)이라고 한다. 착하고 착해 선(善)이 소복소복 쌓인 어머니 품안 같은 마음속을 일러 미(美)라고 한다. 본래 만선(萬善)을 미(美)라 한다. 그러니 인(仁)에 머물면 머물수록 그만큼 더 착해지니 어찌 아름다움(美)이 아닐까?

택인(擇仁), 택선(擇善)은 다 같은 말씀이다. 어짊을 가림(擇)이 곧 선(善)을 택함이 되는 까닭이다. 〈택인(擇仁)-택선(擇善)〉하지 않고서는 어느 누구도 진실로 미인(美人)이 될 수 없다. 그래서 택인(擇仁)하여 이인(里仁)하면 누구나 착해져서 절로 절로 미인(美人)이 된다. 요사이는 미(美)를 눈요기로 생각한다. 보기 좋으면 아름다움이라는 것이다. 그러나 본래 미(美)는 먼저 선(善)해야 함을 강요한다. 선(善)을 떠난 미(美)는 없다는 것이다. 그래서 선미(善美)라고 한다. 눈길을 사로잡는 얼굴이나 몸매가 미(美)인 것은 아니다. 무엇보다 먼저 마음이 어질어서 착하고 착해야 아름다워지고 그 아름다운 마음이 세상을 어루만져 삶이 밝아질 때 그 마음결을 일러 슬기로움(知)이라 한다.

[논어 읽기]

里仁爲美　擇不處仁
이인위미　　　　　　택불처인

焉得知
언득지

어짊에(仁) 머묾이(里) 아름다움(美)이다(爲). 어짊을(仁) 택하여(擇) 머물지 않는다면(不處) 어찌(焉) 슬기로움을(知) 얻겠는가(得)?

-「이인(里仁)」1

062

어질게 사는 것

인자안인 仁者安仁

변덕이 죽 끓듯 한다고 흉잡히는 사람은 제 맘대로 세상을 마주하는 사람이다. 변덕쟁이와는 그럭저럭 지내는 편이 낫지 끈끈히 지내려다가는 어리벙벙할 때가 많게 된다. 이랬다 저랬다 도무지 요량할 수 없는 사람과 외줄 타기 해서는 안 된다는 말씀일 테다. 제 맘에 들면 헤헤 하고 안 들면 옆 사람 아랑곳 않고 불끈거리는 사람은 바탕이 어질지 않은 사람이다. 세상에는 어질지 못한 사람보다는 어질지 않은 사람이 더 많아 보이기도 한다.

눈 뜨고 코 베이는 세상이라고 너도나도 끌끌거리는 꼴은 결국 따지고 보면 너도나도 어질지 않은 까닭이다. 예부터 어질지 못한 사람은 어진 사람이 될 가망이 있지만 어질지 않은 사람은 그마저도 없다고 해왔다. 어질어야 제가 살아가는 길이 편해진다. 가야 할 길이 꼬불꼬불하면 그런 대로 따라가고 가파르면 가파른 대로 내리막이면 내리막인 대로 좁으면 좁은 대로 넓으면 넓은 대로 한결같이 걸어가는 사람을 떠올려보라. 길이 꼬불꼬불하면 꼬부랑길이라고 투덜대고 가파르면 가팔라 숨차다고 투정하고 내리막이면 어이 편하다 줄달음치고 좁으면 좁다고 탓잡고 넓으면 넓다고 헤집는 사람을 떠올려보라. 두 사람 중에서 어느 쪽과 길동무해서 인생이란 나그네의 길을 걸어가고 싶은지?

변덕이 죽 끓듯 하는 자와 길동무하고 싶은 사람은 아마도 없을 터이다. 변덕쟁이가 변덕쟁이를 싫어하는 꼴을 보면 참 가소롭다. 변덕쟁이면서 다른 변덕쟁이를 싫어하는 멍청이가 세상에는 의외로 많다. 그래서 어진 사람보다 어질지 않은 사람들이 많은 세상이 되고 만다. 그래도 장차 어진 사람이 될 수 있는 어질지 못한 사람들이 세상에는 훨씬 더 많아서 살맛이 나는 것이다. 어질지 못한 사람은 어질어야 함을 알면 스스로 어진 사람으로 바뀔 수 있다. 세상에는 악한 사람보다 선한 사람이 수백 배나 많다. 그래서 세상이 물레방아처럼 돌아가는 것이니 어질 수 있는 사람들이 온 세상 버팀돌이다.

미꾸라지 한 마리가 온 방죽 물을 흐린다고 한다. 그처럼 〈불인자(不仁者)〉가 하나만 있어도 주변이 편치가 못하다. 불인자란 쉽게 저를 중심으로 세상을 바라보기 때문에 배려하는 마음이 없는 변덕쟁이다. 남이야 죽든 말든 제 것만 편하면 그만이란 자가 곧 어질지 못한 사람(不仁者)이다. 저 하나를 중심에 두고 변덕스럽기 짝이 없는 자가 곧 불인자라고 낙인찍어도 틀리지 않다. 이런 변덕쟁이는 제 것만 아끼고 사랑하지 남들이야 죽이 되든 밥이 되든 알 게 뭐냐고 강 건너 불구경하듯 한다. 이들이야말로 불인자이다. 그래서 공자께서 불인자는 〈불가이구처약(不可以久處約)하고 불가이장처락(不可以長處樂)〉이라고 밝혀두셨다.

불인자는 변덕꾸러기라 곤궁하면 거기서 벗어나고자 안절부절 물불 가리지 않고 잔꾀를 부린다. 궁기(約)를 견디지 못하기(不處) 때문이다. 그러나 인자(仁者)는 궁하면 궁한 대로 살면서 마음을 애태우지 않아 처약(處約)을 두려워 않는다. 불인자는 즐거움(樂)도 만족할 줄 모른다. 말 타면 경마 잡히고자 한다. 불인자(不仁者)는 즐거우면 더더욱 즐겁기를 탐한다. 탐닉(耽溺)이란 말이 그래서 생겼다. 즐거워도(樂) 더 즐겁고자 견디지 못한다(不處). 이처럼 불인자는 만족할 줄 몰라 늘 불행할 뿐이다. 그러나 인자(仁者)는 안인(安人) 즉 어짊(仁)을 누리면서(安) 산다. 참으로 인자는 남들에게 어짊을 드러내지 않고 스스로 어질게 살아갈 뿐인지라 남들 눈에 드러나기 어렵다. 그러나 지자(知者)는 인(仁)을 나름대로 풀이해서 사람들에게 알리려 드러낸다. 이를 이인(利仁)이라고 한다. 안인(安人)은 안인대로 이인(利仁)은 이인대로 다 선(善)이니 좋을 뿐이다.

[논어 읽기]

不仁者不可以久處約
불인자불가이구처약

不可以長處樂　仁者安仁
불가이장처락　　　　인자안인

知者利仁
지자리인

어질지 못한(不仁) 사람은(者) 그로써(以) 곤궁에(約) 오래(久) 처할(處) 수 없고(不可) 즐거움에도(樂) 그로써(以) 오래(長) 처할(處) 수 없다(不可). 어진 이는(仁者) 어짊을(仁) 누리고(安) (인[仁]을) 아는 이는(知者) 어짊을(仁) 이용한다(利).

- 「이인(里仁)」 2

063

오로지 어진이라야

유인자 唯仁者

　오로지 인자(仁者)라야 장자(長者) 즉 어른이다. 나이로 어른을 삼느니보다 어짊(仁)을 두고 어른을 따짐이 어른 노릇 가림하는 바른 길이다. 나이 턱 못하는 사람이 의외로 많다. 왜 밴댕이 속 같다는 흉보기가 생겼겠나. 속이 도토리만 한 애늙은이는 나이만 먹었지 어른 노릇 못 하는 경우가 허다하다. 그래서 노추(老醜)란 말이 있다. 추한 늙은이는 나잇값 못하는 것이다. 그러니 인자(仁者)는 늙어야 된다는 생각은 글러먹은 편견이다. 오히려 젊은 인자가 세상의 소금이 된다. 공자께서 안연(顔淵)이란 제자가 요절하자 왜 〈천상여(天喪予)〉 즉 〈하늘이(天) 나(予)를 망쳤다(喪)〉고 탄식했겠는가. 덕(德)으로 치면 당신보다 낫다고 공자께서 공언한 제자가 요절한 까닭이다. 인자(仁者)는 곧 덕자(德者)이다. 덕자란 천하에 부끄럼이 없는 분이다. 인자가 곧 그렇다.

　스승인 공자께서 제자인 안연을 왜 존경했을까? 안연이 곧 인자였기 때문이다. 젊어도 어질다면 모든 사람의 선생이 된다. 선생은 가장 높은 호칭이다. 임금보다 더 높은 호칭이 선생이란 말도 있다. 지식이 많다거나 나이가 많다고 해서 선생이란 호칭을 들을 수 있는 것은 아니다. 인자(仁者) 즉 덕자(德者)라야 선생이란 호칭으로 칭송할 수 있는 것이다. 말하자면 공자께서도 오히려 안연을 선생으로 여기시고 그를 아끼고 사랑했던 것이다.

모든 사람들의 선생이 되는 인자(仁者)란 누구일까? 〈능호인(能好人)하고 능오인(能惡人)하는 분〉이란 공자의 밝힘보다 더한 명답은 없겠다. 인자가 호인(好人)한다고 함은 사람의 겉보기를 좋아한다는 것이 아니라 사람의 속을 좋아한다는 것이다. 세상 사람들이 좋아한다(好)는 것은 주로 부귀영화(富貴榮華)로 따진다. 출세했느냐? 부유하냐? 인기가 있느냐? 얼굴이 예쁘냐? 등등으로 따져 호인(好人)하려 든다. 인자의 호인은 사람의 껍데기를 좋아하는 것이 아니다. 사람의 마음가짐을 좋아하는 것이다. 선해서(善) 아름다운(美) 사람만을 인자는 좋아한다.

선(善)이란 어짊의 바탕이다. 선하지 않은 어짊이란 없다. 온갖 초목이 봄이면 싹이 트고 여름이면 자란다. 그 봄같이 사람의 싹을 트게 하고 여름같이 사람이 잘 자라게 함이 어짊이고 그 어짊의 뿌리가 곧 선이다. 그래서 〈춘작하장인야(春作夏長仁也)〉란 말씀이 있다. 봄이면 싹트고(春作) 여름이면 자람(夏長)이 어짊(仁)이라는 것이다. 인자가 좋아하는 사람이란 다름 아닌 착해서 어진 속마음을 누리는 바로 그 사람이다.

선하면 어질고 어질면 선하므로 선인(善仁)을 일러 어려운 말씀으로 〈천사(天食)〉 바로 그것이라고 한다. 하늘이 준 먹을거리를 천사라고 한다. 물론 천사를 천록(天祿)이라고도 한다. 사람은 선(善)을 밥 먹고 물 마시듯 해야 하고 어짊(仁)도 밥 먹고 물 마시듯 해야 멋있게 산다는 것이다. 선하고 어진 삶을 일러 〈인생지미(人生之美)〉라고 한다. 얼굴이 예쁘고 몸매가 날씬함을 두고서는 미(美)라 하지 않는 것이고 연(妍)이라 한다. 따지고 보면 선인(善人) 아니면 미인(美人)이 될 수 없다. 마음이 인자

(仁慈)해야 아름다운 사람(美人)이 되는 것이다. 본래 미(美)는 선(善)함을 쌓아올린 보람을 말한다. 착하지 않다면 미(美)는 없다. 그래서 선미(善美)한 분을 일러 인자(仁者)라고 한다. 어진 사람이란 착해서 아름다운 사람이다. 그런 인자만이 〈사람을 좋아하고 사랑할 수 있고(能好人)〉 동시에 〈사람을 싫어하고 미워할 수 있다(能惡人)〉고 공자께서 잘라 말해두셨다. 인자(仁者)가 왜 능오인(能惡人)할까? 착함을 비웃고 어짊을 업신여기는 사람이 있다면 그런 인간을 인자가 싫어하고 미워해도 당연하다는 것이다.

[논어 읽기]

唯仁者能好人　能惡人

유인자능호인　　　　　　능오인

오로지(唯) 어진이라야(仁者) 사람을(人) 좋아할 수 있고(能好)
사람을(人) 싫어할 수 있다(能惡).

－「이인(里仁)」3

064

어짊에 뜻을 두어야

지어인 志於仁

　사계절이 있는 천지(天地)에서 살아가는 사람이라면 아무리 세상이 변해도 인의(仁義)를 떠날 수 없다. 봄여름의 하늘땅(天地)을 풀이하여 인(仁)이라 하고 가을겨울의 하늘땅을 풀이하여 의(義)라고 한다. 그러니 철따라 하늘땅의 짓을 보고 태초의 성인(聖人)께서 하늘땅이 온갖 목숨으로 하여금 생사(生死)를 누리게 함을 깨우친 다음 봄여름의 하늘땅이 온갖 목숨을 위해줌을 일러 인(仁)이라 하였고, 가을겨울의 하늘땅이 온갖 목숨을 위해줌을 일러 의(義)라 하였다. 하늘땅을 버리고 목숨을 누릴 수 있는 것이란 아무것도 없다.

　우리 선대는 늘 하늘땅의 부름을 두려워하며 살았다. 이를 어려운 말씀으로 〈외천명(畏天命)〉이라 한다. 하늘의 시킴과 가르침을 일러 천명(天命)이라 한다. 외경(畏敬)이란 말씀을 알 것이다. 천명(天命)을 두려워하고(畏) 받들라(敬)는 말씀이다. 우리가 하늘땅을 두려워하고 받들기를 저버리지 않았다면 공해로 신음하지 않아도 되고 극지(極地)의 얼음이 녹아내려 기상 이변이 여기저기서 일어나지 않을 것이다. 마치 천지가 오로지 인간을 위해서 있는 보물창고 쯤으로 여기고 인간들이 기고만장하다 보니 마실 수 없는 물이 흘러 돈 주고 물을 사 마셔야 하고 숨 쉴 수 없는 바람이 불어 얼굴을 덮어쓰고 나들이해야 하는 경우가 생긴 것이다. 천지의 해코지가 아니라 인간들이 오만방자하여 일어난 대란(大亂)이 환경오염이다.

인간이라고 해서 공룡의 마지막처럼 되지 말라는 법은 없다. 왜냐하면 하늘땅은 사람만을 위해서 있지 않은 까닭이다. 천지는 사람은 귀하고 생쥐는 천하다 하지 않는다. 다만 먹성이 서로 다를지언정 생쥐가 숨 쉬고 마시는 바람과 사람이 숨 쉬고 마시는 물은 똑같다. 천지는 무엇 하나 버리지 않고 똑같이 덮어(覆)주고 품어(載)준다. 천지의 부재(覆載)를 그대로 본받음을 일러 〈어질 인(仁)〉이라고 하는 것이다. 어짊(仁)을 비유해서 말하자면 〈젖 먹이는 엄마(奶)〉와 같다. 어머니 모(母)보다 더더욱 살가운 말씀이 〈젖 먹이는 엄마 내(奶)〉일 것이다. 품안에 안고서 젖꼭지를 물리고 젖을 빨게 하는 엄마(奶)야말로 천지가 온갖 것을 부재(覆載)하는 어질고 어진 바로 그 모습이다.

그래서 어짊에 뜻을 둔 사람한테는 악(惡)이란 없다고 하는 것이다. 무악(無惡) 즉 악(惡)이 없다(無)고 함은 욕(欲)이 없다는 말씀이고 욕(欲)이 없음(無)은 사(私)가 없음(無)이다. 〈무악(無惡)-무욕(無欲)-무사(無私)〉란 모두 같은 뜻인데 그 뜻이 바로 〈지어인(志於仁)〉이다. 뜻(志)이란 마음이 가는 바이다. 마음이 어짊으로(於仁) 가는 바(志)가 곧 사욕(私欲)이 없는(無) 마음이 가는 바(志)이다. 피도 눈물도 없다는 말을 듣는 사람이 있다면 그런 자는 사욕(私欲)으로 똘똘 뭉쳐진 악한(惡漢)에 불과하다.

콩 한쪽이라도 나누어 먹는다고 한다. 이는 사욕을 버리라는 말이다. 즐거우면 같이 웃고 괴로우면 같이 우는 세상이라야 살맛나는 것이다. 지어인(志於仁)이 바로 동고동락(同苦同樂)의 뜻을 갖춘 사람 즉 군자(君子)

이다. 군자란 바로 어짊에 뜻을 둔 사람으로 대인(大人)이라고도 한다. 젖 먹이는 엄마(奶) 같은 마음으로 세상을 끌어안는 대인을 예부터 천하는 그리워했다. 어짊에 뜻을 둔 사람이 그립다는 것은 그런 사람이 없다는 말이다. 젖 먹이는 엄마(奶) 같은 큰사람이 세상에 하나만 있어도 사욕에 걸신들린 인간세상의 악을 부끄럽게 하는 회초리가 될 수 있다. 악을 범했다고 손목에다 쇠고랑을 아무리 채워도 악을 물리칠 수 없다. 악을 물리치겠다는 뜻을 세워야 악이 사람한테서 사라지는 터라 어짊에 뜻을 두라고 공자께서 절규하신 것이다.

[논어 읽기]

苟志於仁矣 無惡也
구지어인의   무악야

진실로(苟) 어짊에(於仁) 뜻을 둔다면(志矣)
악함이란(惡) 없는것(無)이다(也).

―「이인(里仁)」 4

065

작은 일을 몰라도

불가소지 不可小知

　살기 좋은 세상이 있고 살기 나쁜 세상이 있다. 산천이 세상을 좋거나 싫게 하는 것은 아니다. 사람들이 세상을 신나게 할 수도 있고 싫게 할 수도 있다. 한 가정도 한 세상이요 한 마을도 한 세상이고 한 고을도 한 세상이며 한 나라도 한 세상이고 이 땅덩이도 하나의 세상이다. 물론 2천억 개가 넘는 별들이 있다는 이 우주란 것도 한 세상이다. 하여튼 나하고 너하고 우리가 되게 하는 것이면 하나의 세상이 되는 것이다. 그래서 천하(天下)를 들어보니 좁쌀 한 알 같다는 말씀이 생긴 것이다.

　가정도 좋은 가정이 있고 나쁜 가정이 있다. 부부가 하나가 되어 서로 땀 흘려 가정을 위하면 그 가족은 좋은 세상을 누릴 수 있다. 그렇지 않고 남편은 남편대로 아내는 아내대로 네 탓만 따지면서 투덕거린다면 그 가족은 나쁜 세상을 겪을 수밖에 없다. 그러니 한 가정의 어른에 따라 가족이 좋거나 나쁜 세상을 마주하게 된다. 부유한 가정이라서 좋은 세상이 되고 가난한 가정이라서 나쁜 세상이 되는 것은 아니다. 부유하면서도 콩가루 집안이 얼마든지 있을 수 있고 가난하면서도 오순도순 서로 어루만지고 사랑하며 보금자리를 트는 가정이 얼마든지 있을 수 있다.

　좋은 가정을 일구는 어른은 남의 가정들도 좋은 가정이 되어야 한다는 생각을 갖는다. 이런 어른들이 많으면 저절로 그 마을은 살기 좋은 세상이 된다. 세상이 도시화가 되면서 하나의 세상으로서 가정이 흔들거리기 시작하고 마을은 아예 없어져버린 세상이 되어버린 셈이다. 옆집에 숟가락이 몇 개가 있는 줄 알면서 살았던 마을이란 세상이 있었다. 떡 하나를 해도 사립문 닫지 않고 앞뒷집 나누면서 살았던 마을이란 세상이 있었다. 마을은 내 가정 네 가정이 우리 가정이란 생각을 갖추고 살게 했던 한 세상이었다. 그래서 살기 좋은 마을에는 그 나름의 군자(君子)가 하나 이상은 꼭 있었다.

군자를 낡은 인간형이라고 여기지 마라. 군자는 낡을 리도 없고 그럴 수가 없다. 공공(公共)이 무엇보다 앞서야 서로 살기가 즐겁고 행복하다는 믿음을 행동으로 실천하는 선자(善者)를 일컬어 군자라고 한다. 공공보다 더한 민주는 없을 것이고 공공보다 더한 평등은 없을 것이며 공공보다 더한 자유는 없을 터이다. 군자는 아주 옛날부터 민주주의자이고 자유평등주의자이다. 그런데 어찌 군자를 두고 낡은 인간상이라고 쑤군댈 수 있겠는가. 공공(公共)이 무슨 뜻이냐고? 웃어도 함께 웃고 울어도 함께 울면서 너하고 나하고 우리 모두 하나로 어울려 산다는 뜻이 공공이다. 그래서 군자를 일컬어 대인(大人) 즉 큰사람이라고 한다.

군자가 하나만 있어도 한 세상이 살기 좋은 곳이 될 수가 있다. 그런 군자를 일러 성군(聖君)이라고 한다. 훌륭한 임금만 성군이라고 할 것은 없다. 세종대왕 같은 대통령이라면 그 대통령이 곧 성군이다. 누가 그런 성군이 되는 것일까. 바로 군자가 아니면 성군이 될 리도 없고 될 수도 없다. 공공의 대통령이 치국(治國)한다면 그 나라가 아무리 작은 국토일지라도 그 백성은 분명 살기 좋은 대국(大國)의 세상을 누리는 것이다.

공공(公共)을 크다(大) 하고 사욕(私欲)을 작다(小) 한다. 그래서 대인(大人)은 공공의 인간이고 소인(小人)은 사욕의 인간이라고 한다. 나만을 위해 내 가족만을 위해 일하는 사람이라면 그자의 일은 작고(小) 우리 모두를 위해 일하는 사람의 일은 크기(大) 때문에 공자께서는 군자를 높이고 소인을 낮추었다.

[논어 읽기]

君子不可小知
군자불가소지

而可大受也 小人不可大受
이가대수야   소인불가대수

而可小知也
이가소지야

군자가(君子) 작은 일을(小) 모를 수 있지만(不可知而)
큰일을(大) 맡을 수 있는 것(可受)이다(也).
소인은(小人) 큰일을(大) 맡을 수 없지만(不可受而)
작은 일을(小) 알 수 있는 것(可知)이다(也).

-「위령공(衛靈公)」 33

066

봉황은 오지 않고

봉황부지 鳳凰不至

　살기 좋은 세상이 열리지 않음을 한탄할 때 〈봉황(鳳凰)은 날아오지 않네(不至)〉라고 읊조린다. 아마도 공자께서 물려준 읊조림이라고 여겨진다. 봉황은 길조(吉兆)를 알리는 신령한 새를 말한다. 혹시 늦봄에 오동꽃 향기를 맡아본 적이 있는지? 한 그루 오동(梧桐) 나무가 꽃을 피우면 그 주변 허공은 코를 끌어들이는 향수병이 된다. 누구나 그 아래를 그냥 지나치지 못한다. 잠깐 발걸음 멈추고 심호흡하며 오동꽃 향기를 한껏 들이켜야 지나간다. 그런 오동나무에만 내려앉아 하늘에서 내리는 이슬을 마시고 오동열매 속의 씨앗만을 밥으로 삼아 산다는 봉황! 온 세상이 보금자리 둥지가 되는 세상이 열리리라 미리 알려주는 찬란한 빛깔의 봉황은 행복한 세상을 미리 알려주는 징조이다.

　살기 좋은 세상이 열리지 않음을 한탄할 때 〈하도(河圖)는 나오지 않네(不出)〉라고 읊조린다. 아마도 이 역시 공자께서 물려준 읊조림이라고 여겨진다. 하도란 황하(黃河)란 강에서 나온 그림인데 거기에 흰 점(○) 25개 검은 점(●) 30개가 동서남북과 중앙에 흩짝으로 나타난다. 흑점(●)이 여섯이면 백점(○)은 하나, 흑점(●)이 둘이면 백점(○)은 일곱, 흑점(●)이 셋이면 백점(○)은 여덟, 흑점(●)이 넷이면 백점(○)은 아홉, 그리고 한 중앙에 정사각형 모서리마다 백점(○) 하나씩하고 그 한가운데 백점(○) 하나 하여 다섯이고 위아래로 흑점(●)이 다섯씩 그려져 있는 그림이 하도(河圖)이다.

하도의 백점(白點)은 양(陽)이니 봉(鳳)이고 흑점(黑點)은 음(陰)이니 황(凰)이다. 음양(陰陽)은 양기(陽氣)와 음기(陰氣)를 말한다. 요새는 음양이라면 거짓말로 여기려 하니까 '플러스-마이너스'라 해두겠다. 온 세상은 기(氣)를 타야 유지된다는 것이다. 하도란 세상이 기(氣)를 어떻게 타야 하는지 점치게 하는 것이다. 물론 기(氣)라는 말도 거짓말로 들으려 하니 '에너지'라 해두고 점친다는 말도 미신이라 하니 예지(豫知)라 해두자. 모든 목숨은 밥을 먹고 똥을 싸야 생사를 누린다. 밥은 기(氣)를 먹는 짓이고 똥은 기(氣)를 싸는 짓이다. 이 짓을 제대로 못하면 어느 목숨이든 부지할 수 없다는 것쯤은 누구라도 알 수 있다. 세상이 기(氣)를 선(善)하게 타면 살기 좋은 세상이 열리고 기(氣)를 악(惡)하게 타면 살지 못할 세상이 열린다는 것이다.

세상에 기(氣)가 선하게 타도록 함을 선정(善政)이라 하고 세상에 기(氣)가 악하게 타도록 함을 악정(惡政)이라 한다. 선정은 우리 모두 동고동락(同苦同樂)하게 세상을 열어 살맛나게 하지만 악정은 칼자루 쥔 끼리들만 호의호식하면서 백성을 구렁텅이로 몰아넣는다. 선한 다스림(善政)은 성군(聖君)의 짓이고 악한 다스림(惡政)은 폭군(暴君)의 짓이라고 한다. 폭군이란 어떤 치냐? 솔수식인(率獸食人)을 일러 폭군이라고 한다. 짐승을 몰아다(率獸) 사람 잡아먹는(食人) 놈을 일러 폭군이라고 한다. 〈자유-평등-민주〉의 세상이란 다름 아닌 성군의 치하(治下)를 말하는 것이다. 누구나 마음 편히 몸 편히 걱정 없이 살아가는 세상 그곳이 곧 태평성

대(太平聖代) 선한 세상이다.

　공자(孔子)께서 지금 강림(降臨)하신대도 역시 예처럼 봉황도 날아오지 않고 하도(河圖)도 나오지 않는다고 한탄하실 아픔들이 이 세상 여기저기 얼룩덜룩 그칠 날이 없는 편이다. 눈 뜨고 코 베이는 세상인지라 하루하루 살얼음판 걷듯이 살아가는 세상이라면 어찌 오동나무에 봉황이 날아와 편히 앉을 것이며 하도가 나와 태평성대가 열리리란 길조를 알려주겠는가? 오동꽃 향기가 바람에 날리고 밝고 맑아 깨끗한 기(氣)가 넘실대는 세상을 바랄 때면 봉황과 하도를 그리워한 공자를 떠올리게 된다.

[논어 읽기]

鳳凰不至
봉황부지

河不出圖　吾已矣夫
하불출도　　　　오이의부

봉황새도(鳳凰) 오지 않고(不至) 황하에서(河) 그림도(圖) 나오지 않으니(不出) 나도(吾) 다 끝난 것(已)이구나(矣夫)!

- 「자한(子罕)」 8

067

말이 뒤따라야지

후종지 後從之

공자를 늘 극진히 모시고 따랐던 자공(子貢)이 군자(君子)를 묻자 그 무엇을 말하기 앞서 그 말을 먼저 실행하고 그런 뒤에야 말하는 자가 곧 군자라고 공자께서 타일러주셨다. 군자는 말을 두려워하므로 실행한 뒤에야 말한다는 것이다. 한 마디 말로 천냥 빚을 갚을 수 있고 발 없는 말이 천리를 가고 밤말은 쥐가 듣고 낮말은 새가 듣는다고 하면서 언제나 세치 혀가 탈이라고 한다. 가벼운 입이 집구석 망하게 한다는 말은 결코 헛말이 아니다. 한번 뱉은 말은 주워 담을 수가 없다는 것이다.

말부터 앞서는 사람은 멀리할수록 좋다. 말이 앞서는 사람은 말만 번지르르하지 입이 무거울수록 말이 값질 수 있음을 모른다. 입이 가벼운 사람은 난사람은 될 수 있을지언정 된 사람은 결코 될 수 없다. 난사람은 일을 떠벌리되 맡아서 마무리 지을 줄 모르고 이 핑계 저 핑계 주워대면서 남의 탓만 찾아 두리번댄다. 이처럼 난사람은 영락없는 소인배에 불과하다.

흰둥이 한 마리와 검둥이 한 마리를 데리고 사냥 갔다가 검둥이만 데리고 돌아온 사냥꾼 이야기를 어렸을 때 할아버지로부터 들었다. 사냥터에서 멧돼지를 찾아냈는데 흰둥이는 컹컹 짖고서는 한 발 물러서기만 하는데 검둥이는 서슴없이 달려들어 멧돼지의 목덜미를 물고 늘어지는데도 흰둥이는 연신 컹컹대다 물러서기에 흰둥이를 먼저 불질한 다음 멧돼지를 불질해 잡았노라고 사냥꾼이 실토했다는 이야기를 들려주고서는 할아버지는 땅바닥에다 〈묵(黙)〉이라고 쓰셨다. 그리고 〈묵(黙)〉을 〈검을 흑(黒)-개 견(犬)〉이라고 새김하면서 검둥이는 사냥감을 만나면 짖지 않고 먼저 문다고 풀이해주었다. 그래서 짖는 개는 물지 못한다는 속담이 생겼노라 타일러주면서 사람이라면 입이 무거워야 속이 여물어간다고 말해주었다. 나이가 들어 어릴 적 할아버지의 검둥이 이야기를 돌이킬 때마다 군자가 되어보려고 노력해야지 소인배로 머물지 말라는 맥놀이가 일어나곤 한다.

한평생 한결같이 군자라면 바로 아성(亞聖) 즉 성인(聖人)의 버금이 되겠다. 성인을 꼭 닮은 군자란 백년에 하나나 날까 말까 그 정도로 한평생 줄곧 군자로서 살기란 백두산을 짊어지고 간다는 말로 쳐도 될 것이다. 왜 작심삼일(作心三日)이니 변덕이 죽 끓듯 한다는 말이 생겼을까? 사람은 열이면 열 거의 다 선악(善惡)의 씨름판에서 사욕(私欲)의 샅바싸움을 벌이면서 살아갈 수밖에 없는 까닭이다.

그런데 늘 사욕의 샅바 다툼을 하면서 내내 영악하게 산다는 것은 아니다. 때로는 선하기도 하고 때로는 악하기도 하면서 때로는 욕심을 부리기도 하고 때로는 욕심을 버리기도 하면서 누구나 살아간다. 그래서 사람은 누구나 한순간 군자가 되기도 하고 한순간 소인배가 되기도 하여 인간의 성질머리란 변덕이 죽 끓듯 한다는 말을 듣는다. 일편단심 한결같이 양심대로 산다는 사람이 있다면 그 사람 거짓말쟁이다.

네거리에서 빨간 신호등이 켜져 멈춰서는 일을 하루에도 여러 번 겪는디. 그럴 때마다 오가는 차가 뜸하고 지켜보는 눈이 없다면 빨간 신호등

무시하고 건너고 싶은 충동을 이겨내고 파란 신호등이 켜지기를 기다린다
면 그 순간은 바로 군자가 된다. 꾹 참지 못하고 달리는 차도 없고 지켜보
는 눈도 없으니 바쁜데 그냥 빨간 불 못 본 척하고 건너자는 충동에 끌려
건너간다면 그 순간 바로 소인배가 되는 것이다. 이처럼 일상에서 누구나
한순간 군자가 되기도 하고 그렇지 못하고 제 욕심대로 살려다가 소인배
가 되기도 하는 것이다. 교통법을 행동으로 먼저 지키고 그런 다음에야
교통법을 지켜야 한다고 말하는 것이 군자의 짓이고 말만 앞세우면서 안
지키는 것은 곧 소인배의 짓이다. 행동이 앞서고 뒤따라 말이 이어져야
하는 까닭을 깨우치고 산다면 누구든 군자가 될 수 있는 확률은 높은 것이
다.

[논어 읽기]

先行其言　而後從之
선행기언　　　　이후종지

제(其) 말을(言) 먼저(先) 실행하고(行)
그 뒤에야(而後) (말이) 실행을(之) 따른다(從).

- 「위정(爲政)」 13

068

지금 학자는

금지학자 今之學者

　공자께서 학자(學者)를 두 갈래로 나눠두셨다. 하나는 위기(爲己)의 학자이고 다른 하나는 위인(爲人)의 학자란 것이다. 위기의 학자 앞에 〈고지(古之)〉란 말을 붙이고 위인의 학자 앞에 〈금지(今之)〉란 말을 공자께서 붙여둔 것은 그 당시에 이미 위기의 학자는 사라졌음을 알려준 셈이다. 그래도 위기의 학자가 귀하고 위인의 학자는 천하다는 믿음은 사라진 적이 없었다고 본다. 왜 조선조에서 퇴계(退溪)와 남명(南冥) 같은 선생을 모두 추앙했을까? 위기의 학자로서 세상의 귀감(龜鑑)이 되었기 때문이고 그래서 수많은 사람이 모여 문인(門人)을 이뤘던 것이다.

　이제는 학자의 세상이 완전히 뒤집어진 꼴이다. 위기의 학자는 없어지고 위인의 학자들이 도토리 키 재기 식으로 전국시대를 이루고 있는 세상이니 말이다. 나는 위인의 학자가 아니라 위기의 학자가 되고자 한다고 하면 바로 헌신짝처럼 팽개쳐지고 만다. 위인의 학자가 되어야 세상을 사로잡을 수 있는 발언권을 얻어낼 수 있다. 그래서 이제 학자란 온갖 정보들을 알맞게 섞어 이리저리 써먹을 수 있는 요리솜씨를 만들어내는 주식회사의 사장처럼 되어버린 셈이다. 세상의 관심사를 골라서 세상 사람들을 사로잡고자 바깥 사물(事物)만을 골라 그것에 매달리는 학자를 일컬어 위인(爲人)의 학자라고 한다. 지금은 과학문명이 첨단을 달려야 하는 세상이니 위인의 학자가 판을 칠 수밖에 없는 편이다. 사람이 되라고 하면 사람 되면 돈벌이가 되느냐고 반문하는 세상이니 학자인들 별수 없이 인기 있는 위인의 학자가 되고자 하는 것이다.

남명(南冥) 선생님께서 지금 살아계신다면 아마도 시들어버린 할미꽃 신세가 되고 말았을 것이다. 상상해보라. 허리춤에 방울과 칼을 차고 밝고 맑아 슬기로운 마음을 잃지 않고자 스스로를 채찍질하셨던 남명 선생님을 상상해보라. 지금 세상에서 머리 조아려 진실로 받들어 모시겠다는 사람이 몇이나 될까. 아마도 남명 선생님 말씀 따라 살다간 쪽박도 못 찬다고 뒤돌아서서 흉보며 멀리멀리 도망치고 말 세상이다.

1501년 경남 합천(陝川)에서 태어나셨던 남명 선생님은 방울과 칼을 차고 사셨다는 일화(逸話)가 참 유명하다. 남명 선생님의 허리춤에 달려 딸랑딸랑 소리 내었을 그 방울을 〈성성자(惺惺子)〉라고 불렀다. 〈성(惺)〉이란 깨달아 고요해 슬기롭다는 뜻인데 우거진 수풀 속에서 차랑차랑 들리는 꾀꼬리 소리도 된다. 〈성(惺)〉을 거듭하여 〈성성(惺惺)〉이라고 하면 바로 〈경(敬)〉의 뜻이 되는데 마음을 맑고 밝게 살핌을 일러 〈경(敬)〉이라고 한다. 그러니 남명 선생님의 허리춤에서 꾀꼬리 소리를 냈을 성성자란 방울은 맑고 밝은 마음을 잃지 말라는 경종(警鐘)이었다. 맑고 밝은 마음이라야 곧고 바르게 삶을 행할 수 있다. 그래서 남명 선생님은 칼을 차셨던 것이다. 칼은 바로 〈의(義)〉를 말한다. 의(義)란 옳고 바르게 행동하라 함이니 칼이 딱 들어맞는 비유이다.

곧고 밝은 마음을 정직(正直)이라 한다. 사람은 경(敬)해야 정직할 수 있다. 입으로만 정직하면 뭐하는가? 정직한 마음은 바로 행동으로 이어져

야 한다. 그 마음이 행동할 때 바로 의(義)가 드러나 사람은 옳고 바르게
된다. 그래서 아마도 남명 선생님께서 세상을 향해 천지(天地)를 두려워하
며 밝고 맑은 마음으로 옳고 바른 행동을 하는 사람이 되어 살라는 경종을
울려주고자 방울과 칼을 허리춤에 차고 사셨던 위기(爲己)의 대학자(大學
者)이시라고 생각하라. 아무리 세상이 바뀔지라도 사람이 되라고 가르치
는 위기(爲己)의 학자가 전문지식을 파는 위인(爲人)의 학자보다 훨씬 귀
하다. 남명 선생님 같은 위기의 학자야말로 군계일학(群鷄一鶴)이라 수많
은 닭 무리 속에 한 마리 학과 같아 공자님께서도 남명 선생님을 저세상에
서 만나 반겼을 것이다.

[논어 읽기]

古之學者爲己
고지학자위기

今之學者爲人
금지학자위인

옛적(古之) 학자는(學者) 자신을(己) 꾀했고(爲)
지금(今之) 학자는(學者) 남을(人) 꾀한다(爲).

－「헌문(憲問)」 25

069

예의 뿌리란

예지본 禮之本

사리(事理)란 말씀은 일상에서 자주 쓰인다. 사리의 사(事)는 말단을 말하고 이(理)는 근본을 말한다. 바뀔 수 있는 것은 말단이라 하고 바뀔 수 없는 것을 근본이라 한다. 바뀔 수 있는 것을 가지라 하고 바뀔 수 없는 것을 뿌리라 한다. 나무의 가지를 쳐내도 그 나무는 살지만 뿌리를 파버리면 그 나무는 죽고 만다. 이처럼 말단은 버릴 수 있지만 근본은 버릴 수 없다. 그래서 예절(禮節)이란 시대 따라 바뀔 수 있어서 버릴 수 있지만 예절의 뿌리인 예(禮)는 버릴 수 없는 것이다. 그런데 지금 우리는 예(禮)마저 서슴없이 뿌리치고 버리자 하니 여기저기서 탈이 나는 것이다.

남녀칠세부동석(男女七歲不同席)이라. 남녀가 일곱 살이면 함께 앉지 못한다는 예절 따위야 지금에서는 얼토당토 않은지라 깡그리 버려도 아무렇지 않다. 그런데 자효(慈孝)마저 버리려고 덤비니 세상이 겁나고 무섭게 돌아가는 것이다. 부모가 자식을 사랑하고(慈) 자식이 부모를 섬김(孝)은 예절이 아니라 예(禮) 바로 그것이다. 자효는 예(禮) 바로 그것인지라 사람이 사람으로 될 수 있는 뿌리고 바탕이요 증거이다. 자식을 사랑하지 않으면 어미아비가 아니고 자식이 어버이를 섬기지 않으면 사람새끼 아니라는 질책은 세상이 아무리 바뀐다 한들 헌법 조문보다 더 높은 법(法)이다.

눈에 흙 들어가기 전에 상속하지 말라는 말이 요새 늙은이들 입에 자주 오르내린다. 물려줄 것 없으면 자식들이 부모를 우습게 여기고 홀대하기 시작한다는 것이다. 그러나 상속거리가 있으면 자주 찾아와 알랑방귀라도 뀌고 간다고 늙은이들이 서글퍼한다. 상속거리를 많이 가지고 있는 노부부 중에 자식들 부부가 달포에 두서너 번 번갈아 찾아와 부모를 상왕처럼 알현하고 값진 선물로 효성(孝誠)을 과시하고 가는 날이면 더욱 쓸쓸하다고 푸념하는 경우를 보았다. 수억씩 들여 유학까지 시켜주고 장가들여 집 사주고 직장 갖게 해주었으니 더는 주지 않겠노라. 자식들이 아무리 알랑방귀 뀐들 코를 딱 막고 근사하게 적선(積善)할 꿈을 다져가면서 노후를 보내고 있는 그 노부부는 자식들의 거짓 효성을 잘 알고 있다는 것이다.

부모한테 효(孝)하는 것이 아니라 부모가 가진 재산 보고 효(孝)하는 자식들이 부모를 얼마나 아프게 하는지 자식들이 알아채고 부끄러워해야 할 터인데 부끄러워할 줄을 젊은이들이 잊어버릴까 걱정이다. 물론 예(禮)로써 길러주는 정성을 다하지 못한 부모들의 잘못이다. 자식들이 부모를 섬길(孝) 줄 모르고 부모의 돈을 섬김(拜)도 부모의 탓이다. 부모를 섬겨(孝) 절하는 것이 아니라 부모가 가진 돈 보고 절하는(拜) 짓보다 더한 배금(拜金)은 없을 터이다. 예부터 부잣집에서 효자 나기 어렵지만 가난한 집에서 효자 난다고 했다. 하지만 자식 제대로 못 키워 앞으로 벌다 뒤로 망했다고 푸념하는 부모들이 많다 한들 사실은 드러나지 않아서이지 여전히 절대다수의 자식들이 부모를 섬기는 효심(孝心)을 낸다.

우리가 옛 예절을 버린다 해도 예(禮)는 버려지는 것이 아니다. 예(禮)란 우리가 버릴 수 없는 땅이고 물과 같기 때문이다. 새끼를 낳아 사랑하고 아끼는 어미(母)를 땅(地)이라 하고 그 어미가 내리는 물을 내(奶) 즉

젖이라 한다. 어미의 젖을 먹어야 아기가 자란다. 이처럼 예(禮)란 땅의 뜻이고 이 뜻을 한마디로 〈재(載)〉라 한다. 실어준다(載)는 이 말씀은 안아 키워줌이다. 안아서 젖 물리고 키운 아기가 커서 어버이를 사랑하며 받드는 마음이 효(孝)이다. 이런 효(孝)는 사치가 아니라 아주 그냥 우리네 검소한 마음의 본래이다.

[논어 읽기]

林放問禮之本　子曰
임방문예지본　　　　자왈

大哉問　禮與其奢也寧儉
대재문　　　예여기사야령검

喪與其易也寧戚
상여기이야령척

임방이(林放) 예의(禮之) 근본을(本) 여쭙자(問)
공자께서(子) 가로되(曰) 큼직하구나(大哉)! 그 물음은(問).
예란(禮) 사치하기 보다는(與其奢也) 차라리(寧) 검소해라(儉).
장사지냄은(喪) 쉽사리 갖추기보다는(與其易也) 차라리(寧)
마음속 깊이 슬퍼해라(戚).

-「팔일(八佾)」 4

070

어버이의 연세는

부모지년 父母之年

부모님의 연세가 어떠냐면 젊은이들이 멀뚱해 하는 경우가 흔하다. 부모님께서 몇 살이냐고 하면 몇 살이라고 딱 부러지게 대답하는 젊은이를 만나면 반갑다. 제 부모님의 나이도 정확하게 모르고 중고등학교를 다니는 학생들이 의외로 많다. 물론 아이들의 잘못은 아니고 부모가 자식에게 효(孝)를 알리지 않은 잘못 탓이다.

요새 유치원 보내듯이 옛날은 너댓살 되면 서당(書堂)에 보내기에 앞서 할아버지 아버지 이름 석 자와 나이 그리고 할머니 어머니의 본관(本貫)과 나이를 분명하게 익히도록 단도리했다. 이것이 효(孝)를 가르치는 첫걸음이다. 효(孝)를 익히게 하는 자식의 첫걸음은 꼭 아버지 몫이었다.

너댓살 꼬마가 아버지 앞에 단정히 앉아서 아버지가 타일러주는 말씀을 귀담았다. "조부(祖父)와 부친(父親)의 함자(銜字)가 무엇이냐고 묻는다. 할아버지 아버지의 이름을 함자(銜字)라고 한다. 그러면 할아버지의 함자는 ○○홍(洪)가에 길할 길(吉) 아이 동(童)이고 아버지의 함자는 이름 두 자만 알려드린다. 그냥 홍길동(洪吉童)이라고 하면 안 되느니라. 그리고 나면 조모(祖母) 모친(母親)의 본관(本貫)이 어디냐고 묻는다. 할머니의 본관은 어디이고 어머니의 본관은 어디라고 분명하게 말씀드려야 한다.

그러고 나면 조부와 부친의 춘추(春秋)가 어떠시냐고 묻는다. 할아버지 나이는 춘추(春秋)라 하고 아버지의 나이는 연세(年歲)라 한다. 몇 살이라 해서는 안 된다. 할아버지의 춘추는 오십이고 아버지의 연세는 이십오라 하지 않고 할아버지 춘추는 쉰이시고 아버지의 연세는 스물다섯이라고 해야 한다. 나이를 말할 때는 이십-삼십-사십으로 헤아리면 안 되고 스물-서른-마흔-쉰 등으로 헤아려 알려야 한다." 이것이 서당에 들어갈 자식에게 아버지가 효(孝)를 가르치는 첫걸음 풍속이었다. 효(孝)의 첫걸음은 첫째가 할아버지 아버지 할머니 어머니의 나이를 정확하게 기억하고 잊어서는 안 된다는 가르침이었다. 이는 아마도 공자께서 하신 〈부모지년불가불지야(父母之年不可不知也)〉란 말씀 때문이라고 생각한다.

꼬마 자식이 아버지의 가르침을 잘 익힌 다음에야 서당에 보낸다. 그러면 훈장(訓長)께서는 처음 들어온 꼬마에게 조부의 춘추와 부친의 연세를 묻고 뒤이어 조부와 부친의 함자를 묻고 조모와 모친의 본관을 차례차례 묻는다. 또록또록 대답해 올리면 꼬마에게 "장하구나! 이제 공부해도 되겠구나!" 칭찬해주면서 아이의 집에서 가다듬어야 할 효(孝)의 첫걸음을 확인했던 풍속을 마을서당 훈장께서는 엄하게 지켰던 것이다.

효(孝)는 지식의 습득이 아니라 살아가는 길이다. 그래서 효도(孝道)라 한다. 효(孝)의 길(道)을 벗어나 살면 반드시 세상의 손가락질을 받고 그 길을 벗어남이 망측하면 '호래자식'이란 천벌(天罰)을 받게 되어 그자는 한 하늘 아래서 살 수 없게 된다. 효도(孝道)가 바로 인도(人道)의 한복판이다. 사람이 사람으로서 사람답게 살아갈 수 있는 길(人道)은 예(禮)로써 받쳐지고 예(禮)를 받쳐주는 버팀이 바로 효(孝)이다.

예(禮)를 예절(禮節)과 같다고 여기지 말았으면 한다. 예(禮)란 우리 모두 착한 사람 되자는 종법(宗法)이기 때문이다. 종법은 헌법보다 위이다. 그 종법의 제일조가 자효(慈孝)이다. 사랑하며 아낄 자(慈)는 부모가 지켜야 하는 종법이고 받들어 모실 효(孝)는 자식이 지켜야 할 종법이다. 예절은 시대 따라 바뀌지만 예(禮)는 사람 되기인지라 바뀌는 것이 아니고 자효는 그 예(禮)를 실행함인지라 또한 바뀌지 않는 것이다. 효(孝)란 자(慈)의 보답이다. 그 보답은 부모의 나이를 마음속으로 늘 헤아려 어버이가 나이 들어도 건강하니 기쁘나 한편 늙어가심을 진실로 두려워함이 효(孝)의 줄기다.

[논어 읽기]

父母之年不可不知也
부모지년불가불지야

一則以喜　一則以懼
일즉이희　　　　일즉이구

어버이의(父母之) 나이는(年) 반드시 꼭(不可不) 알아야 하는
것(知)이다(也). (부모가 연로하면) 한편으로(一則以) 기쁘고(喜)
한편으로는(一則以) 두려우니라(懼).

－「이인(里仁)」 21

071

배우기만 한다면

학이불사 學而不思

　남의 눈을 빌려 보기만 하면 장님과 진배없고 남의 귀를 빌려 듣기만 하면 귀머거리와 다를 바 없다고 한다. 남이 희다 하니 나도 희다 하면 내 눈이 본 것 아니니 내 눈이 멀쩡한들 나는 장님과 다름없고, 남이 그 소리다 하니 나도 그 소리다 하면 내 귀가 들은 것 아니니 내 귀가 틔어 있어도 나는 귀머거리와 다름없는 것이다. 내 스스로 보라고 나에게 두 눈이 있고 내 스스로 들으라고 나에게 두 귀가 있는 것처럼 내 스스로 용심(用心)해야 내 마음 내가 스스로 쓰게 된다.

　용심(用心)을 잘 하자면 배운 것(學)을 잘 익혀야(習) 한다. 그래서 학습(學習)이라 한다. 『논어』의 첫 말씀도 〈학이시습(學而時習)〉이다. 왜 배우라고만 않고 배우되(學而) 수시로(時) 익히라고(習) 할까? 배운 것을 그냥 외우지 말고 스스로 새겨 새삼 터득해 깨우치라는 것이다. 암기만 일삼는 사람은 앵무새나 다를 바 없다. 하나를 가르쳐주면 그 하나만 외우고 다 됐다는 사람은 녹음기와 똑같다. 두뇌는 풀무통 같다. 풀무질하듯 두뇌는 굴릴수록 놀라워진다. 쓰면 쓸수록 새롭게 피어나니 참으로 두뇌는 기적이다. 천재는 천재의 두뇌로 등신은 등신의 두뇌로 기적을 낸다. 그래서 굼벵이한테도 구를 재주가 있다고 한다. 물론 기적에는 〈학이시습)이 꼭 함께한다.

　배우되(學而) 익혀라(習). 배움은 스승이 있어야 한다. 학교에만 스승이 있는 것은 아니다. 세상의 모든 것이 다 스승이라고 믿을수록 좋다. 길가에 굴러다니는 돌멩이라도 익히는 사람한테는 스승이 된다. 익히는 것은 새기는 짓이다. 풀을 먹되 반드시 새김질해 다시 먹는 소를 보라. 새김질한 풀이어야 소에게 밥이 된다. 남한테 배운 것을 스스로 새김질해야 남달리 배운 것에서 새것을 얻어낸다. 새김질은 남이 해줄 수 없다. 하나 더하기 하나가 둘은 남한테 배운 것이고 하나 더하기 하나가 셋도 되고 열도 될 수 있는 일은 새김질하는 두뇌만의 기적이다. 그래서 〈학이습(學而習)〉은 〈학이사(學而思)〉와 같다. 배웠으면 익혀라. 배웠으면 그것을 새기고 스스로 생각하라는 것이다.

　아무리 배워도 스스로 생각하지 않으면 얽매인다(罔)고 공자께서 밝혔다. 배운 것을 새기고 새기면 생각이 살아나 두뇌가 마치 샘솟듯 해 미처 몰랐던 것들을 일깨워주어 남들과 달리 알게 된다. 남들과 달리 앎을 일러 새것이라 한다. 하나 더하기 하나는 둘이란 답은 우리 모두 다 안다. 그런 것은 나에게 낯익어 헌것이다. 그러나 그 더하기가 셋도 되고 열도 된다는 기적은 오로지 새김질하여 생각에 생각을 더하는 사람한테만 일어나 남달라서 새것이다. 이런 기적은 배운 것을 스스로 새김질해야 일어난다.

　배울 학(學)은 본받을 효(效)도 되고 깨달을 각(覺)도 된다. 배움(學)이 본받기(效)로만 그치면 꼭두각시로 되고 만다. 배운 것을 새김질하여 생각해 새로 터득하고 깨달아야 배움의 얽매임(罔)에서 벗어나 제 것을 새로 찾아낸다. 배움이 본받기에 그쳐 흉내 짓으로 그치기만 한다면 배움은 곧 그물에 걸려드는 꼴이 된다. 그러면 배움은 그물(罔)이 되어 나를 얽어맨다. 두뇌는 바닷물 속에 사는 물고기 같아야지 가두리 그물 속에 사는 물고기가 되어선 안 된다. 학(學)이 효(效)로 그치면 학(學)은 가두리 그물처럼 된다.

그렇다고 배우기를 그만두고 생각만 하라는 것은 아니다. 하나 더하기 하나는 둘이 됨을 배워서 그것을 근거 삼아 셋도 되고 열도 되는 줄을 깨달아야지 내가 생각해보니 셋도 되고 열도 된다고 해서는 미친 사람 소리 듣게 된다. 세상은 멀쩡해도 미쳤다고 팽개치기도 잘 한다. 그래서 배움을 외면하고 제 멋대로 생각해서 이리저리 터득하여 깨닫겠다고 고집한다면 환장했다는 손가락질을 면하기 어렵다. 이런 짓은 위험을 자초한다. 그래서 공자께서 생각만 하고 배우지 않으면(思而不學) 곧장 위태롭다(則殆)하셨다.

[논어 읽기]

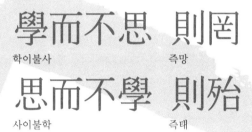

學而不思　則罔
학이불사　　　즉망

思而不學　則殆
사이불학　　　즉태

배우되(學而) 생각하지 않으면(不思) 곧(則) 얽매이고(罔)
생각하되(思而) 배우지 않으면(不學) 곧(則) 위태롭다(殆).

－「위정(爲政)」 15

072

사람이 다쳤는가

상인호 傷人乎

어느 날 공자께서 입조(入朝)한 사이에 댁 마구간에 불이 났던 모양이다. 퇴조(退朝)해서야 마구간에 불이 났던 일을 아시고 첫 말씀이 〈불상인호(不傷人乎)?〉였다고 한다. 사람은 다치지 않았느냐(不傷人乎)?『논어』를 보면 딱 이 말씀뿐이었음을 충분히 알 수 있게 〈불문마(不問馬)〉라고 토를 달아두었다. 말(馬)은 묻지 않으셨다(不問)는 것이다. 말도 어떠냐고 묻지 않으셨으니 수레는 괜찮으냐고 따지지 않으셨음을 충분히 짐작할 수 있다. 성인(聖人)은 본래 딱 할 말씀만 하지 결코 군소리 하지 않는다. 자질구레한 것을 두고 이러구저러구 따지는 잔소리는 범인(凡人)의 짓이다.

불상인호? 이 말씀에는 깊은 뜻이 들어 있다. 인(仁)을 살펴 새기고 헤아려 깨우치게 하기 때문이다. 무슨 일이 있어도 사람을 상하게 해서는 안 된다는 마음은 곧 어진 마음 바로 그것이다. 사람은 상하지 않았느냐? 공자의 이 물음 한 마디가 사람은 어질어야 한다는 생각을 갖게 한다. 마구간에 불이 나 말이 죽었거나 수레가 타서 못쓰게 되었다면 돈이야 들겠지만 말과 수레는 다시 사서 쓸 수 있다. 그러나 사람이 상하거나 죽게 되면 그것으로 끝장이니 그보다 더한 재앙은 없다.

그래서 집에 불이 났어도 살았던 사람들만 무사하다면 다들 불행 중 다행이라고 한다. 타버린 집은 지으면 되고 가재(家財)는 다시 모으면 되지만 사람이 상하면 돌이킬 수 없다. 사람 사는 세상에 사람보다 더 귀한 것은 없다. 그래서 사람은 천지(天地)와 같다고 하는 것이다. 그런데 지금은 사람보다 돈이 더 귀하다는 생각을 자아내게 하는 짓들이 쉴 새 없이 일어나니 참 살기가 딱하고 살벌한 세상이다.

아주 먼먼 옛날 감옥은 땅 위에 그려놓은 동그라미였다고 한다. 죄의 경중(輕重)에 따라 원 둘레가 커지기도 하고 작아지기도 했을 뿐이었다고 전한다. 죄를 범했으니 하루 동안 이 동그라미 안에 서 있으라 하면 도망가지 않고 그대로 서서 죗값을 치렀다고 한다. 높은 담벼락도 쇠고랑이나 창살도 없는 감옥에서 죗값을 치렀을 그 어느 죄인은 오늘날 사람에 비한다면 그지없이 착한 사람에 속할 것이다. 옛사람들은 과학문명을 누리지 못했으니 현대인보다 훨씬 못났다고 생각해서는 결코 안 된다. 비록 냉장고가 없어 좀 상한 것도 먹고 살았을지라도 마음속만큼은 착하고 수더분했다. 따지고 보면 사람은 점점 더 영악하고 살벌하게 진전돼온 셈이니 참 못되게 변화해 왔다고 말한다면 어처구니없고 허무맹랑한 생각일까?
사람이 사람을 상하게 하는 일들이 빈번한지라 사람이 사람을 못 믿는 세상이 된 것은 분명하다. IT세상이 되어 온 세상이 '스마트해' 살아가는 방편은 편하게 변해가는 중이지만 그렇다고 마음속마저 편안해지는 세상은 아니라고 생각해본 적이 있는지? 살기가 검소하면 그만큼 돈은 덜 들고 살기가 사치스러우면 그만큼 돈이 더 든다. 돈은 없고 사서 갖고 싶은 것들은 하루가 다르게 쏟아져 나오는 세상은 정말 사람들을 미치게 끌고 간다. 그러다 보니 사람을 상하게 하는 짓들이 빈번해지는 것이다.
세상에 편리한 물건들이 많아질수록 그것들을 갖고자 세상은 더욱 씨름판처럼 되어갈 것이고 따라서 앞 다투기 힘겨루기는 치열해져 힘이 있어야 이긴다고 너도나도 아우성친다면 점점 더 탈인(奪人)의 세상이 심해질 터라, 선한 사람보다 악한 사람이 날로 많아질 것 같아 무섭다. 세상이 이렇듯 험악해질수록 공자께서 남긴 〈불상인호(不傷人乎)〉란 물음에 담긴 뜻이 왜 더더욱 절절해지는 것일까?

[논어 읽기]

廏焚　子退朝　曰
구분　　자퇴조　　　　왈

傷人乎　不問馬
상인호　　　불문마

마구간에(廏) 불이 났다(焚) 공자께서(子) 퇴청하셔서(退朝) 가로되(曰) 사람이(人) 다쳤는가(傷乎)? 말은(馬) 묻지 않으셨다(不問).

－「향당(鄕黨)」 12

073

지사와 인인이라

지사인인 志士仁人

공자께서 어짊(仁)을 더없이 장엄하게 밝힌 말씀이 〈살신이성인(殺身以成仁)〉이다. 그냥 〈살신성인(殺身成仁)〉이라고도 한다. 이는 가장 두려우면서도 성스러움을 안겨주는 공자의 말씀이기도 하다. 이 말씀 앞에 고개를 들 수 있는 사람은 없다고 해도 결코 지나치진 않다. 자신을 죽여(殺身) 어짊을 이룬다(成仁) 해서 죽어야 성인(成仁)한다는 말은 아니다. 죽을 때까지 인(仁)을 임무로 삼아 죽인다 해도 인(仁)을 버리지 않겠다는 뜻을 힘주어 밝힘이 살신성인(殺身成仁)이다. 어짊(仁)의 뜻을 세우고 그 뜻을 따라 살아가는 사람을 공자께서 〈지사(志士)〉라고 하셨다. 나아가 그 어짊의 뜻을 어김없이 실행하여 가는 분을 일러 공자께서 〈인인(仁人)〉이라 하셨다. 그러니 인인(仁人)은 성덕(成德)한 사람 즉 성인(聖人)이나 그에 버금가는 분을 말한다고 여기면 된다.

사람은 살신성인 못 해도 두꺼비 어미는 한다는 이야기가 있다. 두꺼비 어미가 능구렁이한테 스스로 먹혀 능구렁이 배 속에서 두꺼비 어미가 녹아야 두꺼비 새끼들이 세상으로 나온다는 것이다. 아마도 이런 이야기는 자녀들에게 살신성인의 깊은 뜻을 가르쳐주고자 지어낸 이야기로 생각하면 된다. 어미 두꺼비는 죽어야 성인(成仁)한다지만 사람은 죽음을 무릅쓰고 성인(成仁)하는 분이 없다시피 해서 그렇지 있기는 있다. 예를 들어 인천에 가면 6·25전란 때 죽음을 무릅쓰고 성인(成仁)한 인인(仁人) 한 분을 기억해내고 그분을 기릴 수 있는 기회를 가질 수도 있다.

인천 응봉산 마루에 가면 맥아더 동상만 만날 수 있는 것이 아니라 공자의 석상(石像) 앞에 설 수 있다. 맥아더 동상은 6·25와 인천상륙작전의 뜻을 되새기게 하고자 세워져 있지만 왜 공자께서 서해(西海)를 바라보시면서 응봉산 마루에 계실까? 이렇게 질문하고 나면 "아아 여기가 인천(仁川)이지" 하고 공자상(孔子像)을 여기에 모신 까닭을 나름대로 짐작해보게 된다. 다른 곳도 아니고 인천이니 공자께서 계셔야 한다. 한강이 동(東)에서 서(西)로 흘러 서해(西海)를 만나는 여기에 그 어느 누가 왜 인천(仁川)이란 지명을 붙였을까? 이런 반문(反問)을 하게 되면 인천 땅 응봉산 마루에 공자상이 당연히 있어야 한다는 생각에 이르게 되고 따라서 인천 저 건너편 서쪽에 중국의 산동성(山東省)이 있고 그곳에 공자님의 고향 곡부(曲阜)가 있으니 여기서 공자께서 하염없이 고향 곡부를 바라보고 계시는구나! 생각해보게 된다.

공자님의 석상 앞에서 이런저런 생각을 하다 보면 아차 인천(仁川) 땅이니까 6·25전란 때 1천 명 고아의 생명을 건져준 미공군(美空軍) 중령이 인천에 왔었구나! 이런 생각에 이르게 되고 땅이름은 그냥 우연하게 붙여진 게 아니라 그렇게 불러져야 할 운명이 지어져 있다는 옛말이 떠오른다. 과연 인천(仁川)은 어짊(仁)이 면면히 흘러내리는(川) 땅이구나! 그러니 "6·25전란 속에서 파리 목숨 같던 고아 1천 명을 제주도로 데려가 살리려고 서울서 인천으로 왔던 미공군 중령 그 사람을 인인(仁人)이라 불러도 되겠지요?" 이렇게 공자께 중얼거리면서 공자님 석상을 우러러볼 수 있는 기회를 누릴 수도 있다.

　지사(志士)는 군자(君子)이다. 그 중령이 곧 군자이다. 인(仁)을 행하는 뜻(志)을 일러 어려운 말씀으로 홍의(弘毅)라고 한다. 넓고(弘) 굳고 강한(毅) 의지(意志)가 아니고선 인(仁)을 실행할 수 없다는 것이다. 그 미공군 중령에게 크고 굳은 뜻이 살아 있었기에 1천 명 고아의 목숨을 전란 속에서 구해낸 것이다. 그러니 인천 응봉산 마루 공자상 아래쪽 어디에 그 중령의 동상 하나가 세워져 있다면 더더욱 좋겠다.

[논어 읽기]

志士仁人　無求生以害仁
지사인인　　　무구생이해인

有殺身以成仁
유살신이성인

지사(志士) 어진이는(仁人) 목숨을(生) 구하고자(求以)
어짊을(仁) 해치는 일이(害) 없다(無).
오히려(有) 제몸을(身) 죽이고서(殺以) 어짊을(仁) 이룬다(成).

－「위령공(衛靈公)」8

074

충분치 못하다

미지유득 未之有得

식물분류 학자를 지리산 뱀사골로 안내한 적이 있었던 토박이가 그 학자한테 좀 배울 게 있겠지 했다가 영 실망했다고 푸념하는 소리를 들은 적이 있다. 그 학자께서 골짜기에 널브러진 푸나무들을 보고 이것은 무엇이고 저것은 무엇이며 초목의 이름을 주워대며 사진을 찍어대는데 한마디도 알아들을 수 없었다고 입방아를 찧고서는 "학문이 그런 거야?" "풀이름 나무이름을 통 이상하게 불러주더라. 그런데 난 그런 거 몰라도 이것은 먹고 저것은 못 먹고는 안단 말이야." 그러면서 그 토박이가 그 학자한테 먹고 못 먹고를 물어보고 싶었다고 투덜댔다. 아마도 그 학자께서 학명(學名)으로 초목(草木)을 불렀던 모양이다. 그냥 소나무라고 불렀으면 좋았을 턴데 아마도 그 학자께서 소나무를 '피누스덴시프로라(pinus densiflora)' 식으로 불렀던 모양이다. 그러니 그 학자의 학문이 시부렁대는 주술(呪術)처럼 그 토박이한테 들렸을 터이다.

쌀밥이란 이름을 알아야 쌀밥을 먹을 수 있는 것은 아니다. 쌀밥이란 이름을 몰라도 쌀밥을 먹을 줄 알면 된다. 이처럼 인(仁)이란 무엇이냐? 대답할 줄 모르면서도 오히려 어질게 살아가는 사람들이 있다. 분명 지인(知仁)과 행인(行仁)은 다를 수 있다. 인(仁)을 모르면서도 어질게 살아가

는 사람이 있으니까. 어짊(仁)의 앎(知)은 학문 쪽의 길이고 인(仁)의 실행
(行)은 살아가는 쪽의 길이다. 물의 화학식이 'H₂O'라는 것을 몰라도 물을
꼭꼭 마시면서 살아간다. 그래서 지행(知行)에서 행(行)이 앞서야 한다는
것이다.

군자는 반드시 언행(言行) 중에서 행(行)을 앞세우고 언(言)을 뒤따르게
한다. 이런 까닭으로 군자도(君子道) 즉 군자의 길은 생활 속에 있지 책
속에 있는 것이 아니다. 군자는 인의예지신(仁義禮智信) 이것들을 생활 속
에서 실행하지 책 속에다 이러고저러고 기록해두지 않는다. 그래서 공자
께서 군자욕눌(君子欲訥)이라 하셨다. 눌(訥)이란 말을 앞세우지 않음이
다. 좀처럼 입을 열지 않아 마치 말더듬이같이 보일 때를 일러 어눌하다
(訥)고 한다. 군자라면 행인(行仁)한 뒤에야 겨우 인(仁)이 무엇인지 입을
여는 경우가 있을지언정 먼저 인(仁)이 무엇인지 안다고 입 열지 않는다.
이런 까닭으로 공자께서 그냥 군자(君子)라고 일컫지 않고 〈궁행군자(躬
行君子)〉라고 밝혀두셨다.

궁행(躬行)은 남에게 시키거나 남더러 하자거나 말하지 않고 손수 스스
로 행함을 말한다. 군자는 주경야독(晝耕夜讀)하고 학자는 날마다 책상머
리에 앉아 있다는 수군댐이 옛날부터 있었다. 그러니 군자는 반드시 학자
(學者)라야 한다는 단서를 달 필요가 조금도 없다. 낮에는 밭 갈아서 농사
짓고(晝耕) 밤에는 책을 읽는다(夜讀)고 함은 행(行)을 앞세우고 지(知)를
뒤로 함이고 말(言)을 뒤로 하고 행(行)을 앞세운다는 말이기도 하다. 학
문은 남한테 뒤지지 않겠지만 궁행군자에서는 아직 이루지 못한 데가 많
다고 공자께서 스스로를 낮추어 밝혀두었다. 이만큼 인의(仁義)를 궁행(躬
行)하기가 어려움을 분명하게 밝혀두신 것이다.

학자는 자기가 알아내려는 바를 밝혀내기만 하면 되는 것이고 군자는 자기가 알고 있는 바를 반드시 몸소 실행해야 하는 사람이다. 따라서 학자가 대인(大人)이 되는 경우란 참으로 어렵고 군자는 반드시 대인으로 드러난다. 공자께서 밝힌 인간이 넓힐 수 있는 길이란 군자의 길이지 학자의 길은 아니다. 따라서 공자께서 밝힌 길은 군자의 길이지 학자의 길이 아니다. 공자께서 호학(好學) 즉 배우기(學)를 좋아하라(好) 자주 주장하셨던 것도 군자가 되는 궁행(躬行)을 익히라 함이지 학자가 되라는 말씀은 아니다.

[논어 읽기]

文莫吾猶人也
문막오유인야

躬行君子　則吾未之有得
궁행군자　　　　즉오미지유득

학문에선(文) 나도(吾) 남만(人) 못할 것(莫猶)인가(也)?
군자를(君子) 몸소(躬) 행함이라면(行) 곧(則) 나도(吾)
그 궁행을(之) 다하지 못함이(未得) 있다(有).

－「술이(述而)」 32

075

일하게 하라

능물로호 能勿勞乎

　유치원이나 초등학교 저학년에 다니는 어린이가 부모의 손을 잡고 등교하는 모습이나 하교하는 모습을 두고 말꼬리 잡고 싶은 생각은 조금도 없다. 다만 어린것한테는 어느 것 하나 가르침이 아닌 것이 없음을 늘 마음에 담고 있다면 얼마나 좋을까 싶을 때가 참 많다. 하교 무렵에 정문 앞에서 기다렸다가 아이 손을 잡고 집으로 데리고 가되 책가방까지 들어주어선 안 된다는 생각이다. 책가방이 좀 무겁다 하더라도 제 책가방은 제가 지고 가게 하는 어머니가 아이를 제대로 사랑하면서 키워가는 것이다.

　사람이 되자면 서당의 책거리에 쌓여 있는 서책보다 제집에 걸려 있는 회초리가 더 소중하다는 말씀이 옛날에는 설득력을 지니고 있었다. 옛날에는 어떤 집 아이가 버르장머리 없으면 그 집안은 하초(夏楚)가 변변찮다고 흉을 보았다. 하초(夏楚)의 하(夏)는 싸릿대로 만든 회초리를 말하고 초(楚)는 가시나무 가지로 만든 회초리를 말하지만 실은 버르장머리 없는 자식을 둔 애비를 나무라는 수군거림이다. 자식이 밖에서 건방지면 그 자식의 애비가 흉잡히게 되었다. 그래서 자식을 반듯하게 키우고자 집안 가르침이 서당 못지않았다. 요새말로 가정교육이 아주 단단했다. 옛날 가정교육을 말하자면 다음과 같은 공자님의 말씀이 집안 어른들의 머릿속에서 떠나지 않았다. 즉 〈애지(愛之) 능물로호(能勿勞乎) 충언(忠焉) 능물회호(能勿誨乎)〉. 이 말씀이 가정교육의 길잡이였다.

아이를 사랑할수록 그 아이가 제 할 일을 제가 하게 해야 자라서 성실하게 살아간다. 요새 젊은이들이 힘든 일은 피하고 편한 일거리만 찾는 편이라며 걱정들 한다. 그런 젊은이들이 많다면 그 탓은 오히려 부모 쪽이 더 크다고 보아야 한다. 부지런한 아이는 자라서 부지런한 사람이 되고 게으른 아이는 커서도 게으른 사람이 된다. 학교는 사람을 유식한 인재로 길러낼 수 있지만 성실하고 부지런한 사람으로 키워줄 수는 없다고 부모들이 일찍 깨우칠수록 자식농사를 잘 지을 수가 있다. 그런 연유로 귀한 자식일수록 스스로 땀 흘리게 키우라고 〈제 일 제가 하게 할 수 없겠느냐(能勿勞乎)〉고 밝혀두셨다.

엉덩이에 뿔 나려는 자식은 부모가 몽둥이를 들어서라도 못된 뿔을 부러뜨리고 더욱 엄하게 닦달해 키워야 하며 부모 말씀 잘 듣는 자식이라면 부모의 가르침은 더욱 깊어져야 함을 공자께서 〈능물회호(能勿誨乎)〉라 해두셨다. 뉘우쳐 스스로 깨우치게 가르침이 회(誨)다. 뉘우치고 터득해 스스로 깨우쳐가는 가르침(誨)은 학교에서는 하지 못한다는 사실을 요즘 부모들이 놓치고 있다는 생각이 들 때가 많다. 부끄러움을 아는 자식으로 키워야 나중에 부끄러운 사람이 안 된다. 부끄러워할 줄 알아야 스스로 자신을 살펴볼 줄 알고 이러면 부모께서 기뻐하시고 저러면 슬퍼하시리라 깨치면서 건방지고 무모한 사람이 되어서는 안 된다고 철들어가며 여물어지는 것이다. 그래서 자식농사라고 한다. 농사란 착실한 이삭과 잘 여문 열매를 얻기 위해 땀 흘리는 일이다. 이런 땀은 부모 자신이 먼저 흘려야지 남에게 부탁할 수 없는 것이다. 그런데 교육비 대면 다 된다고 여기는 부모들은 자식농사를 폐농으로 마감할 수 있음을 새겨야 한다.

그래서 사랑하는 자식일수록 힘들여 스스로 일하게 시키면 현명한 부모가 된다는 말씀이 〈능물로호(能勿勞乎)〉이다. 어머니가 책가방 들어주는 것은 자식을 게으름뱅이로 키우는 짓이다. 〈일할 노(勞)〉이것을 부모가 늘 가르쳐야 한다. 거짓 없이 부모의 뜻을 잘 따라주는 자식일수록 더욱더 스스로 다져가도록 정성을 들여야 현명한 부모가 된다는 말씀이 〈능물회호(能勿誨乎)〉이다. 현명한 부모는 늘 자식이 가벼운 사람 될세라 눈여기면서 세상바람 매서움을 알고서 단단하고 야무진 사람 되라고 마음 써 가르친다(誨).

[논어 읽기]

愛之能勿勞乎
애지능물로호

忠焉能勿誨乎
충언능물회호

사랑한다 해서(愛之) 단련시키지 않을(勿勞) 수 있겠는가(能乎)?
충성을 다한다고(忠焉) 가르치지 않을(勿誨) 수 있겠는가(能乎)?

-「헌문(憲問)」 8

076

두려워함이 셋

군자유삼외 君子有三畏

하늘이 무섭지 않느냐? 천명(天命)이 두렵지 않느냐? 요새 이런 말 하면 어처구니없는 사람 되기 쉽다. 하늘이 왜 무섭나? 아마 고소공포증이 있 겠지 뭐. 이처럼 비웃음당하기 일쑤이리라. 이제 천명이란 말씀을 잊어버 린 탓이다. 천명(天命)의 명(命)은 하늘이 시키는 것이고 동시에 가르치는 것이다. 공자께서는 이런 천명의 으뜸이 바로 〈인(仁)〉임을 우리에게 가 르쳐 행하게 하려고 몸부림친 성인(聖人)이다.

하늘이 무섭지 않느냐? 이는 불인(不仁)하여 해인(害人)하지 말라는 말 이다. 누구든 하늘이 무섭지 않느냐는 말을 들었을 때 그자는 사람으로서 해 선 안 될 짓을 범한 것이다. 사람이 짓는 온갖 범죄는 불인(不仁)함에서 비 롯된다. 인간이 어질지 않거나 어질지 못하다면 예악(禮樂)이 무슨 소용이냐 고 공자께서 잘라 밝혔다. 예악(禮樂)이란 인간이 누리는 모든 문화와 문물 (文物)을 싸잡아 밝히는 술어(術語)이다. 목숨보다 더 소중한 것은 없다. 내 목숨은 곧 천명 바로 그것이고 목숨은 인(仁) 바로 그것임을 천지가 가 르쳐 시킴이 곧 천명이라고 생각하면 된다. 사람이라면 맨 먼저 유인(唯仁) 즉 오로지 어질게 살라 함이 천명이라고 새기면 된다. 그러면 아무리 세상 이 바뀐다 한들 천명이란 말씀은 낡아질 수 없음을 누구나 다 알 수 있다.

겨울 내내 움츠렸다가 봄나들이 갈 때면 준동(蠢動)하는 철이니 발걸음 조심하라는 말을 어른들이 꼭 해주었던 시대가 있었다. 목숨이 있는 온갖 것들이 움직이고(蠢) 돌아다니는(動) 철이 봄이니 길바닥을 오고가는 산 것들을 밟지 않게 걸음걸음 조심조심 길 가라는 당부이다. 이 얼마나 어짊(仁)을 강조하는 말씀인가. 하물며 사람이 사람을 사랑할 줄 몰라서야 되겠느냐는 가르침이 숨어 있는 가르침이다. 버러지 하나라도 아끼는(愛) 마음이라면 능히 천명을 두려워하며 살아가는 사람이 된다. 그러면 절로 누구나 인자(仁者)가 될 수 있고 서로 함께 어깨동무하고 세상을 일구어갈 수 있다는 것이다.

　인간을 군자(君子)와 소인(小人)으로 분명하게 나누어 말씀하는 성인(聖人)이라면 단연 공자님일 것이다. 공자께서 인간상(人間像)을 가장 간명하게 가려두신 말씀이 군자 대 소인이다. 군자는 누구인가? 천명을 아는 자이다. 소인은 누구인가? 천명을 모르는 자이다. 이보다 더 간명하게 인간을 나누는 정식(定式)은 없을 터이다. 천명을 안다고 함은 온갖 목숨을 아끼고 사랑함을 뜻하고 모른다고 함은 제 목숨만 아낄 줄 알 뿐임을 뜻한다. 소인은 속으로 저 중심으로 세상을 바라보고 저한테 이익이 되면 응하고 손뼉 치며 손해가 되면 싫다고 손사래 친다. 소인의 마음속이 종지보다 작은 것은 무엇보다 천명을 몰라서 그렇다는 게다. 군자는 천명을 따라 받들어 실행하고자 몸부림치고 소인은 천명이 밥 먹여주느냐며 비웃으려 하니 공자께서 소인을 질타하신 것이다.

　대인(大人)은 성인(聖人)을 달리한 호칭이다. 그 대인은 누구인가? 천명을 따르게 가르쳐주는 분이다. 그래서 군자는 대인 즉 성인을 두려워하고 그 말씀(言)을 두려워하며 따라 실천한다. 무서워하는 두려움도 있고 받드는 두려움도 있다. 천명을 두려워하라 함은 무서워 피하라 함이 아니라 받들고 따르라는 말씀이고 이런 말씀을 일러 성인지언(聖人之言)이라고 한다. 왜 사람들이 성인의 말씀을 한사코 흘려들으려 할까? 콩 한 쪽이라도 남들과 나누어 먹는 어진 마음을 행동하라 하니까 귀에 거슬리는 것일 터이다. 콩 한 쪽이라도 남들과 나누어 먹는 그 마음이 곧 천명(天命)이다.

[논어 읽기]

君子有三畏　畏天命
군자유삼외　　　　　외천명

畏大人　畏聖人之言
외대인　　　외성인지언

小人不知天命而不畏也
소인부지천명이불외야

狎大人　侮聖人之言
압대인　　　모성인지언

군자에게는(君子) 두려워함이(畏) 셋(三) 있다(有).
(군자는) 천명을(天命) 두려워하고(畏) 대인을(大人) 두려워하며(畏)
성인의(聖人之) 말씀을(言) 두려워한다(畏). 소인은(小人) 천명을(天命)
몰라서(不知而) 두려워하지 않는 것(不畏)이고(也) 대인을(大人)
얕보고(狎) 성인의(聖人之) 말씀을(言) 업신여긴다(侮).

－「계씨(季氏)」 8

077

헌것에서 새것을

온고이지신 溫故而知新

헌것과 새것을 터득하는 데 옹달샘이 참 좋은 본보기가 된다. 옹달샘에서 먼저 솟은 물은 헌물이고 뒤에 솟은 물이 새물이라고 나누어 서로 다르다고 생각하려는 사람이라면 그는 정말로 우물 안 개구리가 되고 만다. 옹달샘에서 먼저 나온 물이 흘러 흙을 적시고 뒤따라 나온 샘물이 또 흙을 적시고 적셔서 실개울이 트이고 실개울이 모여 개울이 된다. 실개울이 먼저이고 개울은 뒤가 된다. 졸졸 개울물 소리 듣고 옹달샘물이 개울물의 본이라고 생각해본 적이 있는지? 실개울이 개울이 되고 개울물이 모여 냇물이 되고 냇물이 모여 큰 내가 되고 큰 내가 모여 강물이 돼 바다로 흘러든다. 바다에서는 이 강물 저 강물 없어지고 온 세상 모든 온갖 물이 한물이 된다고 생각해본 적이 있는지? 바다는 이 강물 저 강물을 하나로 담아버린다. 그래서 한바다라 하여 크다(大) 하는 것이다.

여럿을 하나 되게 함을 줄여 그냥 〈한〉이라 한다. 그 〈한〉은 크고 넓고 깊음을 뜻한다. 한강이 한가람 되어 바다로 흘러듦도 강원도 태백 금대봉 한 기슭에 있는 옹달샘에서 시작한다. 그 옹달샘을 검룡소(儉龍沼)라고 부른다. 검룡소란 이름을 붙여 사람들이 큰 우물처럼 만들어놓았지만 그러기 전 자연 그대로 맨 처음에는 산기슭에 있던 옹달샘이었을 뿐이다. 땅속

물방울이 모여 흙 틈새로 배어 나와 〈샘〉이 된다. 샘 없이는 물길이 이뤄지지 않는다. 물길 첫 샘은 아주 작다. 강은 크고 샘은 작다. 샘이 강을 낳는다고 생각해볼 수 없는가. 본래 큰 것은 작은 것에서 나온다. 우리가 자연이라고 할 때 작은 것(小) 큰 것(大)이 하나인 것을 말한다. 사람의 온갖 것(文明)은 자연 없이는 이뤄질 수 없다. 과학문명이란 것도 자연이 품고 있는 백여 개의 원소를 이리저리 더하고 빼고 해서 이루어냄이다. 이런 생각을 하다 보면 아하! 공자께서 밝혀두신 〈온고이지신(溫故而知新)〉이란 말씀이 작은 것을 터득해야 큰 것을 알 수 있음이고 자연을 터득해야 문명이 이뤄질 수 있음을 안다는 말씀이구나! 한 생각을 내게 된다.

옛것(故)을 새겨서야(溫而) 새것(新)을 안다(知)고 그냥 옮기지만 말고 검룡소를 곰곰이 새기니 한강이 떠오르고 한강을 곰곰이 새기니 검룡소가 떠오름이 곧 온고지신이 아니냐고 맞장구칠 수는 없을까? 노자(老子)께서도 〈견소왈명(見小曰明)〉이라고 하셨다. 작은 것(小)을 살펴봄(見)을 밝음(明)이라고 하셨다. 따지고 보면 온고이지신과 견소왈명은 그 깊은 뜻은 한길로 통하고 있다. 온고(溫故)의 고(故) 즉 옛것은 늘 작다. 지신(知新)의 신(新) 즉 새것(新)은 크다. 씨를 생각해보면 안다. 정자와 난자는 몇 나노(nano)일까? 그 작은 둘이 하나 되어 엄마 배 속에서 열 달 남짓 자라면 3킬로그램 안팎의 아이가 되어 세상으로 나와 무럭무럭 커서 육척장신이 된다. 부모는 자식에서 보면 온고(溫故)의 고(故)이고 자식은 부모에서 보면 지신(知新)의 신(新)이다. 부모 없는 자식은 없다. 그러니 옛것(故) 없이 새것(新)은 없다. 작은 것 없이 큰 것은 없음이다. 이리 생각하다 보면 누구나 한생각 낼 수 있다.
　날마다 창의력(創意力) 시대라며 아우성이다. 창의력을 초창(草創)이라고도 한다. 무럭무럭 자라는 풀(草)은 곧 헌것(故)에서 새것(新)이 돋아 늘 새롭다(創)는 것이다. 정말 IT시대는 초창(草創) 바로 그런 나날로 펼쳐갈 것이 분명하다. 바야흐로 온고이지신(溫故而知新)의 시대가 일상화되는 세상인 게다. 모두들 새것 새것 하는데 그 새것이란 헌것을 외면하고서는 결코 일어나지 않는 기적(奇績)이다. 헌것에서 새것이 나옴(創)이 곧 변화(變化)이다. 그런 변화는 오로지 묘사(眇思) 즉 한생각(眇思)에서 나온다. 한강 보고 검룡소를 떠올리는 마음이라야 한생각 샘솟게 하는 샘이 된다. 그래서 헌것 새것을 나누지 말고 하나로 마주해야 한생각 나온다는 말씀이 온고이지신이다.

[논어 읽기]

溫故而知新　可以爲師矣
온고이지신　　　　　　가이위사의

옛것을(故) 터득해서야(溫而) 새것을(新) 안다(知).
그렇게 함으로(以) 스승을(師) 삼을 수 있는 것(可爲)이다(矣).

-「위정(爲政)」 11

078

길이 같지 않다면

도부동 道不同

물은 물길 따라 흐르고 바람은 바람길 따라 분다. 한 물길이 다른 물길을 만나면 서로 함께 더 큰 물길로 흘러가고 이 바람길이 저 바람길을 만나면 더 세찬 바람길로 서로 함께 불어간다. 이는 다 가는 길이 같아서이다. 물길이든 바람길이든 그 길은 선악(善惡)이란 없다. 물과 바람은 천지(天地)를 그냥 그대로 따라 길을 내는 까닭이다. 그런데 사람의 길은 그렇지가 못하다. 사람은 천지를 어기고 한사코 길을 내고야 말기 때문이다. 그래서 사람의 길에는 선악이 드러나게 마련이다.

사람이 가야 할 길을 선도(善道)라 하고 가지 말아야 할 길을 악도(惡道)라 한다. 선한(善) 길(道)이라면 함께 동무해서 갈수록 좋다. 그러나 악한(惡) 길(道)이라면 동무해서 가면 갈수록 덫에 걸리고 만다. 선한 길은 꼬불꼬불 좁고 오르막길처럼 보여 가기 힘들고 악한 길은 넓게 죽죽 내리막길 같아 가기 쉬워 보인다. 그래서 선(善)에 물들기는 어려워도 악(惡)에 물들기 쉬워 유혹에 빠졌다는 말이 생겼다. 선(善)의 유혹에 빠졌다는 말은 없다. 유혹이란 미끼 속에 숨은 낚싯바늘 같은 것이다. 선도(善道)는 물길이나 바람길처럼 오직 자연스럽지 미끼나 덫이란 하나도 없다.

사람이 가야 할 길 선도(善道)는 가시밭길 같다. 왜냐하면 제 욕심을 줄이거나 버려야 선도는 길을 내주기 때문이다. 이런 선도를 공자께서는 인의지도(仁義之道)라 하였다. 불인(不仁)과 불의(不義)의 길(道)을 비도(非道)라고 한다. 사람이 가야할 길(道)이 아닌 것(非)은 바로 곧 악도(惡道) 그것이다. 그러므로 〈도부동(道不同)〉이란 악도의 경우를 말한다. 선도(善道)가 아니라면 함께 같이 가지 말라 함이 곧 도부동이다.

친구 따라 강남 간다고 해서 함부로 따라가서는 안 된다. 욕심하고 동무하면 악도에 발을 들이고 욕심을 멀리하면 선도에 들 수 있다. 욕심을 심히 부리면 누구나 도둑놈 꼴이 되어 사기꾼도 되고 놈팡이도 되고 노름꾼도 등등으로 놀아나다가 알거지 꼴이 된다. 하여튼 제 욕심에 놀아나 욕심꾸러기가 되면 세상을 훔쳐 제 몫을 남보다 크게 하고자 악도를 잘금잘금 밟다가 덜컥 덫에 걸린다. 그래서 새앙쥐 꿀단지 드나들듯 한다고 한다. 결국 새앙쥐는 꿀 속에 빠져 제 목숨 앗기고 만다. 욕심이 사나워지면 세상이 꿀단지처럼 보이고 꿀맛에 걸려들면 세상이 돈짝만 해져 허튼 짓 범하고 만다. 악도란 꿀단지 같다고 믿어도 된다. 아니면 황금덩이 같다고 믿어도 되겠다. 왜 신세 망치고 땅을 치게 하는 사람들이 생기는 것일까? 악도를 밟다가 제 인생 제가 망친 것이다. 남 탓할 것 하나도 없다. 제 욕심 제가 부리다 그렇게 되는 것이다.

그러니 선도(善道)와 악도(惡道)가 제 밖에 있다는 것이 아니다. 그 두 갈래 길은 바로 저마다의 마음속에 있다. 남한테 꼬여서 악도에 물들게 되었다고 하지 마라. 핑계 대면 두 번 망신당하는 꼴이다. 욕심을 짓누르면 짓누를수록 선도를 넓히는 닦음이고 욕심을 부리면 부릴수록 악도에 말려드는 꼬임이다. 욕심을 짓누르든 부리든 제 할 나름이지 남이 시켜서 했노라 한다면 허수아비거나 꼭두각시에 불과해 참으로 너절한 인간이 된다. 그러니 선도로 갈까 악도로 갈까 바로 저한테 달린 것이지 남하고 함께 도모할 일이 아니다.

길이 같지 않다면(道不同) 서로 꾀하지 말라(不相爲謀). 이 말씀에서 〈서로 상(相)〉을 남하고 서로 꾀하지 않는다고 새기는 쪽보다 나와 내 욕심하고 서로 꾀하지 않는다고 새기는 경우에 공자님께서 밝혀주신 〈도부동 불상위모(道不同 不相爲謀)〉란 말씀이 훨씬 더 절절히 들려온다. 그러니 늘 내 맘속에서 꿈틀거리는 사나운 욕심을 내 스스로 짓누를수록 악한 길에서 멀어지고 자연스레 선한 길로 접어들어 나는 날마다 좋은 날로 살게 된다.

[논어 읽기]

道不同　不相爲謀
도부동　　　　불상위모

길이(道) 같지 않다면(不同) 서로(相) 꾀하지 않는다(不爲謀).

－「위령공(衛靈公)」 39

079

어울림이냐 패거리냐

화이부동 和而不同

　〈화서(和序)〉라는 말씀이 있다. 화합(和合)과 질서(秩序)를 줄인 말이다. 그리고 화(和)는 종천(從天) 즉 하늘을 따름(從)이고 서(序)는 종지(從地) 즉 땅을 따름(從)을 뜻하기도 한다. 천지에 사람만 사는 것이 아니란 큰 뜻이 화서(和序)에 담겨 있다. 사람이 아주 싫어하는 모기도 살고 독사도 살고 백상아리도 살고 온갖 바이러스도 사는 곳이 하늘땅이다. 이러한 하늘땅의 큰 뜻을 본받은 삶을 일러 화서(和序)라고 한다.

　하늘(天) 안에 땅(地) 있듯이 화(和) 안에 서(序)는 절로 안겨 있다. 그래서 화(和)를 떠난 서(序)는 없다. 힘이 모자라 마지못해 억지로 어울림(和)은 화(和)가 아니다. 폭군이 힘으로 우겨내는 질서는 화서의 서(序)가 아니다. 우리가 사는 천지는 사계(四季)가 있다. 그 사계를 따라 온갖 목숨들은 차례(序)를 따라 어울린다. 사람도 예외가 아니다. 이처럼 온갖 목숨은 봄여름가을겨울 따라 어울려 산다. 봄이 오면 여름이 오고 여름이 가면 가을이 오고 가을이 가면 겨울이 오고 겨울이 가면 봄이 오고 이렇듯 쉼 없이 돌고 도는 왕래(往來)가 바로 우리가 사는 하늘땅의 화서이다.

　군자(君子)는 이러한 천지의 어울림(和)과 차례(序)를 본받아 살기 때문에 아울러 어울리면서 산다. 군자는 결코 편 가름 하지 않아 내 편이냐

네 편이냐 패거리 짓지 않는다. 그래서 군자의 화(和)는 덕(德)으로 드러난다. 덕(德)을 같이하니 큰 덕이 되고 큰 덕은 곧 천지의 덕이라 너나없이 우리가 되어 다 같이 어울려 하나가 되는 것이다. 군자의 어울림(和)을 동화(同和)라고도 한다. 군자에 〈동(同)〉은 〈패거리 동(同)〉이 아니고 오로지 〈하나 동(同)〉일 뿐이다. 그래서 동덕(同德)은 동화(同和)이고 동화(同和)는 곧 일화(一和)라고 한다. 군자의 어울림(和)은 늘 하나로 어울림이다.

그러나 소인(小人)은 천지의 화서(和序)를 몰라 본받지 않고 외면하고 어기면서 살기 때문에 내 편 네 편을 따져 내 편이면 우리 함께 힘을 합치자고 손을 내밀고 내 편이 아니면 돌아서버린다. 그래서 소인의 동(同)은 〈하나 동(同)〉이 아니라 〈무리 동(同)〉일 뿐이다. 소인의 동(同)은 동배(同輩)의 배(輩) 바로 그것이다. 끼리끼리(輩) 편을 갈라 내 편이 네 편과 겨루어 이겨야 한다며 소인은 싸움 걸기를 밥 먹듯이 한다. 이러고 보니 소인은 힘(力)만을 믿을 뿐 덕(德)을 믿지 않아 소인배(小人輩)라고 하는 것이다.

이성계(李成桂)를 만나려는 아들 정몽주(鄭夢周)에게 어머니가 "가마귀 싸우는 골에 백로야 가지 마라 성난 가마귀 흰빛을 세올세라 청강에 조히 씻은 몸을 더러일까 하노라" 읊어주었다는 시조를 알 것이다. 정몽주의 어머니는 힘을 앞세운 무리를 소인배로 본 것이다. 한패가 되면 다른 한패가 생겨서 서로 겨루고 싸우게 된다는 것이다. 소인배가 득실거려 서로 패거리 지어 아옹다옹하기에 세상이 어지럽고 힘들게 되어가는 것이다. 군자는 없고 소인들이 세상을 쥐락펴락하면 어쩔 수 없이 동이불화(同而不和)로 떠돌아간다는 것이다.

집안이 콩가루 같으면 쪽박 찬다고 한다. 시비(是非) 가림으로 날 새우며 바람 잘 날 없는 세상은 패거리 짓기만 하고 서로 어울리지 못하기 때문이다. 잘 되면 내 덕이고 못 되면 네 탓이라고 삿대질로 핑계만 대는 세상에서 화이부동(和而不同)하자고 하면 뭇매를 맞고 헌신짝처럼 팽개쳐지고 만다. 본래 할안(瞎眼)이 명안(明眼)을 당달봉사라 윽박질러 외눈박이(瞎眼)가 밝은 두눈박이(明眼)를 얕보고 업신여기며 패거리(同)를 짓고서 하룻강아지 범 무서워할 줄 모른다. 이런 연유로 공자께서 늘 군자와 소인을 견주어두고 군자가 되는 길을 넓히며 터가고 어울리되(和而) 패거리 짓지 말라(不同) 하셨다.

[논어 읽기]

君子和而不同
군자화이부동

小人同而不和
소인동이불화

군자는(君子) 어울리되(和而) 패거리 짓지 않고(不同)
소인은(小人) 패거리 짓되(同而) 어울리지 못한다(不和).

－「자로(子路)」23

080

옳기만 하면 된다

의지여비 義之與比

사리(事理)에 밝은 사람은 어디를 가든 중용(中庸)한다고 한다. 중용(中庸)이란 중(中)을 진실로 사사롭지 않게 씀(庸)을 말한다. 중(中)은 더할 바 없는 화(和)를 말한다. 어울림에 적중함이 곧 중(中)이다. 그래서 중심(中心)을 잡으라고 하는 것이다. 중심을 잃으면 그 누구든 치우치고 만다. 치우치면 어느 한 쪽을 편들게 되고, 그러면 반드시 시비(是非)가 벌어져 두 패로 나눠지고 만다. 갑(甲)이 맞다(是)고 하면 을(乙)은 틀린다(非)고 대들고 을이 비(非)라고 하면 갑은 시(是)라고 대들면 되는 일이라고는 하나도 없다. 이런 시비는 모두 사리에 밝지 못해 비롯된다.

사리(事理)의 사(事)는 차별(差別)을 말하고 이(理)는 평등(平等)을 말한다. 차별은 다름이고 평등은 같음이다. 군자(君子)는 사리에 밝고 소인(小人)은 사리에 어둡다. 군자는 같음 즉 이(理)를 통해서 다름 즉 사(事)를 판단하지만 소인은 이(理)를 저버리고 사(事)만 고집하기 때문이다. 매화와 장미를 꽃이라고 할 때는 매화와 장미의 이(理)를 따라 말함이고 매화는 매화이고 장미는 장미라고 할 때는 매화와 장미의 사(事)를 따라 말하는 것이다.

사리에 밝자면 이(理)를 통해서 사(事)에 이르든 사(事)를 통해서 이

(理)에 이르든 해야 한다는 것이다. 그렇지 않고 어느 하나만을 주장하게 되면 누구라도 사리에 어둡게 되고 만다. 그래서 공자께서 〈적(適)과 막(莫)〉이란 따로 정해져 있지 않음이 사람 사는 세상의 사리임을 깨쳐주고자 〈의지여비(義之與比)〉라고 단호하게 말씀하셨다. 적(適)은 요새말로 오로지 긍정함이고 막(莫)은 요새말로 오로지 부정함이다. 오로지 긍정-부정이니 하면 무슨 말이야 갸우뚱할 것이다. 그렇다면 적(適)은 '온리 예스'이고 막(莫)은 '온리 노'라고 해두겠다. 세상에는 막무가내로 '예스'라고 고집해서도 안 되고 '노'라고 해서도 안 된다는 것이다. 그러니 함부로 '죽어도 고'라고 허세나 오기를 부릴 것은 하나도 없다.

살얼음판 같은 세상을 마주하는 데 의지여비(義之與比)란 말씀보다 더 좋은 길잡이(指南)는 없다고 보아도 된다. 의지여비는 그 어떤 일이든 의(義)면 좇고 불의(不義)면 좇지 말라는 말씀이다. 인자(仁者)는 사람(人)이지만 의자(義者)는 나(我)라는 말이 있다. 사람이라면 그 누구든 어질어야 함을 일러 〈인자인야(仁者人也)〉라 하고 그 어짊을 행해야 할 사람은 다름 아닌 바로 나 자신임을 일러 〈의자아야(義者我也)〉라고 한다. 그래서 의(義) 즉 옳고 바름(義)이란 남에게 요구하는 것이 아니라 오로지 나의 문제라는 것이다. 그래서 정의(正義)란 부르짖을 것은 아니고 내 속에서 단단해야 한다고 한다.

온갖 일에서 적막(適莫) 즉 요새말로 '예스-노'의 기준은 오로지 의(義) 그것만이라는 것이다. 그 의(義)란 무엇인가? 맹자(孟子)의 해답이 가장 빛난다. 즉 수오지심(羞惡之心). 부끄러워하고(羞) 미워하는(惡) 마음을 의(義)라고 한다. 무엇을 부끄러워하는가? 내 자신이 불선(不善)하여 불인(不仁)함을 수(羞)하고 내 자신의 불선함과 불인함을 오(惡)함이 올바름

(義)이라는 것이다. 불선함에서 선함으로 옮기는 택선(擇善) 즉 선(善)을 선택함(擇)이 곧 의(義)이다. 의(義)이면 곧 인(仁)인지라 올바르면 곧 어질어진다. 그래서 의지여비(義之與比)하면 따라서 인인(仁人) 즉 어진이가 되므로 올바른 사람(義人)이어야 세상에서 〈이다(適)-아니다(莫)〉를 가늠한다고 공자께서 밝혔다.

[논어 읽기]

君子之於天下也
군자지어천하야

無適也　無莫也　義之與比
무적야　　　　무막야　　　　의지여비

군자가(君子) 세상에(於天下) 나가면(之也) 하나만 옳다고
고집할 것(適) 없는 것이고(無也) 무엇은 안 된다고
고집할 것(莫) 없는 것이다(無也). (오로지 군자는)
의와(義) 더불어(與) 좇는다(比).

－「이인(里仁)」 10

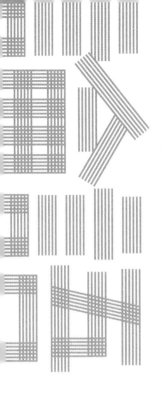

5장   단단하고 무거워라

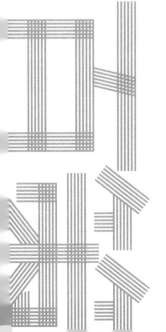

081

잘살아 못살아

회야사야 回也賜也

20세기 초까지만 해도 〈회야사야(回也賜也)〉라 하면 그 뜻을 알아들었다. 어진 이로 살래 부자로 살래 이런 정도로 새겨들을 수 있었다. 그러나지금은 어느 한 사람도 입에 올리지 않는 잊힌 말이 되었다. 회(回)는 공자의 수제자 이름이고 사(賜) 또한 공자를 늘 모셨던 제자 이름이다. 회(回)를 안연(顔淵)이라 부르기도 하고 사(賜)를 자공(子貢)이라고 부르기도 한다. 회의 덕행(德行)은 공자께서도 부러워하셨고 사의 이재(理財)는공자께서 인정하셨다. 이처럼 공문(孔門)에서 덕자(德者) 하면 회이고 부자(富者) 하면 사였다.

회(回)는 가난을 벗어난 적이 없었다고 전한다. 초라한 골목 허름한 집에서도 회는 늘 즐겁게 살았다. 공자께서 회를 칭찬하여 남긴 말씀이 그유명한 〈일단사(一簞食) 일표음(一瓢飮) 재누항(在陋港)〉이다. 대 그릇에밥 담아 먹고(一簞食) 표주박으로 물 마시고(一瓢飮) 누추한 골목에 살면서(在陋港) 삶을 즐거워한 회를 어진 길(仁道)을 가는 덕자로서 공자께서존경했다. 어진 이로 살자면 가난이 그림자처럼 따라온다. 무엇보다 먼저제 욕심을 떠나지 않고선 어진 이로 살 수 없기 때문이다. 세상에 가난을좋아할 사람 거의 없다. 세상에 인자(仁者)가 드물 수밖에 없는 까닭이다.

그런데 회(回)는 가난을 즐거움으로 삼고 인자(仁者)로 살았으니 공자께서 그를 인도(仁道)에 가깝다고 찬탄하셨던 것이다.

　사(賜)가 공자께 저는 어떠냐고 묻자 〈너는 그릇이다〉라고 하셨다. 무슨 그릇이냐고 했더니 〈호련(瑚璉)이다〉 하셨다. 호련이란 옥으로 장식한 아주 소중한 제기(祭器)를 말한다. 그릇이되 막그릇이 아니라 옥그릇이란 것이다. 사가 이재에 밝고 상술이 능하여 그가 손을 댔다 하면 재물이 쌓여 사는 요새로 치면 재벌에 준할 정도였다고 한다. 그러니 사는 거침없이 공자를 극진히 모실 수 있었다. 공자를 모실 줄 알았던 사였으니 분명 졸부(猝富)는 아니었던 것이다.

　가난이 죄는 아닐지언정 가난이 호랑이보다 무서운 것은 분명하다. 게을러빠져 가난하다면 곤궁해도 싸다. 그러나 아무리 열심히 땀 흘려 일해도 가난에서 벗어나지 못하게 하는 세상이 있다. 폭군이 거느리거나 아니면 졸부들이 칼자루 잡고 쥐락펴락하는 세상에서는 착할수록 가난에서 벗어날 수가 없다. 이런 졸부들은 결코 호련이라 부를 수 없다. 따지고 보면 은그릇 금그릇에 밥 담아 먹는다고 으스댄들 졸부의 밥그릇은 개밥 그릇에 불과할 뿐이다. 만일 사(賜)가 저만 배부르고자 억척같이 재물을 긁어 모으는 졸부였다면 어찌 공자께서 가까이 두고 말을 섞었겠는가. 사를 두고 호련이라 했으니 거침없이 베푸는 부자라고 인정한 셈이다. 부자를 인정한 성인(聖人)은 아마도 공자님뿐이지 싶다.

　이제는 회(回)냐 사(賜)냐 선택하게 할 수는 없겠다. 온 세상 온 사람이 회의 편이 될 리 없고 사의 쪽으로 몰려들리라 예측해도 틀림없을 터이다. 부자 되기 싫다는 사람 있다면 아마도 그 사람은 거짓부렁으로 그런다고 쳐도 되는 세상이다. 부자가 되기로 마음먹는다고 나쁠 것은 하나도 없다.

간 쓸개 모조리 빼놓고 남을 밟고서라도 부자 되고자 발버둥치는 졸부가 되기보다는 차라리 가난해도 마음 편히 살겠다는 마음을 간직한 부자라면 세상에 많을수록 좋은 것이다.

[논어 읽기]

回也其庶乎 屢空
회야기서호 　　　 누공

賜不受命而貨殖焉
사불수명이화식언

億則屢中
억즉루중

안연이라(回也) 그는(其) 도에 가깝도다(庶乎)! 늘(屢) 곤궁해도(空).
자공은(賜) 천명을(命) 받아들이지 않고서(不受而) 재산을(貨)
불려나갔다(殖焉). 예측은(億) 곧(則) 늘(屢) 적중했다(中).

－「선진(先進)」18

082

내 원치 않으면

기소불욕 己所不欲

　말씀 한마디를 늘 간직하고 사는 사람은 뿌리 깊은 나무 같다. 그래서 옛날에는 집집마다 저 나름의 가훈(家訓)이 있었다. 한마디 말씀이 자자손손 내려지고 이어져 가풍(家風)으로 삼고자 했었다. 아마도 이런 풍속은 『논어』에 나오는 〈일언종신(一言終身)〉이려니 싶고 그렇게 믿기기도 한다. 한평생(終身) 품고 살 수 있는 한마디(一言)가 무엇이냐고 자공(子貢)이 공자께 여쭙자 〈기서야(其恕也)〉라고 답해주셨다. 〈그것은(其) 서(恕)이다(也).〉 서(恕) 이 한 글자를 품고 살라는 말씀이다.

　서(恕)는 내 마음 네 마음 다 하나란 말씀이다. 네가 기쁘면 나도 기쁘고 네가 화나면 나도 화나고 네가 슬프면 나도 슬프고 네가 즐거우면 나도 즐겁고 이처럼 너하고 내가 희로애락(喜怒哀樂)을 같이한다는 마음이 곧 서(恕)이다. 사람이 서로 티격태격 금줄 긋고 시큰둥 사는 것은 희로애락을 솔직히 나누지 못해서이다. 너나 할 것 없이 용서(容恕)를 못해서이다.

　용서란 서(恕)를 담는 그릇(容)을 말한다. 서(恕)를 담을 수 있는 것이 곧 마음이란 그릇이다. 마음속에 서(恕)를 종신토록 품고 살되 그 서(恕)를 알고만 있지 말고 진실로 행하면서 살라는 말씀이 바로 공자님께서 답해주신 〈기서야(其恕也)〉이다. 그 서(恕)를 어떻게 행할지 다시 여쭙기도 전에 공자께서 자공에게 〈기소불욕(己所不欲)을 물시어인(勿施於人)이라〉하고 풀이해주셨다. 제가(己) 바라지 않는(不欲) 것을(所) 남에게(於人) 요구하지(施) 말라(勿). 그러면 그것이 곧 서(恕)라는 것이다.

어머니께서 어렸던 나에게 들려준 이야기가 바로 〈서(恕)〉를 가르쳐주신 것임을 소년이 되어 『논어』를 읽은 뒤에야 알아챌 수 있었다. 어머니가 밭 매시면 나도 아장아장 밭고랑 따라가며 호미 끝에 묻어나는 잡초를 조막손으로 치워드리곤 하였던 너댓살 시절이 있었다. 그때마다 어머니께서 늘 재미있는 이야기를 들려주셨다. 그날따라 밭두렁에 다람쥐 한 마리가 굴밤 하나를 주워 들고 재롱을 떨고 있었다. 그 다람쥐를 반가워하는 나를 보고 다람쥐 부부 이야기를 들려주셨다.

"저 뒷산 고목에 집을 짓고 다람쥐 부부가 살았대. 아내는 장님이라 늘 남편한테서 먹이를 받아먹고 살았대. 봄여름에는 풋내 나는 잎사귀는 아내 주고 달큰한 줄기는 제가 먹으면서 아내가 풋내 난다고 하면 나도 풋내 난다고 거짓말했대. 가을겨울이 되면 열매를 먹는데 아내한테는 떫은 굴밤만 주고 저는 고소한 알밤만 먹었대. 사람이나 다람쥐나 고소한 것을 좋아하고 떫은 것을 싫어하지. 저 먹기 싫은 것을 아내한테 먹으라고 준 거야. 아내가 굴밤이 떫다 하니까 고소한 알밤 먹으면서 나도 떫어 거짓말을 했대. 산신령이 이 꼴을 보고 화가 나서 아내의 두 눈을 뜨게 해주고 남편 다람쥐를 봉사로 만들어버렸대. 다음날 일어나 아침을 먹으려는데 아내가 놀라 내 눈이 뜨였어 기뻐하자 남편이 화들짝 눈을 뜨려고 해도 이미 봉사였대. 다람쥐 아내는 고소한 알밤 하나를 먼저 남편에게 주고 자기도 알밤 하나 먹으면서 참 고소하다고 하자 남편이 눈물 흘리며 내가 거짓부렁해서 봉사 되고 자네가 눈을 떴으니 다행이라며 부끄러워 울었대. 아내가 산신령한테 정성껏 빌어 남편이 다시 눈을 찾아서 잘 살았대.

저 다람쥐가 바로 그 다람쥐 부부의 후손일 거야."

　아득한 옛날 산비탈 밭두렁에 앉아 어머니가 들려준 다람쥐 부부 이야기가 저 먹기 싫은 것을 남더러 먹게 하지 말라는 〈서(恕)〉임을 한평생 간직하고 살게 되었다. 그래서 〈서(恕)〉를 가르침에 〈인애(仁愛)〉라 하여 이리저리 어렵게 굴릴 것 없다는 생각이고 어머니 이야기가 떠오른다.

[논어 읽기]

子貢問曰
자공문왈

有一言而可以終身行之者乎
유일언이가이종신행지자호

子曰　其恕乎　己所不欲
자왈　　　기서호　　　기소불욕

勿施於人
물시어인

　자공이(子貢) 물어(問) 여쭈었다(曰) 한마디 말로(一言而)써(以)
평생토록(終身) 행할 수 있는(可行之) 것이(者) 있습니까(有乎)?
　공자께서(子) 가로되(曰) 그것은(其) 서(恕)이니라(乎)!
내가(己) 원치 않는(不欲) 일을(所) 남에게(於人) 요구하지(施) 말라(勿).

－「위령공(衛靈公)」23

083

자책하라니

내자송 內自訟

　앞 못 보는 장님이라고 못 본다고 말하지 말라고 한다. 두 눈 멀쩡한 사람이 등잔 밑은 어둡다고 변명한단다. 등잔 밑을 밝히자면 장님 되는 편이 차라리 낫다는 말도 있다. 앞 못 보는 장님이 멀쩡한 두눈박이보다 훨씬 더 자주 제 속을 돌이켜보는 까닭이라고 한다. 그래서 장님의 등잔 밑은 어둡지 않다고 말해도 된다. 바깥만 내다보고 안을 들여다볼 줄 모르는 사람이 진정 봉사라는 것이다. 명경(明鏡) 앞에 서면 얼굴만 보지 말고 너머에 있는 마음도 살펴보라는 것이다.

　호랑이보다 더 무섭게 해주는 말씀이 『논어(論語)』라면 〈내자송(內自訟)〉이고 『대학(大學)』이라면 〈무자기(毋自欺)〉이고 『중용(中庸)』이라면 〈성지자(誠之者)〉이고 『맹자(孟子)』라면 〈반구저기(反求諸己)〉라고 줄줄이 들이대던 시절이 있었다. 이런 말씀들이 이제는 버려진 휴지쪽처럼 내동댕이쳐진 꼴이라 해서 업신여기면 여길수록 살얼음판 세상을 지나가기가 어렵게 될 뿐이다. 세상이 아무리 바뀌어도 한결같이 내자송(內自訟)하는 인간이라면 어떤 청문회에 나가서든 당당히 맞서서 질문자들이 질문할 것 없노라 두 손 들게 할 수도 있는 일이다. 제 마음속 돌아보고 잘잘못을 따져 스스로 자신을 후려쳐 대라는 말씀이 곧 내자송(內自訟)이다. 저 자신을 속이지 말라(毋自欺) 함도 내자송에서 비롯되고, 거짓 하나 없이 진실함(誠之者)도 내자송으로 말미암고, 저한테 잘못이 없는지 되돌아보라(反求諸己) 함도 내자송에서 시작된다. 그러니 공자께서 밝혀주신 〈속으로(內) 저 자신을(自) 재판하라(訟)〉는 말씀보다 더 무섭고 세찬 회초리는 없다는 것이다.

똥 묻은 개가 겨 묻은 개 흉보고, 깊은 물은 소리 없고 얕은 물이 시끄럽고, 쭉정이는 처들고 여문 이삭 고개 숙이고, 제 코가 석자면서 남 타령이라니. 왜 이런 속담들이 줄줄이 나올까? 남 보고 이러구러 흉보지 말고 탓잡지 말고 헐뜯지 말고 제 속부터 들여다보고 속 차리라는 손가락질이다. 뿐만 아니라 이래도 흥 저래도 흥 줏대 없이 어영부영 남의 비위나 맞춰가며 살아서도 안 되기 때문에 세상을 마주하면서 한결같이 삼가 조심하라고 한다. 『대학』과 『중용』에 〈신기독(愼其獨)〉이란 말씀이 나온다. 남이 안 볼 때일수록 몸가짐을 삼가라(愼其獨) 이 말씀도 공자께서 밝혀주신 〈내자송(內自訟)하라〉는 말씀에서 비롯된 것이라고 새기고 믿어도 된다.

걸핏하면 제 자랑 일삼는 사람은 등 뒤에서 너절하고 메스껍다고 흉잡히게 된다. 살아가면서 남한테 흉잡히는 외톨이가 되는 것보다 더 바보짓은 없다고 본다. 같은 값이면 다홍치마라고 하지 않는가. 남한테 칭송이야 받지 못할망정 흉거리가 되어서는 안 될 것이다. 그렇다고 남한테 대접받겠다고 겉치레해서도 스스로 깎이고 만다. 그래서 남들 눈 때문에 내자송하라고 공자께서 밝혀두신 것은 결코 아니다. 오로지 사람이 사람으로서 살아야 사람으로 태어난 값을 다할 수 있기 때문에 스스로 내자송하라는 것이다. 공자의 말씀(子曰)은 거의가 자신을 향하여 부끄러운 자기를 서슴없이 떠올려 스스로 마주치게 하는 말씀들이다. 이런 까닭으로 우리를 움찔하게 하고 부끄럽게 하는 말씀들이 『논어』에는 참 많아 회초리 같다는 생각을 들게도 한다.

내자송(內自訟) 이 한마디 말씀은 정말로 우리를 움찔하게 한다. 일이 잘못되면 남의 탓으로 돌리고 나 몰라라 하는 세태가 출렁출렁 뒤흔들어 시끄러운 세상에 참 딱 맞아 떨어지는 유행어가 있었다. "남이 하면 스캔들이고 내가 하면 로맨스다." 이 말을 한 조간지에서 읽었을 때 이 세상 아수라장이란 생각이 앞섰고 내 탓은 없고 네 탓만 판치니 〈내자송(內自訟)〉이란 말씀은 이미 없어졌다고 중얼거렸던 기억이 지금도 여전히 생생하다.

[논어 읽기]

已矣乎 吾未見能見其過
이의호   오미견능견기과

而內自訟者也
이내자송자야

다되었구나(已矣乎)! 제(其) 잘못을(過)
잘(能) 살펴서(見而) 속으로(內) 자신을(自) 책하는(訟) 사람을(者)
나는(吾) 여태껏 만나보지 못한 것(未見)이다(也).

- 「공야장(公冶長)」 26

084

사라진 가르침

문-행-충-신 文-行-忠-信

요사이 부쩍 인문학 중요하다는 말이 자주 오르내린다. 내로라하는 기업체 등에서도 인문학 강의를 청해서 듣는다고 한다. 그도 그럴 것이 인문학이 사람을 따져 알아보게 해주는 까닭일 터이다. 정치도 사람을 알아야 하고 경제도 사람을 알아야 하는 것이다. 실은 사람을 모르고서는 아무것도 할 수 없는 것이다. 세상이 변하여 어떤 세상이 되든 그 세상이란 사람을 떠나 있을 수 없다. 그러니 사람을 알아보라는 인문학은 세상이 변화해 가는 흐름인 문화의 주춧돌 노릇을 한다.

인문학(人文學)은 학인문(學人文)을 뒤집어놓은 말로 보아도 된다. 인문(人文)을 배워라(學). 이것이 곧 인문학이다. 그 인문을 자연(自然)의 상대라고 여겨서는 곤란하다. 자연을 상대할 것은 아무것도 없다. 인문도 자연에서 더부살이할 뿐이다. 산천에 그냥 있는 돌멩이는 그대로 있는 돌이다. 그 돌덩이를 사람이 가져다가 담을 쌓으면 그 돌멩이는 그냥 돌이 아니라 담을 쌓게 해주는 돌이 된다. 돌로 쌓은 담벼락은 자연이 아니라 사람의 짓이다. 사람의 온갖 짓을 묶어서 인문(人文)이라고 하는 셈이다. 그러므로 인문학은 사람의 온갖 짓을 배워보라는 것이다.

인문(人文)을 배우자면(學) 그 가르침(敎)을 받아야 할 것이다. 인문지

교(人文之敎) 즉 인문의(人文之) 가르침(敎)이라면 아무리 세상이 변해도 공자의 가르침이 으뜸임을 의심하지 말았으면 한다. 공자를 낡았다고 말하지 말았으면 한다. 단 한 번이라도 골똘히 살펴보고 그렇게 말한다면 몰라도 깊이 알아보지도 않고 무턱대고 낡았다 하면 철부지에 불과하다. 인문의 가르침은 여전히 공자의 것이 으뜸이다. 공자께서는 〈문(文)-행(行)-충(忠)-신(信)〉 이 넷을 가지고 인문을 가르치셨다. 이를 공자의 사교(四敎)라고 불러도 되고 이 사교는 언제 어디서든 통하는 인문의 길이다.

문(文)은 사교에서 성인(聖人)이 남긴 언행(言行)을 말한다. 성인(聖人)의 언행을 일러 어려운 말씀으로 문치교화(文治敎化)라고 한다. 문치(文治)란 성인의 다스림(治)을 말한다. 성인의 치(治)는 오로지 백성을 교화하려는 다스림이다. 교화는 백성을 가르쳐(敎) 변화시킨다(化)는 말이다. 말하자면 백성을 문화인(文化人)이 되게 함이 성인의 치(治)이고 그 다스림(治)을 문(文)이라 한 것이다.

행(行)은 사교에서 덕행(德行)을 말한다. 덕(德)을 행해야 사람이란 것이다. 물론 덕이란 인의(仁義)를 몸소 행하라는 말씀이다. 인(仁)을 알지만 말고 실행해야 어진 이가 되고 의(義)를 알지만 말고 실행해야 올바른 어진 이가 된다는 것이다. 그러니 사교의 행(行)은 올바른 어진 이가 되라 함이고 이는 곧 인문의 정상이다. 그 정상에 오르자면 사람에게 필요한 것은 강인한 체력이 아니라 충(忠)과 신(信)이다.

충(忠)은 거짓이라곤 조금치도 없는 마음이다. 겉치레 행(行)이 조금만 있어도 불충(不忠)이란 것이다. 늘 삼가 살라. 여기서 충(忠)은 비롯한다. 인의를 행하면 누구든 당당하고 넉넉하고 마땅하여 하늘땅에 한 점 부끄러울 것 없게 함이 충(忠)이다. 그래서 충(忠)은 늘 나를 칼날 위에 세워놓는다고 하는 것이다. 이는 곧 인문의 빛이다.

신(信)은 의(義)를 결코 의심치 않는 마음이다. 의(義)를 의심하는 순간이 곧 불신(不信)이다. 그러면 곧장 불의(不義)가 닥치고 사욕(私慾)이 뻗쳐난다. 그러면 엉큼해져 거짓부렁을 일삼게 되어 인간은 욕심덩어리로 전락한다. 신의를 버리면 개만도 못한 놈이란 욕을 면하기 어려워 스스로 자신을 더럽게 만든다. 그래서 신(信)이 없다면 충(忠)도 따라서 없어지고 충(忠)이 없다면 행(行)도 따라서 망가져 사람의 탈만 썼을 뿐이지 속을 들여다보면 썩고 있는 중이다. 그러니 신(信)이란 곧 인문의 소금이다.

[논어 읽기]

子以四教　文行忠信
자이사교　　　　　문행충신

공자께서는(子) 네가지로(四)써(以) 가르치셨다(敎).
(그 넷이란) 학문이고(文) 덕행이며(行) 충성이고(忠) 신의이다(信).

－「술이(述而)」24

085

단단하고 무거워라

강의목눌 剛毅木訥

변덕이 죽 끓듯 하다고 흉잡히는 사람은 욕심꾸러기인지라 이득 따라 이랬다 저랬다 흔들거린다. 그런 사람한테는 선악(善惡)이 따로 없다. 저 한테 이득이다 싶어지면 그것이 곧 선(善)이고 손해다 싶어지면 그것을 곧 악(惡)으로 쳐버리기 때문이다. 그런 자는 굳셀 수가 없다. 제 욕심을 짓눌러버리는 힘이 강(强)함을 굳셈(剛)이라 한다. 그래서 무욕(無欲) 즉 욕심(欲) 없음(無)을 일러 〈강강(剛强)〉이라고 한다. 제 욕심을 스스로 버리려는 마음보다 더 굳센 것은 없다.

굳세면 곧 단단하다. 이를 어려운 말씀으로 〈강의(剛毅)〉라고 한다. 의(毅)는 단단함이다. 든든히 믿어도 되는 사람을 일러 그 사람 호두 같다 한다. 호두는 한두 해 지난 것이라도 땅에 묻으면 싹이 난다. 그처럼 마음이 단단해야 담은 뜻이 쉽사리 상하지 않는다. 그래서 마음 단단히 먹으라고 하는 것이다. 어느 부모든 길 떠날 자식 앞두고 굳은 마음 단단히 먹어라 타이른다. 이는 어진 이로 세상을 마주하란 말씀이다. 〈인자무적(仁者無敵)〉이란 말씀을 알 것이다. 어진 사람(仁者)한테는 적(敵)이 없다는 것이다. 적이 없으면 싸우지 않아도 늘 이긴다. 이처럼 굳세고 단단히 마음먹지 않고서는 어진 이가 될 수 없기에 공자께서 마음이 굳고 단단하다면 인(仁)에 가깝다 하셨다.

산천에는 사치스러운 것이라곤 하나도 없다. 겉치레 꾸며 멋 부리는 생물은 사람밖에 없다. 공작새 수컷을 사치스럽다고 하면 안 된다. 암컷을 아내로 맞아들이기 위해서이지 딴것들에게 멋져 보이려고 찬란한 빛깔로 꾸민 것이 아니다. 다듬어 꾸밈없이 있는 그대로라면 그 무엇이든 자연이다. 자연을 한 글자로 박(樸)이라 한다. 박(樸)을 줄여 박(朴)이라 하고 박(朴)을 줄여 그냥 목(木)이라고 한다. 그러니 목(木)이라 하면 꾸며 다듬은 것 하나 없이 그냥 그대로란 말이다. 그냥 그대로의 마음을 〈성(性)〉이라고 한다. 인성(人性)이란 사람의 자연을 말한다. 그 인성이란 본래 인(仁) 즉 어질다는 것이다. 이처럼 인(仁)은 사람의 자연이니 꾸민 것이라곤 하나도 없다. 그래서 공자께서 다듬어 꾸밈없이 그냥 그대로 수수하다면 어짊에 가까우니 목어인(木於人)이라 밝혔다.

사람을 제하면 여러 입을 가진 생물은 하나도 없다. 사람 말 몇 마디 흉내 짓 할 수 있는 앵무새는 그 탓에 조롱에 갇혀 산천을 잃고 생죽음 당한다. 얼굴에 입이 하나이니 사람도 한입이라고 할 수 없다. 사람의 마음속에는 여러 입이 있는 꼴이다. 그래서 참말이냐 거짓말이냐 삿대질하는 경우가 일어난다. 밤말은 쥐가 듣고 낮말은 새가 듣고, 발 없는 말이 천리 가고, 세치 혓바닥이 탈이야 쑤군댐은 사람의 입이 하나가 아니라 여럿인 탓으로 일어난다. 가벼운 입은 제 욕심 탓이다. 그렇지 않고 입이 무거워 듬직한 사람은 제 욕심을 뿌리치고 의(義)를 따져 불의(不義)면 입을 다물고 의(義)일지언정 입을 함부로 열지 않아 얼뜨기처럼 보인다. 이런 얼뜨기 같은 입을 일러 〈눌(訥)〉이라 한다. 그 사람 어눌(語訥)해 하면 그분은 한 입으로 두 말 못 하는 그야말로 진국이다. 눌(訥)은 한마디 말을 천금같이 여기는 사람의 한 입을 말한다. 어진 이는 "나 어질어" 수다 떠는 법이 없으니 공자께서 〈눌어인(訥於人)〉이라 밝혀두신 것이다.

어짊이 무엇인지 몰라도 어진 이가 된다고 한다. 오히려 글 모르는 촌로(村老)가 인자(仁者)이기 쉽다. 어진 마음은 제 욕심을 뿌리치는 힘이 군고(剛) 단단해야(毅) 한다. 제 욕심을 스스로 뿌리치는 힘을 강(强)이라 한다. 인자(仁者)는 강자(强者)이다. 남과 싸워 이기는 힘을 역(力)이라 한다. 그래서 어진 이는 늘 이 역(力)을 멀리한다. 역(力)은 남의 것을 빼앗으려는 욕심의 종놈인 까닭이다. 이놈의 역(力)을 뿌리치자면 차라리 둔(鈍)해야 한다. 그래서 공자께서 어진 이는 강의(剛毅)하되 목눌(木訥)하다 하셨다.

[논어 읽기]

剛毅木訥近仁

강의목눌근인

강직하고(剛) 과감하며(毅) 질박하고(木)
입이 무거움은(訥) 어짊에(仁) 가깝다(近).

- 「자로(子路)」 27

086

어디나 교실이다

필유아사 必有我師

맹모삼천(孟母三遷)은 어린 자녀를 둔 부모에게 꼭 필요한 말씀이다. 강북에 큼직한 제 집 전세 주고 좋은 학원 찾아 강남에 비좁은 집으로 이사 가는 부모를 두고 맹자(孟子)의 어머니 같다고 치하할 것은 하나도 없다. 맹자의 어머니는 아들이 슬기로운 사람 되라고 세 번 이사(三遷) 다녔지 일류에 입학시키자고 삼천(三遷)한 것이 아니다. 어려서 슬기롭게 자라도록 정성 들이는 부모라야 맹자의 어머니답지 점수경쟁 속으로 토끼몰이 하듯 자식을 몰아넣는 부모는 부모 욕심에서 그러는 것이다. 그 부모의 자녀는 세상을 승패의 전쟁터로 여길 터이니 자식농사 망칠 수도 있다. 경쟁꾼으로 자라면 인생의 싸움꾼이 되기 쉽다.

깡패만 싸움꾼 아니다. 어려서 경쟁하기로 다듬어지면 인생을 싸움터로 보게 된다. 싸움꾼은 세상을 싸움터로 여기고, 슬기로운 사람은 언제 어디서나 세상을 교실로 여긴다. 공자께서 세 사람이 길을 함께 가면 그중에 나의 스승이 있다고 하셨다. 그러니 나를 뺀 나머지 두 사람이 나의 스승이 된다는 말씀이다. 선한 사람 따로 없고 악한 사람 따로 없으니 이 사람한테는 이런 선함이 있게 마련이고 저 사람한테는 저런 선함이 있게 마련이다. 불선(不善)함 또한 그렇듯 있게 마련이다. 슬기로운 사람은 선한 것도 제 스승으로 삼고 악한 것도 제 스승으로 삼아 선하면 더욱 선하게 본받고 악하면 그 악을 스스로 고쳐 선으로 바꿔가며 늘 자신을 새사람 되게 하여 세상에서 오히려 승자가 된다.

옛날 탕왕(湯王)이란 임금은 자기 세숫대야에 〈구일신(苟日新) 일일신(日日新) 우일신(又日新)〉이란 말씀을 새겨놓았다고 한다. 아침마다 낯을 씻으면서 그 말씀을 마음에 새기고 세상을 다스렸던 것이다. 그래서 지금도 탕왕은 성군(聖君) 소리를 듣는다. 진실로(苟) 하루가(日) 새롭고(新) 나날이(日日) 새롭고(新) 또(又) 하루가(日) 새롭다(新). 이 말씀은 탕왕한테는 온 세상 온갖 것이 스승(師)이 된다는 말씀이다. 스승은 누구인가? 나를 선인(善人)이 되게 해주면 그것이 무엇이든 〈아사(我師)〉가 된다. 선(善)함보다 더 새로움(新)이란 없다. 길가에 버려진 막대기가 나를 선(善)하게 해줬다면 그것도 내 스승이 되는데 하물며 함께 가는 사람이야 더 말할 것 없다. 그래서 공자께서 〈삼인행(三人行)이면 필유아사(必有我師)〉라 하셨다. 내 스승(我師)은 언제 어디든 계신다는 것이다.

일일신(日日新) 즉 나날이(日日) 새롭게 한다(新)고 하면 구닥다리 넋두리로 들릴지 몰라 '업그레이드 셀프'라고 하거나 또는 '버전업해라' 하면 아아 일일신(日日新)이 그런 뜻이구나 하며 고개를 끄덕끄덕 할 것이다. 새로운 모델이란 말은 그전 것보다 더 좋아졌다는 뜻이지 않은가? 나를 끊임없이 업그레이드해주고 버전업해서 나로 하여금 새로운 모델이 되게 해준다면 그것이 하나의 솔방울일지라도 그 솔방울은 바로 내 스승이 되는 것이다. 이처럼 스승을 삼을 줄 아는 사람은 온 세상이 교실이 된다. 문제는 무엇이든 나를 선하게 해주는 스승을 삼겠다는 마음을 쓰느냐 않느냐에 달렸다. 그렇게 마음 쓰고 사는 사람은 그 누구든 그렇지 않거나 못한 사람보다 분명 슬기롭게 제 삶을 누릴 수 있다.

어떤 분이 선하면 그분의 선함을 본받고 어떤 자가 악하면 그 악함을 선함으로 돌리겠다고 다짐하는 사람이라면 그런 사람에게는 선인이든 악인이든 다 스승이 되어 준다는 가르침이 〈필유아사(必有我師)〉이다. 선(善)이란 말씀을 어렵게 생각할 것은 없다고 본다. 사랑하고 용서하며 배려하고 돕는 마음이 행동으로 드러나면 그것이 곧 선이라고 여기고 새기면 된다. 그러자면 나만 챙기려는 내 욕심을 짓눌러 물리쳐야 한다. 그래서 선하기가 참 어렵지만 그래도 선해야 행복할 수 있음은 분명하다.

[논어 읽기]

三人行必有我師焉
삼인행필유아사언

擇其善者而從之
택기선자이종지

其不善者而改之
기불선자이개지

세(三) 사람이(人) 길을 가면(行) 나의(我) 스승이(師)
반드시(必) 그중에 있는 것(有)이다(焉).
그들의(其) 선한(善) 것을(者) 골라서(擇而) 그것을(之) 따르고(從)
그들의(其) 선하지 않는(不善) 것(者)이면(而) 그것을(之) 고친다(改).

-「술이(述而)」 21

087

티격태격할 것 없다

구저기 求諸己

네 탓 저 탓 하다가 안 되면 조상 탓으로까지 둘러대며 어떻게든 빠져 나가려고 이 핑계 저 핑계 둘러대는 이는 보는 사람을 메스껍게 한다. 잘 되면 제 덕이고 못 되면 남의 탓으로 돌리는 사람하고는 백지장이라도 맞 들지 말아야 한다. 누워 침 뱉으면 그 침이 제 얼굴에 떨어지고 만다는 것쯤은 아는 사람하고 같이 손잡아도 어떤 일이 잘못되기라도 하면 상대 가 잘못했지 속셈하고 나오기 쉽다. 그래서 예부터 울력하려면 속상해도 참을 줄 알아야 한다고 했다. 손잡은 일을 두고 이래저래 티격태격하다가 는 배가 산으로 올라가게 되는 경우가 세상에는 참으로 빈번하게 일어난 다. 이런 일은 제 잇속만 챙기려는 사람들 탓으로 빚어지는 욕심꾸러기의 겨루기다.

산비탈 황토배기를 밭으로 일구어 고구마를 심은 한 노인이 밭두렁에 우두커니 앉아 엉망이 되어버린 고구마 밭을 물끄러미 바라보면서 "가시 울타리를 단단히 하고 나서야 고구마 순을 묻었어야 했는데 그냥 노지에 다 순을 묻었으니 노루 밥이 될밖에" 중얼거리며 끌끌 혀를 찼다. 옆에 있던 손자가 "노루가 나쁜 놈이야" 씩씩거리며 할아버지 편을 들었다. 그 러자 할아버지가 "노루 탓이 아니다. 사람이 심어둔 고구마를 뜯어먹으면 안 되는 줄 알면 노루가 아니라 사람이지. 노루의 눈에는 밭에 심은 고구마도 풀로 보이니 뜯어먹게 된다. 밭에 들어오지 못하게 가시울타리를 미리 치지 못한 할아버지 잘못이다." 이런 타이름은 먼저 해야 할 일을 하지 않아 뒤에 가서 잘못되면 그 잘못은 먼저 일을 해야 했던 사람한테 있음을 가르쳐 어떤 일이 잘못되면 그 일을 맡았던 사람의 탓임을 할아버지가 손자에게 가르쳐준 것이다. 이런 가르침이 곧 군자(君子)가 되는 길을 걷게 하는 가르침이다.

군자가 되는 가르침은 집안에서 이루어지지 학교에서 이루어지는 것이 아니다. 이를 옛날엔 잘 알았었고 지금은 군자 교육 받았다간 비렁뱅이 된다며 뿌리치려 한다. 코피 터지며 싸워서 이기는 쪽보다 싸우지 않고서도 이기는 쪽을 병가(兵家)에서도 훨씬 윗길로 친다. 그래서 지장(智將)보다 덕장(德將)을 높이는 것이다. 본래부터 지장은 덕장을 만나면 싸울 거리가 없어서 꺾이고 만다. 그러나 요새는 싸우지 않고서 어떻게 이기느냐, 싸워야 이기는 것이고 그러려면 남의 약점은 알아야 하고 내 약점은 감춰야 한다고 의기양양 설친다. 이러다 보니 함께 하던 일이 잘못되면 상대의 탓이지 내 탓이 아니란 구실을 찾고자 마치 사냥개가 된 듯이 굼실거림이 시류(時流)를 탄다. 이런 세상인지라 군자는 저한테서 잘못을 찾는다는 공자님의 말씀은 웃기는 소리로 들리게 마련이다.

제 잘못을 몰라서 남의 탓으로 돌리려는 것은 아니다. 제 잘못임을 잘 알면서도 제 잘못 아니라고 뚝 잡아떼니 저절로 남의 탓이란 것이다. 교통사고가 났을 때 무슨 일이 있어도 내 잘못이란 말을 내지 말라고 한다. 무작정 네 탓이다 밀어붙이자면 목소리부터 커야 한다고 한다. 그렇지 못하면 사고책임을 모조리 뒤집어쓰고 턱없이 보상금 물어내야 한다며 어찌

나한테서 잘못을 찾는 짓을 하느냐고 따지면 딱히 할 말 없게 된다. 어쩔 수 없이 각박해질 수밖에 없다는 생각이 치밀어오게 하니 군자는 없어지게 마련이고 우리 모두 소인배로 앞장서서 하는 일마다 샅바 잡기 싸움부터 해야 하나 무섭고 겁이 난다.

그러나 소인배라고 스스로 자처하는 사람이 없다는 것을 보면 누구나 소인배 소리 듣기 싫어한다는 것쯤은 쉽사리 알 수 있다. 너 소인배야 하면 살쾡이처럼 할퀼 듯이 험하게 나온다. 그러나 당신은 군자요 하면 누구나 양처럼 순해진다. 이처럼 누구나 다 소인이 아니라 군자가 되어 살고 싶은 소망만큼은 간직하고 있는 것이다. 이렇기 때문에 귀에 거슬린들 공자의 말씀을 자주 새길수록 세상은 더욱 넉넉하고 너그럽고 훈훈해져 후덕(厚德)하면 좋겠다는 마음이 생겨나 누구에게나 군자의 싹이 트는 것이다.

[논어 읽기]

君子求諸己　小人求諸人
군자구저기　　　　　　소인구저인

군자는(君子) 자신(己)한테서 잘못을(諸) 찾고(求)
소인은(小人) 남들(人)한테서 잘못을(諸) 찾는다(求).

－「위령공(衛靈公)」20

088

왕 노릇 한다면

여유왕자 如有王者

임금의 시대가 없어졌다 하여 〈임금 왕(王)〉의 뜻마저 사라진 것은 아니다. 지금을 민주시대라고 하는데 이는 곧 왕자시대(王者時代)가 진정 열리게 되리라 말하고 있는 것과 같다. 바야흐로 유권자의 세상이 착착 다져지고 있으니 말이다. 유권자는 이제 백성이다. 치세(治世)의 칼자루를 백성이 쥐고 있어 대통령도 따지고 보면 백성의 머슴이다. 온 백성을 위한 치세를 남김없이 다한 임금을 왕(王)이라 하지 궁궐에 앉아서 힘으로 백성을 호령하며 종처럼 부려먹었던 제왕(帝王)이나 군왕(君王)을 말하는 것은 아니다.

다스려지는(治) 세상(世)을 만들고 사는 동물은 사람밖에 없기 때문이다. 인간을 문화의 동물이라고 부를 수 있는 것도 다스려지는 세상에서 인간이 살기 때문이다. 밀림의 법칙이란 말을 알 것이다. 사람이 살지 않는 밀림에는 오로지 완력(腕力)이 지배한다. 사자를 동물의 왕이라고 하는데 실은 사자를 동물의 폭군이라고 불러야 걸맞다. 힘으로 짓눌러 잡아먹는 놈은 그 무엇이든 왕이라고 불러선 안 되기 때문이다. 『맹자(孟子)』에 〈솔수식인(率獸食人)〉이란 말이 있다. 짐승을 몰아다가(率獸) 사람 잡아먹는(食人) 폭군(暴君)들은 완력꾼에 불과하다. 군왕(君王) 군왕 하는데

왕은 몇백 년에 하나나 날까 말까 하지 거의 다 폭군이거나 아니면 폭군의 아류들이라고 여기면 속 편하다.

공자께서 만약 왕 노릇하는 분이 있다면 반드시 한 세대 뒤에 어진 세상이 열린다고 단언해두셨다. 성인(聖人)은 말씀을 짓는 분이지 말씀을 설명하지는 않는다. 공자께서는 왕에 관해 한마디만 하셨고 그 왕을 제일 잘 풀이해둔 분이 맹자이다. 『맹자』에 〈행인정이왕(行仁政而王)〉이란 말씀이 나온다. 어진 정사(仁政)를 실행하면(行而) 왕 노릇 한다(王)는 것이다. 정치(政治)라는 낱말은 다스림을 강조한 것이다. 〈다스릴 정(政)-다스릴 치(治)〉 이렇듯 같은 뜻을 겹쳐두면 그 뜻이 겹이 되어 강조된다. 다스릴 정(政)은 곧 바를 정(正)과 같다 하여 정치(政治)는 정치(正治)라고도 한다. 법치(法治)가 정치(政治)의 최선은 아니다. 법의 다스림(法治)이 최선의 것이 되자면 반드시 인정(仁政)이 되어야 한다. 법치를 인정(仁政)으로 이끄는 사람이 나타난다면 그분이 곧 왕(王)이다.

무엇 하나 힘으로 짓누르지 않고 서로 어울려 사랑하면서 서로 도와 편히 살게 함을 일러 행인(行仁)이라 하고 그 행인을 실행에 옮김을 일러 왕(王)이라고 한다. 그래서 〈임금 왕(王)〉을 〈서로 통할 왕(往)〉이라고 한다. 지금으로 말한다면 백성과 대통령이 걸림 없이 잘 통한다면 그런 대통령은 곧 왕자(王者)이다. 대통령 취임식에서 대통령 당선자가 "헌법(憲法)을 준수(遵守)한다"고 선서할 때 오로지 백성을 위해서만 헌법을 지킨다는 말로 들어야 할 것이다. 그러면 헌법 준수란 곧 행인정(行仁政)이란 그 말이 된다.

폭군이 되려면 무엇보다 식권(食權) 즉 밥 먹을 권리를 틀어쥐고 쥐락펴락할 수 있으면 폭군이 될 수 있다. 그래서 목구멍이 포도청이라고 한다. 말을 고분고분 들어주면 밥 주고 듣지 않으면 굶긴다고 하면 백성은 어쩔 수 없이 코뚜레 낀 소처럼 되고 만다. 폭군이 고삐를 쥐고 이리 하면 백성은 이리 가야 하고 저리 하면 저리 가야 하는 참상(慘狀)을 불인(不仁)의 세상이라 한다. 독재국가가 곧 불인의 세상 바로 그것이다. 이제는 폭군이란 말은 없어지고 독재자란 말로 바뀐 셈이다. 독재하려면 무엇보다 백성을 굶기는 정치를 해야 한다. 독재자한테 걸러든 백성 치고 잘 먹고 잘사는 나라는 세상천지에 없다. 금강산도 식후경이라고 민주국가가 되자면 무엇보다 배부터 불러야 가능하다. 백성이 배고프면 어떤 성인(聖人)일지라도 왕 노릇 못 한다. 그러므로 왕 노릇 하는 사람이 나오면 배불리 살면서 서로 사랑하며 밀어주고 끌어주는 세상이 열려 어진 세상이 열린다.

[논어 읽기]

如有王者 必世而後仁
여유왕자　　　　　필세이후인

만약(如) 왕 노릇 하는(王) 분이(者) 있다면(有)
반드시(必) 한 세대(世) 뒤에(而後) 어짊이 행해진다(仁).

－「자로(子路)」 12

089

변통은 어렵다

미가여권 未可與權

하늘에 둥둥 떠가는 구름을 쳐다본 적 많을 것이다. 제 모양 그대로 갖고 떠가는 구름은 하나도 없다. 쉼 없이 모양새를 바꾸면서 걸림 없이 흘러오고 흘러간다. 하늘에서는 구름이 부는 바람 따라 그냥 오가고 물은 땅에서 낮은 데를 따라 그냥 흘러간다. 구름도 기류(氣流)를 어기고 왕래하지 않듯이 물도 낮은 길 따라 흐르지 높은 데를 결코 탐하지 않는다. 물이나 구름은 저 갈 길을 가는 것이다. 구름은 바람을 따라가고 물은 낮은 곳을 길 삼아 따라가듯 사람도 사람으로서 따라갈 길이 있다. 그 길을 공자께서는 〈인도(仁道)〉라고 하셨다. 사람이라면 어짊(仁)을 따라가야 한다는 것이다. 그래서 사람의 길(人道)은 곧 어짊의 길(仁道)이라고 한다.

사람의 길은 인도(仁道)라고 다 함께 같이 배울 수 있다. 그 어진 길(仁道)을 배울 수 있는 사람이 따로 있는 것은 결코 아니다. 누구나 인도를 배워 알 수는 있다. 그러나 함께 같이 인도를 배웠다고 해서 똑같이 그 인도를 걸어간다는 것은 아니다. 인도를 알되 그 길을 벗어나지 않는 이는 선(鮮)하다고 공자께서도 실토하셨다. 선(鮮)이란 너무 드물어서 찾아보기 어렵다는 말이다. 인도를 벗어나 다른 길로 가는 사람들이 열이면 거의 열이라는 것이다. 그래서 공자께서 함께 배웠어도 함께(與) 도를(道)

지켜갈 수는 없다고 하셨다.

　왜 반드시 인도(仁道)라고 하지 인로(仁路)라고는 말하지 않을까? 도(道)를 새겨 〈길 도(道)〉라 하고 노(路)도 〈길 노(路)〉라고 새기지만 도(道)의 길과 노(路)의 길이 서로 뜻하는 바가 달라서이다. 물론 일상에서 도로(道路)라 하지만 도로의 도(道)가 인도(仁道)의 도(道)와 같은 뜻의 도(道)가 아니란 것이다. 이리 가고 저리 가고 고샅길 샛길 지름길 등등 여러 갈림길이 될 수 있는 것이 노(路)라면 인도(仁道)의 도(道)란 외길이고 저마다 홀로 가야 하는 길이며 힘들어도 벗어나 다른 길로 대신할 수 없는 오로지 한길이다. 그 어짊의 길을 함께 같이 갈 수 있어도 군대 열병식으로 똑같이 갈 수는 없다는 것이다. 사람마다 능력 따라 어짊을 행할 수밖에 없기 때문이다. 어짊을 행함이 모든 사람과 똑같아야 한다고 할 수 없기 때문이다. 평생 어짊을 행하는 사람도 있고 변덕스럽게 하다 말다 하기도 하고 그만둬버릴 수도 있는 것이 사람의 변덕이다. 그래서 공자께서 함께(與) 도를(道) 지켜갈 수 있어도(可適) 함께(與) 일을 이뤄갈 수는 없다고 하셨다.

　요즘은 디지털 세상인지라 물건의 무게를 알고 싶으면 저울 위에 올려놓기만 하면 숫자가 딱 나와 영점 몇 그램까지 잴 수 있지만 옛날은 저울대에 눈금이 있고 저울추가 있어서 저울대가 평형이 될 때까지 저울추를 옮겨 물건의 무게를 알아냈다. 물건의 무게와 딱 맞는 저울눈금을 찾아내는 저울질을 한 글자로 권(權)이라 한다. 그 권(權)을 임기응변(臨機應變)이라 한다. 낌새를 마주해(臨機) 변화를 맞춤(應變)을 그냥 권(權)이라고 한다. 그러니 권(權)이란 일을 처리하는 방편과 수단을 말하게 된다. 세상에는 온갖 사람이 있고 온갖 일이 벌어진다. 그래서 일마다 그 일을 행함에 딱 알맞은 방편과 수단이 뒤따르면 일이 잘되고 그렇지 못하면 일이 잘못된다. 어짊을 행하는 일 역시 같아 행인(行仁)할 뜻을 세우면 어떻게 어짊을 행할(行仁) 것이냐는 문제가 뒤따른다. 무거울지 가벼울지는 달아 봐야 알 수 있다. 그래서 물건 따라 저울질하듯 행인도 사람마다 그 저울질이 다르게 마련이다. 저울질이 다를지언정 딱 맞게 달면 되듯 어짊을 어떻게 행할지 사람 따라 다를 터이니 공자께서 함께 다 같이 변통해갈 수는 없다고 하셨다.

[논어 읽기]

可與共學　未可與適道
가여공학　　　　미가여적도

可與適道　未可與立
가여적도　　　　미가여립

可與立　未可與權
가여립　　　　미가여권

함께(與) 같이(共) 배울 수 있어도(可學) 함께(與) 도를(道) 지켜갈 수는 없고(未可適) 함께(與) 도를(道) 지켜갈 수는 있어도(可適) 함께(與) 일을 이뤄갈 수는 없으며(未可立) 함께(與) 일을 이뤄갈 수는 있어도(可立) 함께(與) 변통해갈 수는 없다(未可權).

-「자한(子罕)」29

090

사악함이 없다

사무사 思無邪

얄리얄리 얄랑성 얄라리 얄라. 이 소리 알 것이다. 국문학에서 이 소리
를 고려백성이 불렀던 「청산별곡」의 후렴구라고 한다. 그러나 이 소리는
노랫말 끝에 흔하게 붙어 있는 후렴구 같다 해선 안 되지 싶다. 얄리얄리
얄랑성 얄라리 얄라를 눈으로 읽지 말고 입으로 크게 소리 내면 나도 모르
게 절로 몸이 움직여온다. 그러니 이것은 뜻을 강조하려는 후렴구가 아니
라 춤추라고 질러대는 입소리로 여겨진다. 이매방 춤꾼의 승무(僧舞) 같은
조용조용 흐르며 잇는 춤이 아니라 공덕진 춤꾼이 온몸을 뒤틀어 흔들어
대는 허튼춤 추자는 입소리가 '얄리얄리 얄랑성 얄라리 얄라'라고 생각된
다. 말이 노래가 되고 노래가 춤이 되면 네 마음 내 마음 하나 되어 온갖
시름 다 잊어버린다. 온 시름 다 없애자고 춤추는 춤사위가 눈에 선연한
입소리가 '얄리얄리 얄랑성 얄라리 얄라'로구나 여기고 다져보시라.

젖 먹다가 아기가 제 어미를 쳐다보고 방긋거림이 즐거움이다. 아기의
방긋거림이 어미를 속절없이 사로잡는 끌어당김이 즐거움이다. 즐거움이
란 오로지 선(善)해서 아름다운 삶을 누리는 황홀한 자유(自遊) 즉 스스로
(自) 노님(遊) 바로 그것이다. 공자께서는 그런 즐거움을 누릴수록 인간은
선해져 어질어진다고 믿었던 성인(聖人)이다. 그러지 않고서야 어찌 공자

께서 온 세상의 삼천여 편을 모아 『시(詩)』라는 책명(冊名)으로 묶었다는 말이 있겠는가? 『논어』에 있는 〈시삼백(詩三百)〉이란 말씀은 그 『시(詩)』 속에 있는 시편(詩篇)을 두고 한 말씀이 되겠고 그 시삼백(詩三百)은 후세에 『시경(詩經)』이라 존칭(尊稱)되었다. 그리고 공자께서 그 시삼백(詩三百)을 한 말씀으로 〈사무사(思無邪)〉라 평(評)했다. 시평(詩評)은 이런저런 것이 수없이 많다. 그중에서 북두성(北斗星) 노릇하는 시평을 댄다면 〈사무사〉 이 석자가 될 것이다.

사무사(思無邪)라! 이 말씀은 공자께서 손수 지은 것은 아니다. 『시경』에 경(駉)이라는 송(頌)에 〈사무~(思無~) 사마~(思馬~)〉 후렴구가 붙어 있는데 맨 끝 후렴구가 〈사무사(思無邪) 사마사조(思馬斯徂)〉이다. 그러니 사무사란 말씀은 공자께서 따온 말씀이라고 여겨도 된다. 사무사(思無邪)의 〈사(思)〉를 〈생각 사(思)〉로 새기지 않고 〈정말로 사(思)〉로 새겨 〈생각함에(思) 못된 것이(邪) 없다(無)〉고 새기는 쪽보다 〈정말로(思) 못된 것이(邪) 없다(無)〉는 편이 훨씬 걸맞지 싶다. 본래 인언(仁言)은 인성(仁聲)보다 사람을 파고들지 못한다고 한다. 아무리 어진 말(仁言)이라도 사람을 선미(善美)로 사로잡기에는 어진 소리(仁聲)를 따르지 못한다는 것이다. 우리는 어진 소리를 노래라 하고 중국은 시(詩)라고 한다. 특히 우리 노래는 먼먼 옛날부터 혼자 부르는 노래보다 너 나 우리 하나 되어 불러대는 노래 쪽이다. 얄리얄리 얄랑성 얄라리 얄라 이것은 홀로 질러대는 입소리가 아니다. 춤추자고 질러대는 사무사(思無邪)의 떼몰이 흘림 즉 추임새이다. 요새는 이런 소리의 추임새를 '떼창'이라 하며 즐기고들 있다.

살면서 풀지 못한 시름들을 풀고자 노래하다 손이 절로 흔들리다 나도 모르게 발 굴리다 그냥 그만 온몸을 뒤흔들어 혼풀이 춤추는데 '얄리얄리 얄랑성 얄라리 얄라' 같이 뜻 없는 떼몰이 흘림의 입소리가 딱 들어맞아 너도나도 사(邪)를 물리쳐버리게 된다. 이렇게 떼몰이 떼창으로 질러대며 춤추다 보면 마음속 어디에도 사악함(邪)이란 눈꼽만큼도 붙어나지 못한다. 그래서 노래하고 춤추면 그 순간 누구나 하염없이 〈열지(說之)〉한다. 살아 있음을 사무치게 즐거워함을 열지라 한다. 열지란 더할 나위 없이 즐거움을 누림이다. 그런 열지를 딱 맞게 풀이해둔 말씀이 곧 〈사무사(思無邪)〉이다. 무사(無邪)를 어렵게 생각할 것 없다. 어질지 못하거나 어질지 않다가 어질어지면 그것이 곧 무사이다. 그러니 노래(詩)란 무엇인가? 그것은 바로 하염없이 어질게 해주는 소리다.

[논어 읽기]

詩三百
시삼백

一言以蔽之 曰 思無邪
일언이폐지 　　　 왈 　　 사무사

(『시경(詩經)』에 있는) 시(詩) 삼백 편(三百) 그것을(之)
한마디로(一言) 써(以) 묶어(蔽) 말한다면(曰)
정말로(思) 사악함이(邪) 없다(無).

－「위정(爲政)」 2

091

미친들 어떠랴

필야광견호 必也狂狷乎

성인(聖人)을 두려워하고 나아가 성인의 말씀을 두려워하는 사람을 공자께서 군자(君子)라 불렀고 성인을 얕보고 성인의 말씀을 업신여기는 자를 소인(小人)이라고 못 박았다. 왜 소인은 성인을 얕보고 업신여기며 군자는 성인을 두려워할까? 소인은 일일신(日日新)할 줄 모르기 때문이고 군자는 날마다(日日) 새롭게(新) 살아가는 성인을 본받지 못할세라 삼가 살기 때문이다. 날마다 물에 물 탄듯이 살아감을 군자는 부끄러워하고, 다람쥐 쳇바퀴 돌리듯 살면서 날마다 겉치장 새로 하면 새 사람이지 하고 소인은 떵떵거린다.

공자께서는 물에 물 탄듯 술에 술 탄듯 밍밍하게 살아가려는 사람을 내치신다. 오로지 중행(中行)하는 사람을 기리고 함께하기를 바란 성인이 곧 공자이다. 중행(中行)은 중화(中和)를 실행함(行)을 말한다. 어울림(和)에 알맞게(中) 실행하는 사람은 넘치거나 모자람 없이 살아간다. 그러니 중행은 곧 군자의 몫이다. 어진 길(仁道)을 넓히고자 한다면 세상 사람들과 함께 시도(試圖)하라고 공자께서 힘주어 당부해둔 말씀이 〈필야광견호(必也狂狷乎)〉이다. 싹싹한데 눈치만 살피는 데면데면한 사람과 손잡고 일하기보다는 차라리 열정이 북받치거나 푹 빠져버리는 이와 손잡고 인도(仁道)

를 넓혀가자는 것이다.

물이 머물게 되면 썩듯이 사람도 제자리에서 맴돌기만 하면 썩는다. 몸뚱이야 살아 있기로서니 속이 썩어버리면 그자는 마치 바람 든 무처럼 아무짝에도 쓸모없는 것이다. 세상에는 밥벌레처럼 살아가는 인간들이 의외로 많다. 이런 밥벌레를 성인(聖人)은 참으로 불쌍히 여겨 외면하지 않고 끊임없이 가르쳐 왜 날마다 자신을 스스로 새롭게 이끌어가야 하는지 깨우치게 해준다. 그래서 공자께서는 맴도는 인생보다 줄기차게 인도(仁道)를 적극적으로 넓혀가려는 이를 광자(狂者)라 하고 자신의 능력을 지키면서 어진 길을 지켜가는 이를 견자(狷者)라 하여 공자께서 함께 일할 수 있다고 한다.

공자께서 밝힌 광자(狂者)는 광인자(狂仁者)라고 새겨들어야 한다. 어진 길을 미친 듯이 넓힘에 서슴없는 분을 말한다. 그리고 공자께서 밝힌 견자(狷者) 또한 견인자(狷仁者)로 새겨들어야 한다. 한눈팔지 않고 어진 길을 저 나름 고집하는 분을 말한다. 광자는 인도(仁道)를 넓히는 일에 지나친 듯하고 견자는 인도를 넓히는 데 모자란 듯하지만 둘 다 인도를 벗어나지 않는 데는 같다. 인생이 마치 놀자판 먹자판이면 그것이 살아가는 것이라고 떵떵거리며 인도(仁道)를 멀리하는 소인을 공자께서 내침은 사람이 사람으로서 살아야 함을 외면해서이지 인간으로서 소인을 내치는 것은 결코 아니다. 오히려 소인으로 살아가려 함을 안타까워해 소인을 내치는 것이다.

그러니 공자께서 광자(狂者)와 견자(狷者)를 택한다 하여 어찌 그 광자가 미치광이고 견자가 먹통이겠는가? 성인은 광포(狂暴)함을 용서치 않고 견치(狷癡)함을 후려친다. 광포(狂暴)한 인간이라면 제 비위에 거슬린다고 제 삼촌격인 비간(比干)의 심장을 도려내 강물에 던져 물고기 밥으로 삼았던, 상(商)나라를 망하게 한 주(紂)를 든다. 견치(狷癡)란 미치광이 고집통을 말한다. 불만 보면 쳐들어가는 부나비 같은 얼간이 고집쟁이가 세상에는 의외로 많다. 그래서 어진 길(仁道)을 사정없이 짓밟는 인간들 틈바구니에서 중행(中行) 즉 서로 어울려 살아가게 하는 중화(中和)를 실행하기가 여간 어렵지 않음을 공자께서 불 보듯이 훤하게 아셨기 때문에 차라리 광자(狂者)나 견자(狷者)라도 있다면 함께 손잡고 인간이 가야 할 어진 길을 넓혀가겠다고 세상을 향해 포효하시느라 광자(狂者)나 견자(狷者)를 말씀하신 것으로 새겨들으면 된다.

[논어 읽기]

不得中行而與之
부득중행이여지

必也狂狷乎　狂者進取
필야광견호　　　　　광자진취

狷者有所不爲也
견자유소불위야

중도를(中) 행함을(行) 만나서(得而) 그와(之) 함께하지 못한다면(不與) 반드시(必也) 과격한 자나(狂) 고집쟁이와 함께 하리라(狷乎). 과격한(狂) 이는(者) 나아가기를(進) 취할 것이고(取) 고집스런(狷) 이에게는(者) 하지 않아야 할(不爲) 바가(所) 있는 것(有)이다(也).

－「자로(子路)」 21

092

살기 좋은 세상

지어도 至於道

요새 어떤 사람 흉보기로 "그 사람 개념 없어" 이렇게 뱉는 사람들이 많은 것 같다. 그렇게 흉보기라면 "그 사람 정신 나갔어" 하면 훨씬 더 마땅한 말썽이 될 것이다. '개념(概念)'이란 'concept'를 옮긴 왜식조어(倭式造語)이니 말썽부리면서 남한테 빌린 말 쓰면 뭐 묻은 개가 겨 묻은 개 흉보는 꼴 되기 쉽다. 정신 나간 사람이라 하면 그 사람을 심하게 꾸짖는 것이다. 꾸짖을 때는 본딧말 써야 회초리가 더 따끔하다. 어떤 이가 정말로 정신 나갔다면 그보다 더 큰일은 없으니 재빨리 정신 차려야 한다. 정신 나간 사람이라면 그 사람 살아도 사는 게 아니니까. 개인한테만 정신 나간 경우가 생기는 것은 아니다. 정신 나간 나라도 있을 수 있다. 조선(朝鮮)의 끝장을 떠올려보라. 개인이든 나라든 정신 나가면 더럽게 흉한 꼴을 당하고 만다.

정신 나간 세상을 향해 정신 차리게 하는 변함없는 말씀이 있다. 공자께서 밝힌 〈지어도(至於道)〉가 정신 차리고 살라는 변함없는 가르침이다. 지어도는 사람의 길을 떠나거나 벗어나지 말라는 당부이다. 왜 언제 어디서든 삼가 살라고 할까? 지금 우리에게 삼가 살라고 할 때 무엇을 삼가라는 것일까? 경쟁을 삼가라는 말씀으로 들으면 틀림없다. 경쟁을 삼가라.

이를 경쟁하지 말라는 말로 들어서는 안 된다. 남들과 경쟁할 생각을 삼가고 자신과의 경쟁을 잘해보라는 말씀이다. 수기(修己)니 극기(克己)니 등등은 자신과 경쟁해서 뒤처지려는 자신을 앞서가는 자신으로 바꾸어가게 정신 차리라는 말씀이다. 그렇게 앞서서 남을 등쳐 빼앗는 길로 가지 말고 서로 도와 서로 잘사는 길을 벗어나지 말고 가라는 말씀이 〈지어도(至於道)〉라고 여기면 된다.

중국 산동성에 옛날 제(齊)나라가 있었고 바로 그 옆에 작은 딱지처럼 노(魯)나라가 붙어 있었다. 제(齊)는 역치(力治)로 천하를 휘어잡은 대국이었지만 노(魯)는 덕치(德治)로 백성이 살기 좋은 세상을 열었던 예악(禮樂)의 소국이었다고 한다. 그 노나라도 세도(勢道)의 문란에 빠져 예악의 덕치가 쇠잔해져갈 무렵 노나라 서울 곡부(曲阜)에서 공자께서 태어나셨다. 예악을 문화라고 새겨들어도 된다. 그러니 문화국가로서 노나라는 백성이 살기 좋은 세상을 열어주다가 말기에 그 치도(治道)가 무너져갔지만 제(齊)는 무력국가로 백성을 고달프게 하면서 땅을 넓히고 넓혀 갔었다. 그런 제(齊)는 초기의 노나라처럼 바뀌져야 하고 문란한 노(魯)는 다시금 덕치를 되찾아야 한다는 말씀으로 〈지어도(至於道)〉라고 공자께서 밝혔던 것이다. 이는 공자께서 다시 정신 차려 사람이 사람을 서로 사랑하며 의지하고 살 수 있는 세상을 다시 이루자는 절규였던 셈이다.

공자께서 절규하셨던 〈지어도〉란 사람들이 마음 편히 잘사는 세상을 이루자는 말씀이다. 인도(人道)는 인도(仁道)라고 어렵게 말하지 않아도 된다. 사람이 사람을 서로 사랑하면서 살아가는 길을 어진 길(仁道)이라 밝힌 셈이고 그 인도(仁道)를 저버리지 않고 꿋꿋이 지켜내면서 넓혀가는 길이 곧 인도(人道)라는 것이다. 사람들끼리 서로 경쟁만 하면서 살아야 하는 세상은 힘(力)을 앞세우는 세상처럼 되고 만다. 그러면 힘 있는 자가 힘없는 자의 것을 빼앗는 일이 자주 벌어지게 되고 세상은 늘 한겨울처럼 꽁꽁 언다.

인면수심(人面獸心)이란 말 알 것이다. 겉모습은 사람인데 속은 짐승 같다면 어찌 살맛나는 세상을 사람들이 누리겠는가? 콩 한 쪽도 서로 나눠 먹고 백지장도 맞들면 가볍다는 마음이 널브러져야 사람 살기 좋은 세상이 열린다. 그런 세상을 우리 모두 서로 트고 열자는 말씀이 〈지어도(至於道)〉라고 새기면 된다. 사람이 사람으로서 사는 길에(於道) 이르자(至)고 함은 그 길을 떠나지 말고 그 길에(於道) 머물러(止) 살자는 말씀이 된다. 〈지어도(至於道)〉는 〈지어도(止於道)〉인데 이는 곧 정신 차려 살자는 말씀이다.

[논어 읽기]

齊一變至於魯
제일변지어로

魯一變至於道
노일변지어도

제나라를(齊) 확 바꾼다면(一變) 노나라에(於魯) 이르고(至)
노나라를(魯) 확 바꾼다면(一變) 도에(於道) 이를 것이다(至).

-「옹야(雍也)」22

093

도둑 걱정이라고

환도 患盜

"윗물이 맑아야 아랫물도 맑지" 하면 "물이 맑기만 하면 물고기도 못 살아" 하고 되받는 세상은 막혀가는 하수구 모양새로 돌아간다. 도둑질해놓고 증거 있느냐고 눙치는 세상은 저마저 속여먹는 놈들이 설쳐댄다. 세상을 썩게 한 큰 도둑이 오히려 시궁창 냄새난다고 소리치며 좀도둑 잡자고 나선다. 공자께서 사셨던 때 노(魯)나라가 그랬단다. 노나라에서 권력을 틀어쥐고 임금마저도 우습게 보며 무도(無道)했던 삼환씨(三桓氏)의 일족인 계강자(季康子)란 권력자가 공자께 도둑이 많아 걱정이라며 그 대책을 물었던 일이 있었다고 한다. 도둑 잡을 대책을 공자께 묻다니 계강자 눈에는 공자가 성인(聖人)으로 보이지 않고 제 수하(手下) 쯤으로 만만해 보였던 모양이다. 공자께서 대놓고 당신이 도둑질 그만두면 도둑질하는 사람에게 상 준다 한들 백성은 도둑질하지 않는다고 계강자에게 면박을 준 대목이 『논어』에 나와 있어서 우리를 후련하게 한다.

본래 대도(大盜) 밑에는 소도(小盜)가 줄줄이 붙어 있게 마련이다. 큰 도둑이 없어지면 좀도둑은 따라서 없어진다. 그런데 큰 도둑을 잡아 쇠고랑 채워 감옥에 집어넣기는 고양이 목에 방울 달기다. 그래서 고양이 목에 누가 방울 달겠느냐고 하는 것이다. 더구나 증거 없이는 도둑을 도둑이라

했다가는 명예소송에 걸려들어 도둑놈이 멀쩡한 사람을 감옥에 집어넣을 수 있으니 큰 도둑 잡기가 참 어렵다. 큰 도둑은 금고째로 몽땅 들고 가버리니 증거가 잘 남지 않기 때문이다. 다만 좀도둑이 금고문 열려다가 지문이나 디엔에이(DNA) 따위를 남겨 꼬리 잡히는 경우가 있다. 그런들 큰 도둑은 꼬리만 잘라주면 되고 보니 오히려 배짱이다. 이런 세상이면 곧 시궁창이다. 그래도 시궁창 냄새가 진동한들 코 막고 정직하게 살려는 사람들이 많은 덕으로 세상은 어렵사리 유지되는 것이다.

그러나 부끄러워할 줄 모르는 사람들이 목소리 크면 정직한 대다수 사람들은 살기 힘든다. 도둑 중에 가장 무서운 도둑은 백성의 것을 제 것처럼 빼먹는 큰 도둑이다. 생쥐 같은 좀도둑을 잡자고 아무리 쥐덫을 놓는다 한들 별 소용이 없게 된다. 쥐덫 놓는 그놈이 빼먹으면 곳간 자물쇠가 수백 개라도 못 당한다. 이런 지경을 일러 어려운 말로 환도(患盜)라고 한다. 환도 즉 도둑 걱정은 고양이한테 생선가게를 맡기는 경우에 자주 빚어진다. 왜 공자께서 정자(政者)는 곧 정(正)이라고 했겠는가? 정치란 것(政者)은 바로잡는 것(正)이다. 그렇지 못하고 정치가 부정(不正)하다면 정자(政者)란 것이 대도(大盜)의 방패가 되기 쉽다는 것이다. 그러니 환도가 없는 세상이 열리려면 무엇보다 먼저 정치는 부끄러워할 줄 아는 사람들이 맡아야 된다는 것이다.

무치(無恥)란 말이 있다. 부끄러워 함(恥)이 없다(無)면 낯가죽이 쇠가죽이란 욕을 먹는다. 도둑질보다 더 부끄러운 짓은 없으니 도둑놈 치고 무쇠탈 안 쓴 놈이 없어 뻔뻔스럽기 짝이 없다. 계강자란 인간이 바로 그런 자이다. 졸개들을 풀어 온갖 구실로 백성의 것을 이리 뺏고 저리 뺏어 제 것으로 배불리는 계강자가 공자께 환도(患盜)한다고 지껄이니 얼마나 뻔뻔스러운가? 후안무치(厚顏無恥)란 말이 계강자 같은 악한 때문에 나온 말이다. 낯가죽 두꺼운 치는 부끄럼 따위 없다. 저를 따르는 졸개들만 사냥개처럼 부리면 그만인지라 백성이 힘들어 한들 눈 하나 꿈쩍 하지 않고 세상을 위해 일한다고 떵떵거리는 추악한 도둑일 뿐이다. 그러나 이런 무리는 반드시 천벌 받게 된다. 천벌을 내리는 하늘이란 바로 백성이다. 요새는 백성이라 않고 유권자라 한다. 참다 참다 더 참지 못하면 유권자는 썩은 권력을 내동댕이칠 줄 안다.

[논어 읽기]

季康子患盜 問於孔子
계강자환도　　　　　　문어공자

孔子對曰 苟子之不欲
공자대왈　　　　　　구자지불욕

雖賞之 不竊
수상지　　　　부절

계강자가(季康子) 도둑을(盜) 걱정한다며(患) 공자께(於孔子)
(그 대책을) 묻자(問) 공자께서(子) 말해주었다(對曰).
적어도(苟) 당신이(子之) 욕심 부리지 않는다면(不欲)
비록(雖) (도둑질한) 자에게(之) 상 준대도(賞)
(어느 누구도) 도둑질 않을 것입니다(不竊).

－「안연(顏淵)」18

094

하나로 셋을 얻어야

삼우반 三偶反

어머니가 젖꼭지를 아기 입에 물리되 빨기는 아기가 해야 젖을 먹고 자랄 수 있고, 쇠죽을 끓여 구유에 사람이 부어주되 소가 먹고 스스로 새김질해야 살이 찐다. 아무리 거나한 밥상이 차려져도 스스로 씹어 먹지 않으면 그림 속의 떡이다. 밥을 스스로 씹어 새겨야 살듯이 배우는 마음도 배운 것을 스스로 씹어 새겨야 마음 쓰기도 살아난다. 그래서 학습(學習)이라고 하는 것이다. 〈배울 학(學)〉이란 스승이 지어주는 밥과 같고 〈익힐습(習)〉이란 그 밥을 스스로 씹어 새겨 새 맛을 찾아내기다. 배운 것에서 새 맛을 찾아내기란 오로지 배우는 사람의 몫이다. 그래서 자습(自習)이라고 한다.

어머니가 정성껏 지어준 밥일지라도 스스로 열심히 꼭꼭 씹어 삼켜야 제 몸에 살로 가듯이 배운 것을 스스로 끊임없이 익히고(習) 거듭해 익혀야(習) 배운 것에서 새로운 씨앗들이 생겨난다. 씨 한 낱이 이루어낸 이삭을 보라. 스승이 가르쳐준 것만 달달 외어가기만 하는 제자는 받은 씨앗마저도 메말라 못쓰게 하고 만다. 그런 허수아비 같은 인간을 옛날부터 남의 입가에 붙은 밥풀떼기나 떼어 먹는 못난이라고 욕했다. 요새는 여기저기서 창조시대라고 아우성이다. 이는 학습(學習) 중에서 습(習)을 강조하는 세상을 말한다. 창조(創造)란 오로지 자신이 스스로 짓는 모험이고 고행이다. 남이 해주기를 바라는 사람은 결코 창조하지 못한다. 창조한다고 해서 무슨 새 물건을 만들어내야 한다는 것은 아니다. 남달리 생각하는 순간 곧바로 마음 쓰기는 창조의 파도를 타는 것이다. 그러니 창조란 천재의 전유물이 결코 아니다. 배운 것을 암기하자고 자습(自習)하는 것이 아니라 배운 것에서 새것을 찾아내려고 자습하는 사람이라야 창조하는 사람이 된다.

공자께서 〈불분불계(不憤不啓)하셨다〉는 말씀은 온갖 힘을 다해 자습하여 새것을 찾고자 분발(奮發)하지 않는 제자는 분발할 때까지 그 이상 더 가르쳐주지 않았다는 말씀이다. 가르쳐준 것을 스스로 익혀 저 나름대로 소화해서 몸부림쳐 저 능력껏 새 뜻을 찾아내야 가르치기를 이어갔다니 학습(學習)의 습(習)을 얼마나 중하게 여겼는지 알 수 있다. 공자께서는 달달 외우기 하는 제자를 조금도 용서하지 않았던 것이다. 배운 것을 꼭꼭 되씹어 새김질(習)하기 위하여 배운 것을 암기하는 것이지 배운 것을 그냥 그대로 암기해서 따라 하라는 것은 결코 아니다. 뿐만 아니라 제자에게 질문을 던져 더듬거리지 않으면 공자께서 대답해주지 않았음을 〈불비불발(不悱不發)〉로 알 수 있다. 이 말씀에는 가르쳐준 것을 잊지 말고 습득(習得)해두라는 깊은 뜻이 담겨 있다. 이처럼 배운 것을 스스로 터득해 새로운 뜻을 얻어낼 때까지 공자께서는 제자를 살폈다.

그리고 공자께서는 제자들에게 거일(擧一) 즉 하나를 들어주었으면 제자들이 그 하나(一)를 익혀 그 하나에서 셋 넷 열 등등을 살펴 새기고 헤아려 가늠해 새 뜻을 찾아낼 때까지 참고 기다려 제자들이 〈언작자(言作者)〉가 될 수 있도록 하셨다. 새로운 말을 하는 사람(言作者)이 되어야 진실로 배운 사람이란 것이다. 스승은 씨앗을 주는 분이다. 그러면 제자는 씨앗을 받아 마음속에 잘 심어서 틔워 싹을 내고 꽃을 피워 열매를 맺고 그 열매가 여물어 튼실해지도록 열심히 가꾸어야 또 새 씨앗을 제자가 맺는다. 공자께서 거일(擧一) 즉 하나(一)를 들어줌(擧)이란 스스로 생각하여 터득하게 하는 씨앗 하나를 주는 것과 같다. 그 씨앗 하나를 제자에게 주면 저마다 능력 따라 새 씨앗을 둘도 맺고 셋도 맺고 열도 맺고 하여 온 세상을 새롭게 하는 제자들로 그득하게 하고 싶었던 것이다. 그러니 공자께서 제자로 하여금 습득(習得)하게 하는 가르침은 지금도 살아서 펄펄하다.

[논어 읽기]

不憤不啓　不悱不發
불분불계　　　　불비불발

擧一隅　不以三隅反
거일우　　　불이삼우반

則不復也
즉불복야

(알지 못해) 분발하지 않으면(不憤) 더는 일깨우지 않고(不啓)
(발설하지 못해) 더듬거리지 않으면(不悱) 말해주지 않았으며(不發)
한 모서리를(一隅) 들어주어(擧) 그로써(以) 세 모서리를(三隅)
돌아오지 못하면(不反) 곧장(則) 되풀이하지 않으셨던 것(不復)이다(也).

-「술이(述而)」8

095

멀리 생각지 않으면

무원려 無遠慮

    사람은 누구나 장래를 생각하면서 산다고 하면서도 욕심이 앞서서 앞을 내다보기를 등한히 하는 경우가 허다하다. 그래서 살기가 살얼음판 같다 느니 돌다리도 두들겨본 다음 건넌다는 속담이 나온 것이다. 뿐만 아니라 막살아버리는 경우도 없지 않아 있다. 아마도 이런 만용은 사람만 저질러 대는 어리석음 같다. 왜냐하면 산천에 사는 금수(禽獸) 치고 막사는 놈은 하나도 없으니까.

    봄여름 우리와 함께 살다가 늦가을이 되면 강남으로 날아가는 제비를 보면 배울 것이 참 많다면서 시골 어른들은 늘 제비 찬양을 한다. 춘삼월 강남에서 온 제비는 거의 사람 집에다 제 집을 지어 자연스럽게 천적을 막고 알을 낳아 새끼를 길러낸다. 새끼를 여러 마리 길러내면서도 새끼들 의 배설물이 하나도 흘려지지 않아 제비집 아래쪽 툇마루일지라도 새똥 한쪽 떨어지지 않아 집 마나님도 제비를 깨끗하고 싹싹하다며 칭찬한다. 새끼들의 배설물을 일일이 입으로 물어다 논이나 밭에 떨어뜨려 거름을 주고 곡식에 해로운 병충을 잡아다가 새끼들 입속으로 콕콕 넣어주는 어 미 제비를 구경하면 그 집 어른들은 제비가 두려워할세라 구경하지 말라 고 집안 아이들에게 눈총까지 준다.

그래서 선량한 사람을 두고서는 그 사람 곡식에 제비 같은 사람이라고 한다. 드디어 추분(秋分)을 넘어서면 제비는 우리네 겨울을 피하고자 강남으로 날아갈 채비를 한다. 청명한 가을 하늘 높이 많게는 예닐곱 적게는 너댓씩 무리지어 빙빙 도는 제비 떼를 보면 가을걷이를 앞둔 시골 사람들은 이제 제비들이 강남으로 떠나는구나! 무사히 갔다가 내년 삼월삼짇에 꼭 돌아오기 바란다면서 떠나갈 제비를 아쉬워한다. 봄여름을 거쳐 가을까지 빈틈없이 열심히 착착 잘 새끼를 길러낸 제비를 두고 시골 어른들은 사람보다 낫다고들 했었다. 왜 떠나는 제비를 보고 사람보다 낫다고 할까? 봄부터 빈틈없이 새끼를 낳아 잘 길러 떠나기로 작정하고 강남에서 제비가 날아온 것이니 제비가 얼마나 앞을 내다보면서 사느냐고 감탄하는 것이다.

다람쥐는 주로 제집 근처 고목나무 빈 속을 겨울양식 곳간으로 삼아 도토리 산밤 등을 모아둔다. 그 곳간을 가득 채우려고 도토리가 툭툭 떨어지면 다람쥐는 상수리나무 밑을 쉴 새 없이 오간다. 그 틈을 이용해 다람쥐를 사로잡다가 쳇바퀴 돌리게 하여 돈벌이하려는 사냥꾼들이 그 무렵이면 상수리나무 숲 여기저기 덫을 놓았던 시절이 있었다. 그래서 시골 아낙들은 상수리나무 밑을 지날 때 도시 것들이 와서 놓고 간 다람쥐 덫을 발견하면 그 통 속에 다람쥐가 들었는지 살펴본 뒤에 들었으면 닫힌 문을 열어 도망가게 해주고 비었으면 통을 발로 뭉개 멀리 내동댕이치면서 몹쓸 인간들이라고 호통쳤었다. 그 시절은 내년 봄 보릿고개를 생각해서 사람들도 도토리를 겨울나기 식량에 보태려고 다람쥐처럼 상수리나무 밑을 헤맸었다. 겨울 양식거리로 도토리를 줍던 아낙들이 겨울 양식 걱정은커녕 겨울만 오면 노름판 떠도는 남편들을 두고 다람쥐만도 못하다며 한탄

했었다.

옛날에만 정신 나가 앞을 보지 않는 사람들이 있었다는 것은 아니다. 오히려 지금 더 많아졌다는 생각이 앞서기도 한다. 먹고 마시고 놀고 보자는 시류(時流)가 옛날보다 훨씬 더 드세다는 낌새들이 여기저기 들썩인다는 생각이 들지 않는지? 점심시간 대 시내 거리를 걷다 보면 점심 먹고 나온 이들이 큼직한 찻잔을 들고서 빨대로 홀홀 마시면서 일터로 가는 모습을 얼마든지 볼 수 있다. 점심값 올라서 탈이라면서 거의 점심값에 육박하는 찻값을 내고 마셔야 되는지 참 어리벙벙해진다. 밥값 대 찻값을 대비해보고 차 대신 물 마시면 된다는 생각을 하면 좀생이일까? 멀리 내다보면 손에 들린 찻잔이 앞날을 짓눌러줄 돌덩이가 될 수도 있고 훗날 눈물이 될 수도 있을 것이다.

[논어 읽기]

人無遠慮 必有近憂
인무원려   필유근우

사람한테(人) 멀리(遠) 생각함이(慮) 없다면(無)
반드시(必) 가까운(近) 걱정거리가(憂) 생긴다(有).

-「위령공(衛靈公)」11

096

검약으로써

이약 以約

자린고비라고 해서 무턱대고 흉봐서는 안 되는 경우가 참 많다. 딱할 정도로 무엇이든 아껴 쓰면서도 쓸 일이면 서슴없이 쓰는 훈훈한 사람이 생각보다 세상에는 많이들 숨어 산다. 큰돈 몰래 갖다 두고 불우이웃 돕기에 쓰라고 전화만 하고 숨어버리는 사람이 있다는 기쁜 소식들이 연말만 되면 심심찮게 들려온다. 분명 이런 분들을 두고 숨은 천사라고 불러야 할 터이다. 이런 천사들께는 거의 공통점이 있다. 자신만을 위해서는 아주 인색하다는 것이다. 보기에 따라서는 정말 자린고비로 아끼고 아껴 돈을 모아 연말이 되면 남모르게 기부천사가 되는 분들이 세상을 둥지처럼 안온하게 한다. 자신을 검소하고 검약하게 하는 분들이 세상을 훈훈하게 하지 흥청망청 사치하는 사람은 세상을 눈부시게 할 뿐 남을 위해서라면 참으로 인색하다.

물론 요새는 없어진 풍경이지만 1960년대만 해도 어디서나 가을걷이가 끝난 들녘에는 허름한 자루 하나 앞에 차고 이삭 줍는 아낙이나 어린아이들이 있었다. 그 시절까지도 마을인심 부잣집 쌀뒤주에서 난다는 속담보다 논바닥에서 난다고 했었다. 농사일을 모두 손으로 했던 시절인지라 벼 베기를 마을 사람들이 울력으로 서로 도왔다. 벼 베는 사람들이 벼를 베어

볏단을 묶을 때 이삭 하나둘은 일부러 떨어뜨리면서 "추운 겨울 들쥐도 먹고 살아야지" 중얼거리곤 했지만 실은 가난한 사람들 양식거리를 좀 보태주고자 인정을 베풀었던 셈이다. 서로 없어서 나누질 못했지 후한 인정만큼은 눈물겨웠다. 언감생심 어찌 밥투정 따위를 어린것들이 할까? 쌀밥 한 그릇 가득 담아 먹었으면 하던 시절이 지금부터 50년 전만 해도 겪어야 했던 형편이었다. 그러니 어린것들까지도 밥풀 하나 흘리지 않고 밥을 먹었던 때를 생각하면 지금 우리가 흥청망청 풍덩풍덩 마구마구 먹고 마시고 해도 되는 일인지 겁나기도 하는 게다.

멀쩡한 청바지를 일부러 헌옷처럼 보이게 하자고 모래로 문질러준 것 사서 입고 한두 해 쓰고 나면 낡은 '모델'이라니 '버전'이 후졌다느니 푸념하면서 던져버리고 새로 사서 멋지다며 떵떵거려도 되는 세상이니 얼마나 좋으냐고 하지 마라. 먹자 골목이 여기저기 생기고 TV에서는 날마다 하마 입처럼 떡 벌리고서는 기름진 고깃덩이를 마구 집어넣는 모습이 '클로즈업'에서 '슬로모션'으로 다가와 식욕(食欲)을 천하게 부추기는 세상인지라 배불러 좋다고 우쭐댈 것 없다. 채소는 입안에서 거슬러 싫고, 쌀밥은 까칠해 목구멍으로 잘 넘어가지 않아 싫고, 입에 넣으면 그만 목구멍 너머로 그냥 들어가주는 먹을거리 없는지 찾아 외칠 것 없다. 세상 꼴이 아무리 방정맞아 보여도 검소해서 야무지게 알뜰히 집안 살림 꾸려가면서 애쓰는 사람들이 수백 배는 더 많으니까.

그러나 오늘 웃기만 하면 내일 운다는 선대(先代)의 말씀은 아무리 세상이 바뀐다 한들 변함없는 참말이다. 비실비실 길게 사느니 굵게 왕창 짧게 살고 말겠다는 인간이 있다면 그 인간은 정말로 너절해 치렁치렁 더러운 걸레 같은 놈이란 욕을 먹어도 싸다. 우리 모두 함께 오순도순 살아가야 하는 이 세상에서 남을수록 조금씩 아껴 모자란 쪽에 보태주고자 하는 마음은 인간을 참 멋지게 한다. 오죽하면 기부천사란 말이 생겼을까. 수백 수천 수억 씩 기부하는 쪽보다 덜 쓰고 아끼고 아껴 필요한 곳에 쓸 수 있게 하려는 쪽이 멋지다. 그런 마음씨는 자린고비로 보이게 되는 경우가 많다. 영근 이삭처럼 고개 숙이고 조용히 살아가는 자린고비들이 의외로 세상에는 많은 편인지라 살맛나는 것이다. 낭비하지 않으면서 남을수록 아끼고 흥청망청 하려는 욕심이 솟을 때면 짓눌러 제 분수에 맞게 수수하고 살뜰히 자신의 삶을 일구고자 검약(儉約)한 이는 언제 어디서나 훈훈하게 산다. 하늘이 무너져도 살아날 구멍이 있다는 말씀은 누구에게나 해당되는 건 아니다. 오로지 검약한 분에게만 가능하니 어찌 검약한 분이 망하겠는가? 망할 리 절대로 없다.

[논어 읽기]

以約失之者 鮮矣
이약실지자   선의

검약함으로(約)써(以) 망한(失之) 사람은(者)
거의 없다는 것(鮮)이다(矣).

- 「이인(里仁)」 23

097

예를 좋아해야

호례 好禮

예절(禮節)은 시대 따라 바뀐다 해도 예(禮)만큼은 바뀔 수가 없다. 하기야 지금은 예악(禮樂)이란 낱말이 거의 잊힌 꼴이니 예(禮)만 떼어서 잘 알 리가 없겠다는 생각도 든다. 물론 윤리(倫理)가 예(禮) 아니냐고 할 수 있겠지만 그것은 서양의 'ethics' 또는 'morals'을 근거로 만들어진 말이라고 본다. 따라서 이제는 예절이란 말보다 '에티켓'이나 '매너'가 어쩌니 하면서 마치 우리말처럼 편하게 쓴다. 그러니 설령 예절을 강조한다고 해도 서양윤리라는 것을 바탕에 깔고 있다. 따라서 교화(教化)란 낱말도 이제는 'ethics'를 바탕에 둔 낱말이 되어버린 셈이라 우리 선대로부터 물려받은 낱말이라고 여길 수 없게 되었다. 교화(教化)라고 하면 예(禮)로써 가르쳐(教) 사람 되게 한다(化)는 뜻을 담고 있다. 이제는 거의 예(禮)란 것이 잊힌 셈이니 요새 말하는 교화란 한국인으로 살게 하는 교화라기보다는 서양사람 본떠서 흉내 짓하는 교화인 셈이다. 이렇듯 수입한 예절(etiquette-manner)로 살자는 꼴이니 참 기막히고 어이없는 편이다.

우리 선대(先代)가 지켰던 예(禮)는 무엇인가? 자문(自問)해서 다시금 돌이켜 보아도 무엇 하나 해로울 게 없다. 예(禮)란 무엇이냐고 할 때 가장 먼저 나오는 답은 〈자비존인(自卑尊人)〉이고 그 다음은 아마도 〈임재

무구득(臨財毋苟得)〉이 아닐까 싶다. 자기를 낮추고(自卑) 남을 높여라(尊人). 이것이 예(禮)라는 것이다. 재물을 앞두고(臨財) 구차하게(苟) 취하려 들지(得) 말라(毋). 이래야 예(禮)라는 것이다. 이처럼 예(禮)는 요새 사람들이 하기 싫어하는 것만 골라내 하란 꼴이니 예(禮)를 외면하려 덤빌 것이다. 그러나 세상으로부터 손가락질 안 받고 떳떳해 당당히 살자면 예(禮)보다 더 좋은 길잡이는 없다는 점을 의심하지 말아야 한다. 예(禮)를 옛날 억지라고 여기면 흉한 꼴이 늘 맴돌기 쉽다.

왜 공자께서 다스리는 쪽(上)이 예(禮)를 좋아하면(好) 백성(民)을 부리기(使) 쉽다고(易) 하셨을까? 이제는 백성을 유권자라고 한다. 치자(治者)가 유권자를 부리기 쉽다고 함은 유권자가 그를 믿어준다는 말이다. 믿는 사람이 무엇을 시키면 성복(誠服)하게 된다. 성복(誠服)은 굴복(屈服)과 아주 다르다. 마음에 우러나 진실로 따름이 성복이고 힘이 없어서 마지못해 끌려감이 굴복이다. 성복시키는 힘을 강(強)이라 하고 굴복시키는 힘을 역(力)이라 한다. 그래서 권력을 따르는 치자는 그 끝이 흉(凶)하고 예(禮)를 좇는 치자는 그 끝이 길(吉)하다. 같은 값이면 다홍치마라고 끝이 길할수록 좋은 것이다.

세상에서 불행(凶)을 피하고 행복(吉)하고 싶다면 호례(好禮)하면 틀림없는 처방이 된다. 나를 낮추기를 좋아하고 남을 높여주기를 좋아함이 호례이다. 사치를 멀리하고 검소해 온갖 물건을 아껴 쓰기를 좋아하면 그 또한 호례이다. 자기를 낮추면 오히려 남들이 자기를 높여준다. 그래서 자비(自卑)는 반드시 자존(自尊)으로 돌아온다고 하는 것이다. 자비(自卑) 없이 자존(自尊)하면 반드시 망신당하고 만다. 망신은 주로 결례나 무례해서 받게 되는 벌이다. 사치하면 늘 마음속에 거지가 숨어서 사람은 쓰레기

통을 뒤지고 다니는 길거리 개처럼 게걸스럽게 된다. 그러다 물지 말아야 할 고깃덩이를 덜컥 물어버린다. 뇌물 받았다가 들통나 쇠고랑 차는 사람은 미늘 숨긴 고깃덩이 물었다가 당하는 험한 꼴이다. 검소하여 가진 것 아껴 옹글게 살면 의(義)를 좇을 수 있어 그런 불행을 결코 당하지 않는다. 정의(正義)는 법(法)이 아니라 예(禮)로 성숙되는 것이다. 공자께서 밝힌 〈의지여비(義之與比)〉도 호례(好禮)하란 말씀이다. 의(義)를 따르자면(比) 곧 호례해야 이뤄진다. 예(禮)가 아니면 인의(仁義)도 이뤄지지 못하기 때문이다. 그래서 예(禮)를 멀리하면 백성의 마음을 부리기 어렵다. 그러니 치자(治者)라면 호례하여 정의를 따라야 유권자의 마음을 얻는다.

[논어 읽기]

上好禮 則民易使也
상호례   즉민이사야

임금(上)이 예(禮)를 좋아하면(好)
곧장(則) 백성을(民) 부리기가(使) 쉬워지는 것(易)이다(也).

-「헌문(憲問)」 44

098

반드시 살필 것은

필찰언 必察焉

박덕한 원님이 한양에서 내려와 고을 백성을 못살게 굴면 허기진 백성의 입에서 〈원형리정(元亨利貞)〉도 모르는 것이 우리네 등골을 말린다고 욕했다. 원형리정을 따라 백성을 다스린다면 백성은 어린 양처럼 순하다. 그러나 원형리정을 어기고 백성을 학대하면 백성은 성난 호랑이처럼 되고 만다. 원형리정이란 『주역(周易)』에서 밝히는 역(易)의 이치를 말해준다. 역(易)이란 천운(天運)을 말한다. 천운은 자연의 변화를 말한다. 그러니 온갖 변화의 마땅함을 일러 원형리정이라 하는 셈이다. 이를 어렵게 생각할 것 없고 네 계절 떠올리며 그 이치를 새겨보면 오히려 쉽다.

원(元)은 봄(春) 같다. 봄이면 봄다운 변화가 일어나니 그것을 춘작(春作)이라 한다. 봄에 싹트기(作)와 같은 변화를 원(元)이라 한다. 형(亨)은 여름(夏) 같다. 여름이면 여름다운 변화가 일어나니 그것을 하장(夏長)이라 한다. 자라기(長)와 같은 변화를 형(亨)이라 한다. 이(利)는 가을(秋) 같다. 가을이면 가을다운 변화가 일어나니 이를 추렴(秋斂)이라 한다. 거둬들이기(斂)와 같은 변화를 이(利)라고 한다. 정(貞)은 겨울(冬) 같다. 겨울이면 겨울다운 변화가 일어나니 이를 동장(冬藏)이라 한다. 간직해두기(藏)와 같은 변화를 정(貞)이라 한다.

싹트기보다 으뜸은 없다. 이를 춘작(春作)이라 하고 이와 같은 이치를 〈으뜸 원(元)〉이라 한다. 그런 원(元)을 북돋아주면 백성은 좋아하고 짓밟으면 미워하고 싫어한다. 싹이 텄으면 잘 자라 꽃을 피워 열매를 맺는다. 이를 하장(夏長)이라 하고 이와 같은 이치를 〈통할 형(亨)〉이라 한다. 그런 형(亨)을 북돋아주면 백성은 좋아하고 짓밟으면 미워하고 싫어한다. 열매가 잘 여물었으면 거두어들여야 한다. 이를 추렴(秋斂)이라 하고 이와 같은 이치를 〈이로울 이(利)〉라 한다. 그런 이(利)를 북돋아주면 백성은 좋아하고 짓밟으면 미워하고 싫어한다. 거둬들였으면 잘 간직해두어야 한다. 이를 동장(冬藏)이라 하고 이와 같은 이치를 〈간직할 장(藏)〉이라 한다. 그런 장(藏)을 북돋아주면 백성은 좋아하고 짓밟으면 미워하고 싫어한다. 그러니 백성은 원형리정(元亨利貞)을 북돋아주는 다스림을 좋아하고 그것을 짓밟는 다스림을 미워하고 싫어한다.

전라도 고부(古阜) 군수 조병갑의 학정(虐政)을 견디다 못해 농민이 분노하여 괭이를 무기로 삼아 동학혁명(東學革命)을 일으켜야 했던 눈물겨운 사연을 잘 알 것이다. 원형리정(元亨利貞)이 뜻해주는 이치를 북돋아주면 언제나 백성은 순한 양이 되고 그 이치를 짓밟으면 참다못한 백성은 사나운 호랑이가 되는 줄 모르고 설쳤던 못난 치자(治者)가 바로 조병갑이란 등신이었다. 맹호출림(猛虎出林)이란 말이 있다. 학정(虐政)에 시달리면 백성은 반드시 수풀(林)에서 뛰쳐나온(出) 사나운(猛) 호랑이(虎)처럼 노략질하는 치자(治者)들을 사정없이 물어버린다.

덕치(德治)란 무엇인가? 백성이 좋아하는 쪽으로 다스림을 이끌어주면 그것이 곧 덕치이다. 학정(虐政)이란 무엇인가? 백성이 싫어하는 쪽으로 끌어가면 그것이 곧 학정이다. 임금들이 입으로만 백성은 하늘이라 했지 정말 하늘로 섬긴 임금은 세종대왕 한 분이시고 조선을 민국(民國)이라 불렀던 정조가 좀 더 살았더라면 싶은 임금 정도이다. 물론 덕치(德治)는 멀더라도 학정이 덮칠세라 백성은 늘 오마조마하며 살았다. 그런데 지금은 쥐구멍에 볕이 들었다. 요새 정치인들 목숨이란 4년마다 심판받는 세상이 된지라 백성을 이제 시민 유권자라고 부른다. 권력의 칼자루를 백성이 쥐었다는 것이다. 그러니 유권자가 된 민중(衆)이 싫어함이 무엇이고 좋아함이 무엇인지 정성껏 살펴 알지 못하는 정치인이라면 여의도 국회의사당 들어갈 생각은 접어야 하는 세상이다.

[논어 읽기]

衆惡之必察焉
중오지필찰언

衆好之必察焉
중호지필찰언

민중이(衆) 미워하는 것도(惡之) 반드시(必) 살필 것(察)이고(焉)
민중이(衆) 좋아하는 것도(好之) 반드시(必) 살필 것(察)이다(焉).

-「위령공(衛靈公)」 27

099

묵묵히 익혀야

묵이식지 黙而識之

　성인(聖人)은 이것은 이렇고 저것은 저렇다고 딱 잘라 말하지도 않고 그렇게 행동하지도 않고 그렇게 가르치지도 않는다. 말하자면 담 너머에 소가 간다 하지 않고 담 너머로 뿔이 보인다고 말해주는 편이다. 네 눈으로 담 너머 뿔을 보고 쇠뿔인지 노루 뿔인지 살펴보고 쇠뿔이면 아하 소가 가누나 네가 직접 알아채라 하는 것이다. 그래서 성인의 가르침을 〈거일이지이삼(擧一而知二三)〉이라고 하는 것이다. 성인께서 왜 이러시는 것일까? 하나를 들어주어 배웠으면 그에 따라 여러 가지를 스스로 생각해보라는 가르침 때문이다. 늘 배우면서 늘 새김하라는 것이다.

　배운 것을 스스로 이리저리 새겨서 새롭게 깨우치자면 〈묵이식지(黙而識之)〉해야 한다. 이는 묵묵히 스스로(自) 익히고 익히라(習)는 말씀이다. 『논어』에 맨 처음 나오는 공자님의 말씀(子曰)이 〈학이시습(學而時習)〉이다. 배우되(學) 쉬지 않고 익히는 짓(時習)이 뒤따라주지 않으면 시간이 가면 배운 것은 아지랑이처럼 가물가물 머릿속에서 슬슬 빠져버린다. 사람의 두뇌란 그냥 두면 어레미처럼 되기 쉽다. 그래서 배웠는데 뭐더라 하는 사람은 늘 고추 먹고 맴맴 하다 멍청해진다. 공자께서는 게으른 멍청이는 어쩔 수 없다고 한탄하셨다. 공자께서도 배운 것을 묵묵히 익히면서 배워가기를 싫어하지 않으셨다니 우리야 더 말해서 뭘 하겠는가? 천재보다 윗길인 성인(聖人)도 쉼 없이 배우면서 묵묵히 익혀간다는데 어찌 인생을 어영부영 내버려둘 수 있겠느냐고 공자께서 우리에게 반문해두신 것이다. 인생이란 늘 새로 배워가며 익혀가는 길임을 그렇게 말씀해두신 것이다. 그러므로 배운 것을 익히는 버릇이 몸에 배어야 교실에서 배운 콩이 간장도 된다는 것을 안다. 콩이 콩인 줄만 안다면 콩이 된장도 되고 막장도 되고 간장도 되는 줄 모른다.

좋은 학원들이 가까이 있으면 집값이 오른다고 한다. 옛날 산촌에서도 좋은 훈장(訓長)을 모시고 있는 마을을 부러워했었다. 우리 마을에는 씨암탉 같은 훈장님이 계셔 참 좋다고 자랑했던 시절이 있었다. 지금은 산촌에 살던 사람들이 도시로 몰려나와 산촌마다 텅텅 비었지만 옛날은 산촌은 사람들로 콩나물시루 같았다. 씨암탉 같은 훈장님이 있는 마을로 다른 마을 아이들이 어렵사리 와서 배웠다. 씨암탉은 알을 낳아 배를 곯아가며 보름 넘게 품어서 병아리를 까면 그 병아리들을 데리고 앞뜰 뒤뜰로 돌아다니면서 모이 찾는 법을 몸으로 보여준다. 어미가 한 발로 땅바닥을 후비면 병아리들도 줄줄이 따라 조막 발로 땅바닥을 후비고 어미가 물 한 모금 마시고 하늘 보면 새끼들도 따라 물 한 모금 마시고 하늘 본다. 또 모이를 콕콕 어미가 쪼면 종종 따라 쪼아보게 하면서 거의 달 반 동안 새끼들을 몰고 먹고 마시는 방법들을 몸으로 보여 가르치는 병아리의 스승이 암탉이다. 암탉 같은 훈장이란 말 속에는 배우게만(學) 하지 않고 스스로 익혀가게(習) 이끌어준다는 깊은 뜻이 숨어 있었던 게다.

회인(誨人)은 사람을 가르쳐 깨우치게 한다는 말씀이다. 가르친 것(敎)을 본받고 깨우치게(學) 함이 회(誨)이다. 그래서 회(誨)를 효교(曉敎)라

풀이한다. 새벽 동틀 무렵 밝음을 효(曉)라 한다. 캄캄한 사람을 가르쳐 동트는 사람으로 바꿔놓는 가르침이 회(誨)이다. 그러니 회인(誨人)이란 사람을 밤중에서 새벽으로 인도해준다는 말씀이 되겠다. 동쪽에서 해가 서서히 솟아 밝음이 오는 새벽의 밝음을 일러 미명(微明)이라 한다. 눈부시게 하는 밝음도 있고 눈 밝게 하는 밝음도 있다. 광휘(光輝)는 눈부시게 하여 눈멀게 하지만 미명(微明)은 눈 밝게 하여 내다보게 한다. 회인은 사람을 새롭게 일궈내 미래를 내다보고 밝혀내 열어주는 가르침이니 지금이 순간 절실한 가르침이 회(誨)이다.

[논어 읽기]

黙而識之 學而不厭
묵이식지　　　　　학이불염

誨人不倦 何有於我哉
회인불권　　　　　하유어아재

묵묵히(黙而) 새기고(識之) 배우기를(學而) 싫어하지 않고(不厭)
사람을(人) 가르치기에(誨) 게으름피지 않는다(不倦).
나에게(於我) 별일일 게(何) 있을 것(有)인가(哉)?

-「술이(述而)」 2

묵이식지 黙而識之　319

100

사람이 되는 길

천명어군자 天命於君子

　『논어』에 있는 어록(語錄)의 수는 499이다. 맨 첫 말씀은 〈학이시습(學而時習) 불역열호(不亦說乎)〉이고 맨 끝 말씀은 〈부지언(不知言) 무이지인야(無以知人也)〉이다. 『논어』는 〈배우면서(學而) 쉼 없이(時) 익히니(習) 또한(亦) 즐겁지 않은가(不說乎)〉란 자왈(子曰)로 시작해서 〈말씀을(言) 모르면(不知) 그래선(以) 세상 사람들을(人) 알 수(知) 없는 것(無)이다(也)〉는 자왈(子曰)로 끝맺는다. 공자께서는 끊임없이 우리 모두에게 〈소인(小人)이 되지 말고 군자(君子)가 되라〉고 정성껏 타일러두셨다. 참으로 성인(聖人)의 회인(誨人)은 눈물겹다.

　『논어』에 있는 맨 처음의 공자님 말씀(子曰)은 우리에게 가장 뜻있는 삶을 셋으로 나누어 밝혀주신 것이다. 첫째 〈학이시습(學而時習)〉은 제 인생을 새롭게 일구어가는 가르침이고, 둘째 〈유붕(有朋) 자원방래(自遠方來)〉는 사람과 사귀며 살아가라는 가르침이고, 셋째 〈인부지이불온(人不知而不慍)〉은 자신을 과시하지 말라는 가르침이다. 그러므로 『논어』의 첫 자왈(子曰)은 인도(人道) 즉 사람(人)이 가야 할 길(道)을 공자님께서 밝혀주신 것이다. 인도(人道)란 저마다 스스로 넓혀가야 하는 길이다. 이 길을 넓힘에 평균값은 없다. 자신의 길을 날마다 넓히려는 사람도 있고 그렇지 않고 남 가는 대로 그냥 섞어서 따라가고 마는 사람도 있다. 이러든 저러든 오로지 그 길은 저 자신이 스스로 넓혀가야지 남이 저를 대신해 줄 수 없음이 바로 인생(人生)이란 길이다.

학이시습(學而時習)은 문행(文行)을 말한다. 문행(文行)의 문(文)은 성현(聖賢)의 말씀(言)을 배우며 자문(自問)하라는 뜻이다. 그래서 문행의 문(文)을 학문(學問)이라 하고 줄여 〈지(知)〉라고 한다. 문행의 행(行)은 실천하라는 뜻이다. 학문했으면 안 것(知)이니 그 지(知)를 몸소 행하라는 것이다. 학문의 지(知)를 날로 실행하면 날마다 새로워진다는 깊은 뜻을 〈시습(時習)〉이란 말씀이 담고 있다. 그러니 시습이란 이 말씀은 마음을 새롭게 끌어가는 힘(氣)라고 믿어도 된다. 요새는 심기(心氣)라면 외면하고 '멘탈에너지(mental energy)'라고 하면 귀가 번쩍할 것이다. 기(氣)라면 헛말이고 에너지라면 참말이라고 여긴다면 앵무새 꼴 되는 것이다. 배워서(學而) 늘(時) 익혀가야(習) 마음이 새로운 힘을 낸다. 배운 것을 외우기만 한다면 그 마음은 축전지(battery)가 될 뿐이지 결코 발전기(generator)는 되지 못한다. 옛날에도 물통이 되지 말고 샘(泉)이 되라고 했다. 자신의 마음이 새로운 생각을 샘솟게 하고 싶다면 배운 것을 쉼 없이 스스로 익혀가야 한다. 습(習) 없는 학(學)은 자신을 꼭두각시의 그림자로 만든다는 사실을 의심하지 말기 바란다.

학이시습(學而時習)의 습(習)은 삶아서 익힌다(熟)는 뜻이 아니고 삭혀서 익힌다(酵)는 뜻이다. 배운 것(學)을 효(酵)하면 배운 것이 새것으로 태어난다. 콩이 된장으로 변화하는 것과 같다. 왜 공자께서 안연(顏淵)만을 극찬했을까? 안연은 스승으로부터 배운 것을 쉼 없이 시습(時習)했기 때문이다. 〈어지이불타자(語之而不惰者) 기회야여(其回也與)〉라고 안연을 극찬했다. 말해준 것을(語之而) 게을리 하지 않은(不惰) 사람(者) 그는(其) 안연(回)뿐이리라(也與)! 그래서 안연의 마음에서는 덕(德)이 샘솟았다. 덕(德)이란 무엇인가? 날마다 변화해 통하게 하는 힘을 덕(德)이라 한다. 요새 날마다 강조하는 창의력은 인간이 발휘하는 덕(德)이라고 말하면 설마 할 것이다. 변화하라. 이는 행덕(行德)하라는 것이다. 덕(德)을 행하라. 그러면 나날이 새롭게 살아갈 터이니 그보다 더 즐거운 삶은 없기에 공자께서 불역열호(不亦說乎)라 하셨다.

〈유붕(有朋) 자원방래(自遠方來)〉는 충신(忠信)을 말한다. 충신의 충(忠)은 거짓이 없어 속임이 없다는 뜻이다. 그래서 충(忠)은 성(誠)이라고 한다. 성(誠)을 천도(天道)라고 한다. 천도 즉 천지가 시키고 가르침을 일러 천도(天道)라고 한다. 그 천도를 그냥 그대로 본받음을 일러 성(誠)이라 하고 그 성(誠)을 마음속에 그냥 그대로 간직함을 일러 충(忠)이라고 한다. 그래서 충(忠)을 성실(誠實)이라고 한다. 충신(忠信)의 신(信)은 충(忠)을 서로 주고받기다. 일심(一心)이라고 한다. 사람들이 서로 한마음이 되는 것은 서로 충(忠)을 주고받아 서로 믿는 것(信)이다. 그래서 신(信)을 신의(信義)라고 한다. 성실하여 신의가 있는 사람끼리 사귐을 붕(朋)이라 한다.

동사왈붕(同師曰朋)이고 동지왈우(同志曰友)라고 한다. 스승(師)을 같이 하면(同) 붕(朋)이라 하고 뜻(志)을 같이하면(同) 우(友)라고 한다. 붕우(朋友)를 묶어서 그냥 벗이라고 새기면 된다. 스승을 하나로 모시면 절로 뜻은 같아지니 말이다. 공자께서 밝힌 유붕(有朋)은 한 스승을 모시는 무리를 말한다. 여기서 한 스승이란 공자께서 받드는 성인(聖人)을 말한다. 말하자면 요순(堯舜)을 말하는 게 될 것이다. 그러니 요순 같은 성인을 받들겠다는 무리들이 먼 곳(遠)으로부터(自) 모여오니(方來) 공자 당신께서 즐겁다고 하신 말씀이 〈유붕(有朋) 자원방래(自遠方來)〉이다. 말하자면 학이시습한 것들을 서로 나누자고 온 세상에서 충신(忠信)의 벗(朋)들이 몰려오니 이 역시 더 즐거운 삶은 없기에 공자께서 불역열호(不亦說乎)라 하셨다.

〈인부지이불온(人不知而不慍)〉은 문행(文行)하여 충신(忠信)하여 성인의 말씀을 본받아 날마다 새로운 삶을 누리는 그걸로 그냥 즐거우니 세상 사람들이 몰라준들 섭섭하거나 억울하거나 화날 것이 없다(不慍)는 것이다. 남들에게 잘 보이려고 그래서 과시하고자 살아가는 인간이 있다면 그 인간은 신기루를 좇아가는 허깨비에 불과하다. 요새 스타인생을 다들 부러워하는데 여원착영(如猿捉影)이라 물속의 달그림자(影)를 잡으려는(捉) 원숭이(猿)같이(如) 한 번밖에 누릴 수 없는 인생을 헛되이 보낼 수는 없는 것이다. 뜻있는 삶이란 남에게 보여주기 위한 것이 아니라 스스로 닦아가는 길일 터이니 공자께서 불역군자호(不亦君子乎)라 하셨다.

위와 같은 말씀으로 시작하는 『논어』는 바로 군자(君子)가 되는 길을 스스로 트고 넓혀가도록 스스로 배우고 익혀가게 하는 경(經)이다. 세상에 떳떳하고 당당하며 마땅한 사람이 되려면 논맹용학(論孟庸學) 사서(四書)를 끼고 살아가면 된다고 했다. 논어(論語)-맹자(孟子)-중용(中庸)-대학(大學) 등과 늘 친하게 사귀며 살아가면 누구나 군자살이를 누릴 수 있다는 것이다. 군자를 낡은 인간상이라고 내치지 말기 바란다. 어질고 의로워 늘 선하게 살아 사람을 사랑할 줄 알고 물건을 아낄 줄 아는 사람을 일러 군자라고 한다. 어찌 그런 군자가 낡을 리가 있겠는지? 진정 세상 사람들을 돌보고 세상을 다스릴 수 있는 사람이라면 〈인인애물(仁人愛物)〉하는 군자가 되어야 한다. 그래서 공자께서는 군자와 소인을 대비하여 군자를 칭송하고 소인을 질타한 성인(聖人)으로 아마 유일할 것이다.

천리 길도 한 걸음부터이고 첫 단추를 잘 잠가야 윗옷을 제대로 입는다. 『논어』가 간직하고 있는 499 어록(語錄)은 모두 군자의 길을 넓혀가게 하는 삽이고 괭이고 곡괭이라고 여겨도 된다. 삽질도 내 스스로 하고 괭이질도 내 스스로 하며 곡괭이질도 내 스스로 반드시 해야 하기 때문에 『논어』의 맨 첫 자왈(子曰)이 〈학이시습(學而時習)〉이라고 다짐해두어도 된다.

『논어』에 있는 맨 끝의 공자님 자왈(子曰)은 우리에게 인간으로서 삶을 가장 뜻있게 넓혀가야 할 길을 셋으로 나누어 정리해주신 말씀이다. 첫째 〈부지명(不知命) 무이위군자야(無以爲君子也)〉는 군자가 되는 길의 시점(始點)이고, 둘째 〈부지례(不知禮) 무이립야(無以立也)〉는 군자가 되는 근거이고, 셋째 〈부지언(不知言) 무이지인야(無以知人也)〉는 군자가 되는 증명이다. 군자의 길을 걷자면 무엇보다 먼저 삼외(三畏) 즉 세 가지(三)를 두려워하라는(畏) 것이다. 천명(天命)을 두려워하고 대인(大人)을 두려워하며 성인(聖人)의 말씀(言)을 두려워하라는 이 삼외(三畏)가 군자의 길을 걸어가는 걸음걸음이다. 대인(大人)이란 천지(天地)와 같은 사람이란 말씀이니 곧 성인(聖人)을 달리 일컫는 말이다.

부지명(不知命) 무이위군자야(無以爲君子也)라. 천명(天命)을 모른다면 군자가 될 리 없다는 말씀이다. 천지(天地)를 시킴과 가르침을 본받아 따름을 일러 천명이라 한다. 공자께서는 그 천명을 인의(仁義)라고 밝힌 것이다. 그러므로 인의를 스스로 행할 줄 모른다면 그 누구든 군자가 될 수 없음을 〈부지명(不知命)〉이라고 공자께서 단언해두셨다.

부지례(不知禮) 무이립야(無以立也)라. 예(禮)를 모르면 출세(出世)한들 사람노릇 못 한다는 말씀이다. 예(禮)를 모르고 세상(世)에 나가면(出) 위태롭다는 것이다. 아무리 세상이 바뀌어도 건방지면 사람대접 못 받는다. 여기서 〈입(立)〉은 대통령이 된다거나 장관이 된다거나 재벌이 되어 우뚝 선다(立)는 뜻이 아니다. 세상에서 어질고 올발라 선량(善良)하고 후덕(厚德)한 사람으로 신임(信任)받아 자립(自立)함을 뜻한다. 그래서 비례(非禮) 즉 예(禮)가 아니면(非) 인의(仁義)도 이뤄지지 않는다(不成)고 하는 것이다. 예(禮)란 나를 낮추면 저절로 내가 남을 높이게 된다. 그러면 따라서 남이 나를 높여준다. 왜 나를 무시하느냐고 삿대질하면 자신을 곱절로 천하게 한다. 사람은 공연히 사람을 무시하지 않는다. 무시당할 짓을 범하면 무시당하는 것이다. 예(禮)를 좇는 사람은 결코 남을 무시할 리 없으니 남으로부터 무시당할 리도 없다. 그러므로 아무리 세상이 바뀐다 해도 비례(非禮)면 어디에도 내 몸 하나 설 자리는 없는 것이다.

　부지언(不知言) 무이지인야(無以知人也)라. 말씀(言)을 모르면(不知) 사람을 알지 못한다는 말씀이다. 부지언(不知言)의 언(言)은 성인지언(聖人之言) 즉 성인(聖人)의 말씀(言)을 줄인 것이다. 왜 공자께서 성인의 말씀을 두려워하라고 하셨을까? 성인지언을 두려워하라 함은 무서우니 피하라 함이 아니라 우러러 받들어 모시는 마음가짐으로 성인의 말씀을 경청하며 사귀라는 말씀이다. 그러면 사람을 알아볼 수 있다는 것이다.

　어쩔 수 없이 사람은 때로는 선하고 때로는 악하기도 하다. 늘 선한 사람도 없고 늘 악한 사람도 없다. 다만 군자는 오로지 택선(擇善)하여 자신을 선하게 지키고자 삼가 조심조심 살펴 살아간다. 그러나 소인은 선을 택하고자 삼갈 줄 모르기 때문에 제멋대로 살면서 부끄러워할 줄 몰라 쉽사리 고약해지고 만다. 그래서 선인(善人)을 깨우쳐주는 성인의 말씀을 모르면 군자가 바로 저 눈앞에 있어도 군자인지 몰라보고 얕보며 업신여기면서 소인은 오두방정을 떤다. 그러므로 아무리 세상이 바뀌어도 어질고 의로운 사람이 되는 길을 밝히는 성인의 말씀을 모르면 인간은 너절한 청맹과니가 되기 때문에 무이지인(無以知人)이란 공자님의 말씀을 『논어』

[논어 읽기]

學而時習　不亦說乎
학이시습　　　　　　불역열호

有朋　自遠方來　不亦說乎
유붕　　　자원방래　　　불역열호

人不知而不慍　不亦君子乎
인부지이불온　　　　불역군자호

배우며(學而) 수시로(時) 배운 것을 익히면(習)
또한(亦) 즐겁지 않은가(不說乎)!
벗이(朋) 있어(有) 저 멀리서(自遠) (나를) 찾아오면(方來)
또한(亦) 즐겁지 않은가(不說乎)!
세상 사람들이(人) 몰라주어도(不知而) 노여워하지 않으면(不慍)
또한(亦) 군자가 아니겠는가(不君子乎)!

-「학이(學而)」 1

맨 끝에 두어 모든 사람들로 하여금 『논어』에 담겨 있는 모든 말씀을 되돌아보고 잊지 못하게 하였다. 『논어』에 담긴 499 어록(語錄)들이 모두 한결같이 인도(人道) 즉 사람이 가야 할 길이고 바로 그 길은 군자지도(君子之道) 즉 군자의 길로 넓혀져야 함을 깨우치게 한다.

[논어 읽기]

不知命　無以爲君子也
부지명　　　　무이위군자야

不知禮　無以立也
부지례　　　　무이립야

不知言　無以知人也
부지언　　　　무이지인야

천명을(命) 모르면(不知) 그로써(以) 군자가(君子) 될 수(爲) 없는 것(無)이고(也) 예를(禮) 모르면(不知) 그로써(以) 세상에 나설 수(立) 없는 것(無)이며(也) (성인의) 말씀을(言) 모르면(不知) 그로써(以) 세상 사람들을(人) 알 수(知) 없는 것(無)이다(也).

－「요왈(堯曰)」3